民國歷史與文化研究

初 編

第 **14** 冊

現代中國語言批評的發生（下）

郭 勇 著

花木蘭文化出版社

國家圖書館出版品預行編目資料

現代中國語言批評的發生（下）／郭勇 著 — 初版 — 新北市：
花木蘭文化出版社，2015〔民 104〕
目 2+180 面；19×26 公分
（民國歷史與文化研究　初編：第 14 冊）
ISBN 978-986-404-150-3（精裝）
1. 中國文學 2. 文學評論
628.08　　　　　　　　　　　　　　　103027663

ISBN-978-986-404-150-3

9 789864 041503

民國歷史與文化研究
初　編　第十四冊　　　　　ISBN：978-986-404-150-3

現代中國語言批評的發生（下）

作　　者　郭　勇
總 編 輯　杜潔祥
副總編輯　楊嘉樂
編　　輯　許郁翎
出　　版　花木蘭文化出版社
社　　長　高小娟
聯絡地址　235 新北市中和區中安街七二號十三樓
　　　　　電話：02-2923-1455／傳眞：02-2923-1452
網　　址　http://www.huamulan.tw 信箱 hml 810518@gmail.com
印　　刷　普羅文化出版廣告事業
初　　版　2015 年 3 月
定　　價　初編 32 冊（精裝）台幣 56,000 元

現代中國語言批評的發生（下）

郭　勇　著

目次

第三章 口語／書面語之爭與現代白話文學的創立

「言文一致」命題既涉及到語言／文字的一致，又涉及到口語／書面語的一致，而後者基本上是語言內部的問題，但「言文一致」之所以會同時涵蓋語言／文字與書面語／口語問題，是因為在語言／文字與書面語／口語之間有兩個重要的銜接點：一個是「音」。漢字要革新，甚至要造出新的拼音文字，就得先定音、正音，而這個「音」不僅是字音，也是語音。語音要統一，前提就是語言的統一，所以二者必然關聯起來。因此，黎錦熙在《國語運動史綱》中劃出國語運動的不同階段，從第一期追求的「言文一致」（語言與文字的一致）過渡到第二期的「國語統一」再到第三期的變文言為白話，可以說是國語運動內在發展的必然結果〔註1〕，這也是白話文運動要將俗語俗字並稱，而國語運動倡導者又將國語問題和漢字問題合併論述的重要原因。

另一個銜接點是「文」——「文」可以兼指「文字」與「文章」。劉勰《文心雕龍》早就指出「積字成句，積句成章，積章成篇」。 中國的語言是以漢字來書寫，而中國古代書面語又是以文言為主導，寫出來的文章即是文言文，因而漢字與文言文之間具有某種內在的契合，形成了一種獨特的「共時文化傳統」〔註2〕。從根本上講，即是漢字和文言都具有超越時空的穩定性，能在

〔註1〕 黎錦熙：《國語運動史綱》，黎澤渝、劉慶俄編：《黎錦熙文集》（下卷），黑龍江教育出版社2007年，第87頁。

〔註2〕 馬欽忠借用索緒爾的共時語言學理論，指出，「由漢字的特徵生成的把時間落差造成的文化歷史間距組合在精神生活的共存系統之中，即把『古的』轉化為此後任一時代即時性的心理生活的現實，也就是把歷時軸的文化落差轉化

一代又一代人的傳承與書寫中將中華文化傳承下去而幾乎不發生什麼困難，而這一點恰恰是隨社會、時代而發展的口語無法做到的。

因此可以說，口語／書面語的分離是自文字產生之後發生的，是言說／書寫之間的差異造成的。只不過在晚清與「五四」時代，時人賦予了這種分離以現代意義而已。在中國古代，王充《論衡·自紀》、劉知幾《史通·言語》、袁宗道、袁宏道等人已有論述，口語／書面語的分離、對立最主要的原因是崇古復古的心理。但這也不單是語言上的問題，因為漢字是中國古代記錄書面語的最主要的符號，而漢字是表意文字，由最初單純的記言符號逐步發展成為一個獨立的符號系統，它也對語言施加著影響。在這一過程中，崇古復古者對古代書面語的崇拜往往與其對古字的崇拜是一體的。這也就不難理解自晚清以來的「言文一致」倡導者往往將語言革命與文字革命混為一談了，而這一點在「言文一致」的首倡者黃遵憲那裡也是如此。

「言文一致」論者論及言文分離時，都注意到言文分離的客觀原因是口語隨時空而變但書面語卻一成不變，因而言文一致從理論上講本應有「言」合於「文」、「文」合於「言」或「言」「文」互合三種方式，但是倡導者們卻幾乎一致傾向於「文」合於「言」即要求書面語合於口語，這是出於反復古崇古的需要。白話成為口語的代表，文言則主宰了書面語領域，因而言文一致運動在實踐中就體現為反對文言文、提倡白話文。這一原則體現在晚清與「五四」的白話文運動、國語運動及文學革命中，甚至後來在 30 年代大眾語問題的討論和 40 年代關於民族形式問題的論爭中，論者批判「五四」，也仍然是認為「五四」白話文沒有達到口語化的要求，因而仍是不徹底的，是脫離大眾的知識階級的「新文言」〔註3〕。但是，越來越多的論者卻傾向於「言」「文」互合，而語言變革的事實也的確如此。最初設想的口語代書面語最終卻演變為一種書面語（白話）取代另一種書面語（文言）的地位，完全口語化成了一個遙不可及的夢想了。

為共時軸的心理現實，從而造成以漢字為中介的生成於人們心理生活和社會生活的『古』與『今』的同一性。漢字的特點蘊涵了這種文化設計特性。因此，我把這種特性稱之為『共時文化』（Synchronic Culture），由此生成的傳統稱之為『共時文化傳統』（the tradition of Synchronic Culture）」。見馬欽忠：《語言的詩性智慧》，學林出版社 2004 年，第 221～222 頁。

〔註 3〕如瞿秋白《鬼門關以外的戰爭》、黃繩《民族形式與語言問題》、向林冰《論「民族形式」的中心源泉》等。

第一節　白話、國語與中國文學的現代性追求

　　晚清與「五四」的文學變革往往被指爲理論先行、理論成果大於創作實績。但是如今再來反思晚清與「五四」的文學變革，就可以發現即使是理論，其中也存在很多的問題，一個重要的表現就是基本概念的辨析存在嚴重欠缺，這直接阻礙了理論的深入與實踐的推進。在「言文一致」命題的探討中，倡議者們甚至連何謂「言」、何謂「文」、何謂「一致」這樣的基本問題都沒有作出明確的解釋，其他方面也同樣如此：晚清與「五四」文學變革的最大成績就是實現了以白話文取代文言文，國語運動也有很大收穫，然而論者對「白話」、「文言」、「白話文」、「文言文」、「國語」、「口語」、「書面語」、「俗語」、「古文」等最基本、最關鍵的概念卻語焉不詳，導致了論述與論爭中的混亂。

　　對此，已有不少學者明確地指出了這些問題並力圖加以解答。早在 20 世紀 50 年代，郭紹虞就指出，胡適稱古文爲「死文字」，不僅把「文體和表達文體的語言混淆起來了」，「又把文字和語言混淆起來了」〔註4〕。

　　新時期以後，相關問題的思考仍在繼續。袁紅濤指出，「雖然『五四』白話文運動與文學革命、新文化運動通常相提並論，但在現有的文學史敘述中，『白話文運動』實際上卻顯出空洞，語焉不詳，不知究竟所指爲何物。而『國語』概念的失落與國語運動被遮蔽無疑是形成這種狀況的重要原因」〔註5〕泓峻則在個案分析中直接將批判的矛頭對準了胡適：「胡適在使用白話這一概念時，混淆了『白話』與『口語』這兩個概念。」同時他提出了自己對白話的理解：胡適「沒有意識到『白話』的『言文合一』這一特徵只是相對的：與文言相比，白話的確更接近口語;但白話自身也是一種書面語言」。〔註6〕朱恒、何錫章則進一步認爲「胡適在他的理論中將口語、書面語、詩歌語言三者等同起來了。『要須作詩如作文』，如何『作文』呢？『有什麼話，說什麼話；話怎麼說，就怎麼說（寫)』，在他眼裏，『文』『、詩』、『話』是沒有區別、三『位』一體的東西，而作文、作詩、說話居然

〔註 4〕郭紹虞：《五四與文學語言》，《照隅室語言文字論集》，上海古籍出版社 2009 年，第 240 頁。

〔註 5〕袁紅濤：《「白話」與「國語」：從國語運動認識文學革命》，《四川大學學報》 2005 年第 1 期。

〔註 6〕泓峻：《胡適白話文學理論與白話文學實踐的錯位》，《煙臺大學學報》2007 年第 2 期。

就是同一件事情」。〔註7〕

　　顏同林則在研究新詩的過程中發現，「白話」是理解新詩與古典詩歌的關鍵，但是何謂「白話」、現代白話與古白話有何區別，這些問題卻沒有得到解答：

> 初期白話新詩與古典詩歌根本的區別，帶有標誌意義的是它的語言工具，它經歷了一個突破文言、刷新工具到逐漸解放詩體的過程。問題的關鍵是，白話到底與文言有何本質不同，初期白話詩試驗中的白話長的是一副什麼樣的面孔？爲什麼它與古代的白話也有實質性的區別，其區別又體現在哪些層面上？這些看似簡單的問題，可能求得共識也並不容易。〔註8〕

因此，安文軍在《關於文學革命中白話問題的幾點思考》一文中整理了相關的問題並加以反思：

> 作爲新文化運動中文學革命的敘事起點，「文白之爭」顯然是一個關鍵性事件。回顧那場論爭，對於論爭雙方（或者說多方）來說，「文言」是古代的書面語言幾乎沒有什麼分歧，但「白話」到底確指爲何，雙方的理解就不盡相同了，或者可以說當時看似激烈的論辯很多情況下並未在同一層面展開，尤其是在對白話問題的認知與理解上。

> 白話、白話文和白話文學是不同的概念，但在當時新／舊知識或者也包括新／新知識者之間的論爭中往往糾纏在「白話」這一個概念上，「白話」時而指口語，時而指白話文，時而指白話文學，只是一團亂戰。

> 如果仔細辨析詞義，「白話文」與「白話文學」也是不同的，胡適總是以文學爲例，來論證白話作文的正當性，其中顯然缺乏了二者之間全然契合的必要解釋。〔註9〕

相關例證還有很多，這裡不能一一列舉。但是從以上例證可以看出，學界對

〔註7〕朱恒、何錫章：《「五四」白話文運動的語言學考辨》，《文學評論》2008 年第 2 期。

〔註8〕顏同林：《方言與中國現代新詩》，四川大學中國現當代文學專業博士學位論文，2007 年 3 月。

〔註9〕安文軍：《關於文學革命中白話問題的幾點思考》，《甘肅社會科學》2008 年第 6 期。

於晚清與「五四」理論中的缺失進行了反思，發現其中一個重要問題就是連基本的概念都存在著理解上的分歧與混亂，這不能不引起我們的重視。而且即便是我們發現了前人的不足，我們對這些概念、命題的理解又一定切合實際嗎？這裡面同樣存在著分歧與矛盾。〔註10〕

因此，筆者認為，要對這場變革作更為深入的研究，基本概念的辨析是極有必要的。當然，在「五四」時代，這樣的反思也不是沒有。朱我農在致胡適的信中就認為「筆寫的白話，同口說的白話斷斷然不能全然相同」，已經體現出對「白話」的反思〔註11〕。但是這樣的努力畢竟不多見。

不僅如此，今日一些臺灣學者甚至根本否認文言與白話的區別，使得問題更顯複雜。如龔鵬程就曾提到張漢良的觀點：

張漢良曾稱文言與白話的對立，是「語言的二元論神話」。因為：「語體文和文言文並非對立的語言系統，兩者並無先驗的、獨立的語言質素，足以作為彼此區分的標準。就語音、語構和語意三層次而言，兩者沒有本質上的差異。如果有區別，也僅在語用層次。亦即語言使用者對以上三種層次的慣例的認知、認定和認同問題。其次，所謂『語體』的白話文，和文言文一樣，已經不再是口語，而是被書寫過的文字。」〔註12〕

而且龔鵬程自己也認為

文言與白話的劃分，根本是虛構的。……也就是說：「白話文」一詞根本是自相矛盾的，白話文就是文言。即使我們把它稱為「語體文」，語體依然是文體。即使在語彙及語態上刻意模擬說話，其文詞規律仍是文的，而非語的；是視覺的藝術，而非聽覺的美感。故

〔註10〕 如安文軍認為「從語言學的意義上講，白話就是日常運用的口語」。泓峻則認為「白話自身也是一種書面語言」。 朱恒、何錫章認為「胡適在他的理論中將口語、書面語、詩歌語言三者等同起來了」。但是「詩歌語言」本身也是一個有歧義的概念。學界對於「文學語言」、「詩歌語言」這樣的說法也有爭議。分別見安文軍：《關於文學革命中白話問題的幾點思考》，《甘肅社會科學》2008年第 6 期； 泓峻：《胡適白話文學理論與白話文學實踐的錯位》，《煙臺大學學報》2007 年第 2 期；朱恒、何錫章：《「五四」白話文運動的語言學考辨》，《文學評論》2008 年第 2 期。

〔註11〕 朱我農致胡適信，「通信」欄「革新文學及改良文字」，《新青年》5 卷 2 號，1918 年 8 月。

〔註12〕 張漢良：《比較文學理論與實踐》，轉引自龔鵬程：《文化符號學：中國社會的肌理與文化法則》，上海人民出版社 2009 年，第 348 頁。

　　文言與白話無從對立，五四以來一切文言與白話的戰爭，都在這一虛構中抓瞎起鬨。

　　　　所以在這裡我們就必須注意到胡適所提的「白話文」與「文言文」一詞中的「文」字。順著晚清如章太炎等人的「文」「語」區分，胡適作了兩個推展，一是承認文與語的區分，但這兩者都存在於文中，文中即有語與文之分。二是逆轉了文與語的價值判斷，說文中之語體者，其用勝於文中之文言者。〔註13〕

像胡適那樣將文言／白話區分爲死文字／活文字，使二者絕然對立、水火不容，固然是走上了極端，在當時就受到多方質疑與反對；但抹殺文言與白話的區別，完全否認「五四」的歷史功績，又是走向了另一個極端，同樣不可取。張中行就認爲，文言和白話的根本區別，在於「詞彙句法系統」。〔註14〕

　　晚清和「五四」的語言批評是以批判文言文、提倡白話文爲起點的，我們的探討也就從這裡開始。表面上看，文言與白話、文言文與白話文，似乎沒有什麼區別，其實它們是不同的概念。文言文與白話文都是指文章而言，是分別運用文言和白話寫成的文章（文字連綴品，所以也被稱爲「文字」），這一點沒有太大疑問。關鍵是何謂文言、何謂白話？長期以來，對晚清和「五四」文學變革的研究，往往是順著時間線索敘述白話文成長、壯大直至取代文言文的軌跡，但是一個前提性的問題卻往往被忽略——在什麼樣的條件下，倡導者們所推舉的就是我們今天所理解的「白話」？他們所用的術語並不一致（如白話、俗語、淺說、土語、土白），即使是都用「白話」，各人所理解的「白話」也不盡相同。也就是說，「白話」到底是如何出場並成爲一種權力話語的？而當白話文運動與國語運動、文學革命糾結到一起之後，問題就更爲複雜了。自晚清開始的白話文運動、漢字拼音化運動和國語統一運動，既然被稱爲現代三大語文運動〔註15〕，則它們之間的內在差異，自然需要加以辨析。胡適將國語視爲白話，而他的文學革命又是要實現與國語運動的聯合，以創立「國語的文學，文學的國語」，因此，釐清並分析倡導者們的思路就顯得極其重要了。

〔註13〕 龔鵬程：《文化符號學：中國社會的肌理與文化法則》，上海人民出版社2009年，第348～349頁。
〔註14〕 張中行：《文言和白話》，中國社會科學出版社1995年，第16頁。
〔註15〕 何九盈：《中國現代語言學史》，廣東教育出版社2000年，第13頁。

　　黃遵憲提出「言文一致」的理想，是從文字變革和文體創新兩方面來談，就文體而言，他只是談到了「近世章疏移檄，告諭批判」「明白曉暢，務期達意」，小說則「用方言以筆之於書者，則語言、文字幾幾乎復合矣」，他日或許有新的文體「適用於今、通行於俗」。〔註16〕黃遵憲還沒有明確談到文言和白話的問題，但已經從文體角度提出了口語與書面語的一致問題，而且他心目中理想的文體是適應時代的通俗文體。

　　梁啓超早年在論述言文一致問題時，其思路也並不清晰。在1896年所作之《變法通議》中，他提到「古人文字與語言合，今人文字與語言離，其利病既縷言之矣。今人出話，皆用今語。而下筆必效古言，故婦孺農氓，靡不以讀書爲難事」。〔註17〕此處論及古代言文一致、如今言文分離，「文字」與「語言」顯然是指「書面語」和「口語」。

　　但是同年梁啓超爲《沈氏音書》作序，同樣是論述言文分離，卻轉到了語言和文字上去了：「中國文字畸於形，宜於通人博士，箋注詞章，文家言也。外國文字畸於聲，宜於婦人孺子，日用飲食，質家言也。」而言文分離的原因則是「今之文字，沿自數千年以前，未嘗一變，而今之語言，則自數千年以來，不啻萬百千變，而不可以數計。以多變者與不變者相遇，此文言分離之所由起也」。〔註18〕

　　正是因爲這種混淆，梁啓超爲解決言文分離開出的藥方就成了兩種：一、針對書面語和口語的分離，需要「專用俚語，廣著群書，上之可以借闡聖教，下之可以雜述史事，近之可以激發國恥，遠之可以旁及夷情，乃至宦途醜態，試場惡趣，鴉片頑癮，纏足虐刑，皆可窮極異形，振厲末俗，其爲補益，豈有量耶」。〔註19〕不僅如此，他還親自動手以白話翻譯《十五小豪傑》等歐洲政治小說。從典雅之文言到低俗之「俚語」，梁啓超可謂是用心良苦。而如果我們將梁啓超的「俚語」一詞等同於「白話」，則可以看出此時梁啓超對白話與文言並非等而視之，對於民眾他顯然抱有精英姿態。

〔註16〕黃遵憲：《日本國志·學術志二》，天津人民出版社2005年，第810～811頁。
〔註17〕梁啓超：《變法通議》，《飲冰室合集》文集之一，中華書局1989年，第54頁。
〔註18〕梁啓超：《〈沈氏音書〉序》，《飲冰室合集》文集之二，中華書局1989年，第1～2頁。
〔註19〕梁啓超：《變法通議》，《飲冰室合集》文集之一，中華書局1989年，第54頁。

　　二、針對語言和文字的分離，梁啓超讚賞「通人志士，汲汲焉以諧聲增文爲世界一大事」。這與漢字拼音化論者實際是同一論調。〔註20〕

　　1898 年，裘廷梁作《論白話爲維新之本》，明確地提出了「崇白話而廢文言」的口號。他首先從局勢入手，論述國將亡而無智民，而「有文字爲智國，無文字爲愚國；識字爲智民，不識字爲愚民：地球萬國之所同也。獨吾中國有文字而不得爲智國，民識字而不得爲智民，何哉？」至此，他樹立的靶子就得以推出：「此文言之爲害矣。」按照裘廷梁的觀點，「因音生話，因話生文字」。也就是說，他是按照自語言至文字的線索來論述文言、白話的問題，所以開篇從文字講起。但是「文字之始，白話而已矣」，從他所舉的例子來看，上古之時「凡精通製造之聖人必著書，著書必白話」，這裡的「文字」又是指文章或書面語了。裘廷梁把語言／文字的關係置換成了口語／書面語的關係，也就是說，他把「文字」的不同含義（文字、文章、書面語）混爲一談了。果然，裘廷梁抨擊「後人不明斯義，必去古人言語與今人不相肖者而摹仿之，於是文與言判然爲二，一人之身，而手口異國，實爲二千年來文字一大厄」，言文分離其實成了口語與書面語的分離。而他強調「中文也，西文也，橫直不同，而爲用同。文言也，白話也，繁簡不同，而爲用同」，則體現出了鮮明的語言文字工具論和實用主義色彩。〔註21〕

　　但是，裘廷梁的思路並非沒有道理。文言和白話問題必然牽扯到文字。按照語言學家的研究，文言和白話是相對應而存在的一對概念。在只有口語的時代，不會產生文言和白話。只有在文字出現、書面語成爲可能之後，文白問題才浮出水面。由於漢字並非表音文字，並非隨語言變化而變化，語言卻處於不斷的變化之中，因而語言與文字之間就存在著差距。由語言和文字之間的距離就導致了口語和書面語之間的距離。張中行和呂叔湘的思路即是如此。在分別了語言與文字之後，張中行認爲「照口語寫的書面

〔註20〕這裡面其實隱含著邏輯上的混亂。由於文言主宰了書面文體，以文字形態呈現，因而言文分離被簡化爲一系列的對立：語言/文字=白話/文言=口語/文章，這樣語體變革就與文字問題掛上了鉤。其實文言與白話依託的是同一個文字系統，因此造成民眾識字難的一個重要原因應是文言設定的言說方式、體系結構排斥了民眾的理解。

〔註21〕裘廷梁：《論白話爲維新之本》，鄔國平、黃霖編著：《中國文論選·近代卷》（下），江蘇文藝出版社 1996 年，第 26～28 頁。

語叫白話」，「脫離口語的書面語爲文言」。〔註22〕呂叔湘則按西方「口語」和「筆語」的說法加以區分，〔註23〕由此將書面語分爲「語體文」和「超語體文」兩類，二者的界限就是「聽懂與否」，白話就是「唐宋以來的語體文。此外都是文言」。〔註24〕但是，張中行在區分語言的物質形式時，將「文字」與書面語等同起來，顯然混淆了這兩個概念，文字和語言的差異並不等於書面語和口語的差異。而呂叔湘區分了這兩個概念，但是他對書面語所作的「語體文」和「超語體文」的分類，則似乎又混淆了書面語和文章，因爲「語體文」和「超語體文」顯然是指寫成的文章而言，但是文章並不完全等同於書面語。

當然，這也表明，無論是文言還是白話，只能從書面語的角度去看待它們。文字產生以前沒有書面語，也就無所謂文言和白話的區分了。如此一來，文言固然脫離口語，而白話與口語也存在一定的距離。特別是文字和文言的結合，更是形成了一個文言話語體系，可以超越時空而保持穩定的形態。因此，對於語言學家而言，最徹底的變革當然是廢除漢字，改用拼音文字，才能最終實現言文一致的目標。在他們看來，只要保留漢字，則文言文的影響仍不會消失。

此外，裘廷梁身處晚清時代，在論述問題時也兼采歐西，因而在論述中國的問題時就有了民族國家的意識。他認爲「成周之時，文字與語言合，聆之於耳，按之於書，殆無以異」；西方基督教勢力的擴大，在於土語，而且「泰西人士，既悟斯義，始用埃及象形字，一變爲羅馬新字，再變爲各國方言，盡譯希臘、羅馬之古籍，立於學官，列於科目」〔註25〕。從中國古代用白話和西方用白話之效，裘廷梁論證了廢文言用白話的合理性。這一思路在晚清和「五四」時代被普遍接受，在梁啓超和胡適那裡得到明顯的體現。但是這一思路存在的漏洞也不容忽視。

〔註22〕張中行：《文言和白話》，中國社會科學出版社 1995 年，第 160 頁。

〔註23〕呂叔湘在《文言和白話》中將「文字」區分爲兩種，一種是字；另一種稱爲「連綴成文的字」，是「表情達意的形象符號系統」。在 1958 年發表的《語言和語言學》中他將後一種「文字」改稱爲「書面語」。《呂叔湘全集》（第七卷），遼寧教育出版社 2002 年，第 65 頁、第 44 頁。

〔註24〕呂叔湘：《文言和白話》，《呂叔湘全集》（第七卷），遼寧教育出版社 2002 年，第 66～77 頁。

〔註25〕裘廷梁：《論白話爲維新之本》，郭紹虞、黃霖編著：《中國文論選·近代卷》（下），江蘇文藝出版社 1996 年，第 28～29 頁。

首先，上古時代是否言文一致，這是有爭議的，而且缺乏材料佐證。而且裘廷梁所說的周代文字與語言合，是強調書面語與口語的一致，但是書面語與口語是難以一致的。更何況他又把書面語／口語的關係等同於文字／語言的關係了，論述上纏雜不清；

其次，以西方民族國家擺脫拉丁文而採用本國語言文字來證明中國今日須放棄文言而採用白話，這一思路也是有問題的。耐人尋味的是，這一思路並非裘廷梁所獨有。

梁啓超在《〈沈氏音書〉序》中重申了這一觀點：「西人既有希臘拉丁之字，可以稽古，以待上才復有英法德各國方音，可以通今，以逮下學，使徒用希拉古字，而不濟以今之方音，則西人文言之相離，必與吾同，而識字讀書者之多，亦未必有以加於中國也。」〔註26〕

1903 年 12 月，林白水在《中國白話報》的發刊詞中也說：

> 他們外國人把文字分做兩種：一種是古文，就是希臘拉丁的
> 文；一種是國文，就是他本國的文字了。本國文字沒有一人不通的，
> 因他那種文字和說話一樣，懂了說話，便懂文法，所以隨便各種的
> 書報，無論什麼人都會看了。那種古文，不一定個個要學他，所以
> 平常的人就是不懂古文也不要緊。我們中國既沒有什麼古文、國文
> 的分別，也沒有字母拼音。亂七八糟的文字，本來不大好懂的，更
> 兼言語文字分做兩途，又要學說話，又要學文法，怪不得列位兄弟
> 們那裡有許多工夫去學他呢！〔註27〕

可見，晚清時代的知識分子就已經是將希臘文、拉丁文與各民族國家語言的關係比作文言與白話的關係。到新文化運動時代，這一觀念更是得到廣泛的接受和認可。1917 年，胡適在《文學改良芻議》中提出，元代之時中國文學「最近言文合一」，假如順此發展下去，中國就會有「活文學」的出現，「而但丁、路得之偉業，（歐洲中古時，各國皆有俚語，而以拉丁文為文言，凡著作書籍皆用之，如吾國之以文言著書也。其後意大利有但丁（Dante）諸文豪，始以其國俚語著作，諸國踵興，國語亦代起。路得（Luther）創新教始以德文

〔註26〕梁啓超：《〈沈氏音書〉序》，《飲冰室合集》文集之二，中華書局 1989 年，第 1～2 頁。

〔註27〕白話道人：《「中國白話報」發刊詞》，張枬、王忍之編：《辛亥革命前十年間時論選集》（第一卷下冊），三聯書店 1960 年，第 604 頁。

譯『舊約』、『新約』，遂開德文學之先。英、法諸國亦復如是。今世通用之英文『新舊約』乃一六一一年譯本，距今才三百年耳。故今日歐洲諸國之文學，在當日皆爲俚語。迨諸文豪興，始以『活文學』代拉丁之死文學；有活文學而後有言文合一之國語也。）幾發生於神州。」〔註28〕

胡適在此是以西方文藝復興爲依據，將拉丁文／各民族國家語言與文言／白話相比附，爲他的白話文學主張尋找依據。早在 1896 年，梁啓超就指出，英法德俄等國的語文脫胎於拉丁文：「吾聞西國學士，非通拉丁文，不得與試。蓋拉丁文者，英法俄德諸文之所從出。彼中績學之士，其著書發論，篇中每帶拉丁文法，（如中國之能文者多用先秦漢魏語）若未經從事者讀之，多不解焉」，所以想學西文西語者，「先其文言，後其俚語，則庶幾矣。」〔註29〕

在《建設的文學革命論》中，胡適仍強調「在意大利提倡用白話代拉丁文，眞正和在中國提倡用白話代漢文，有同樣的艱難」〔註30〕。蔡元培 1919 年 11 月 17 日在北京女子高等師範學校演說時也提到，「歐洲十六世紀以前，寫的讀的都是拉丁文。後來學問的內容複雜了，文化的範圍擴張了，沒有許多時間來摹倣古人的話，漸漸兒都用本國文了」〔註31〕。多年以後，在 1935 年 8 月爲《中國新文學大系》所作的總序中，蔡元培仍然宣稱「歐洲中古時代，以一種變相的拉丁文爲通行文字，復興以後，雖以研求羅馬時代的拉丁文與希臘文，爲復興古學的工具，而別一方面，卻把各民族的方言利用爲新文學的工具。……都是用素來不認爲有文學價值的方言譯述聖經，或撰著詩文，遂產生各國語的新文學。我們的復興，以白話文爲文學革命的條件，正與但丁等同一見解」。〔註32〕

黎錦熙則在胡適和蔡元培的基礎上進一步提出「我們中國『漢字』同拉丁文一樣，我們改文言爲白語，就該改用拼音文字」，漢字就是「死文字」，「漢字和古文是形影不離的」、「漢字就是中國的拉丁」，國語羅馬字「才能代表中

〔註28〕　胡適：《文學改良芻議》，胡適編選：《中國新文學大系‧建設理論集》，上海文藝出版社 2003 年影印本，第 42～43 頁。
〔註29〕　梁啓超：《變法通議》，《飲冰室文集》之一，中華書局 1989 年，第 56 頁。
〔註30〕　胡適：《建設的文學革命論》，胡適編選：《中國新文學大系‧建設理論集》，上海文藝出版社 2003 年影印本，第 132 頁。
〔註31〕　蔡元培：《國文之將來》，《蔡元培全集》（第 3 卷），浙江教育出版社 1997 年，第 732～733 頁。
〔註32〕　蔡元培：《〈中國新文學大系〉總序》，胡適編選：《中國新文學大系‧建設理論集》，上海文藝出版社 2003 年影印本，第 10 頁。

國現代眞正的白話」。〔註33〕

晚清和「五四」知識分子對於這種比附缺少嚴密的論證，他們更多地是將它作爲一種策略來使用，即通過西方的例證，爲中國的語言文字變革（漢字拼音化、白話文運動、國語運動等）和文學變革提供依據。但是其中存在的問題卻是必須指出來的。實際上，梁啓超在晚年時就已經提出過質疑：

> 近來有人將文言比歐洲的希臘文拉丁文，將改用白話體比歐洲近世各國之創造國語文學，這話實在是誇張太甚，違反眞相。希臘拉丁語和現在的英法德語，語法截然不同，字體亦異，安能不重新改造？譬如我中國人治佛學的，若使必要誦習梵文，且著作都用梵文寫出，思想如何能普及，自然非用本國通行文字寫他不可。中國文言白話的差別，只能拿現在英國通俗文，和莎士比亞時代英國古文的差別做個比方，絕不能拿現在英、法、德文，和古代希臘、拉丁文的差別做個比方。現代英國人，排斥希臘、拉丁，是應該的，是可能的，排斥《莎士比亞集》，不惟不應該，而且不可能。因爲現代英文和《莎士比亞集》並沒有根本不同，絕不能完全脫離了他，創成獨立的一文體。我中國白話之與文言，正是此類。何況文字不過一種工具，他最要緊的作用，第一，是要把自己的思想和感情完全傳達出來。第二，是要令對面的人讀下去能確實瞭解。〔註34〕

梁啓超的反思的確富有創見，他指出了自晚清至「五四」以來中國知識分子在中西語文問題上的一個錯覺：西方各國的語言文字與古希臘文、拉丁文的關係，相當於中國的白話與文言的關係。在他看來，西方各國的語言文字與古希臘文、拉丁文是完全異質的，而文言與白話，則只是同一個語言系統中古語與今語的分別，不存在本質上的差異。

但是，梁啓超的反思依然還有不足。他還是從語言文字工具論出發否認文言和白話的差異，對其中的本質性差異的揭示仍顯不夠。筆者試對這一問題作如下分析：

第一，「文字」這一術語的涵義，在使用者那裡存在含混不清的現象。前

〔註33〕黎錦熙：《國語運動史綱》，黎澤渝、劉慶俄編：《黎錦熙文集》（下卷），黑龍江教育出版社 2007 年，第 74～75 頁。
〔註34〕梁啓超：《〈晚清兩大家詩鈔〉題辭》，《飲冰室合集》文集之四十三，中華書局 1989 年，第 76～77 頁。

述裘廷梁將「文字」的兩個含義（文字／文章或書面語）混到了一起，從而將語言／文字的關係置換成了口語／書面語的關係，通過白話／文言的對比再來論證白話文的合理性。而胡適也犯了同樣的錯誤：當他論述「如何可使吾國文言易於教授」時，從西方為中國文學的變革尋找依據，在語言文字上就是以希臘文拉丁文／英法文之間的關係與漢文／白話的關係相比附〔註35〕。在他看來，這兩個二元對立項的前一項均是死文字，後一項才是活文字。但是胡適所言「漢文」，從語境來看，當指漢字，但是白話卻是語言而非文字，二者不在一個層面，顯然無法構成真正的對立。故而胡適後來將「漢文」替換為「古文」（在他那裡也就是文言）。但又如郭紹虞指出的，胡適既「把文體和表達文體的語言混淆起來了」，「又把文字和語言混淆起來了」〔註36〕；

第二，古希臘文特別是拉丁文與各民族國家語言文字之間的關係，其實是大一統的帝國語言文字與各民族國家國語國文之間的關係，二者是完全不同的兩套語言文字系統，代表的也是兩種完全不同的文化系統。因而文藝復興時代各民族國家國語國文運動的興起，其實體現出民族獨立和民族國家建構的偉大意義。而文言與白話，都屬於漢語系統，白話文取代文言文，並不存在用民族國家語言文字擺脫帝國統治，獲得民族國家獨立的問題。當然，這也並非意味著可以否定文言與白話的界限：文言和古白話並非如梁啓超所言僅僅是古語與今語的分別，它們同屬於古代漢語體系，但是現代白話卻已經屬於現代漢語體系，與古白話和文言有了本質性的差異了。而且現代白話的興起，還具有與西方現代民族國家建構不同的雙重意義：汪暉認為，這種普遍語言既為「統一國家提供了語言上的依據」，又與「西方語言逐步接近，即所謂科學化、邏輯化、拼音化」，因而它「具有世界主義和民族主義的雙重取向和雙重功能」〔註37〕；

第三，歐洲各民族國家國語並非如胡適等人所言，僅僅是本國的「俚語」、俗語、方言〔註38〕。胡適以此論證白話代文言的合理性，說明他是將白話等同於口語，而口語自然是俚語、方言。但是，作為一種共同語，現代民族國

〔註35〕參見胡適：《逼上梁山》，胡適編選：《中國新文學大系・建設理論集》，上海文藝出版社 2003 年影印本，第 4～5 頁。

〔註36〕郭紹虞：《五四與文學語言》，《照隅室語言文字論集》，上海古籍出版社 2009 年，第 240 頁。

〔註37〕汪暉：《現代中國思想的興起》（下卷第二部），三聯書店 2004 年，第 1516 頁。

〔註38〕胡適：《建設的文學革命論》，胡適編選：《中國新文學大系・建設理論集》，上海文藝出版社 2003 年影印本，第 131～132 頁。

家的國語一般是以一種佔據優勢地位的方言爲核心，融匯各種語言要素而形成的，國語與原來的方言已經有了不小的差異。正如索緒爾所言，「人們會通過某種默契選出一種現存的方言使成爲與整個民族有關的一切事務的傳達工具。選擇的動機是各種各樣的：有時選中文化最先進的地區的方言，有時選中政治領導權和中央政權所在地的方言，有時是一個宮廷把它的語言強加於整個民族。一旦被提升爲正式的和共同的語言，那享有特權的方言就很少保持原來的面貌。在它裏面會摻雜一些其他地區的方言成份，使它變得越來越混雜，但不致因此完全失去它原有的特性」〔註 39〕。胡適後來對於方言問題的重視，就是注意到國語與方言之間的辯證關係。

因此，如果說白話與文言相對，都是指書面語，則白話文與文言文相對，都是指用書面語寫成的文章，是白話、文言的呈現狀態。「五四」最終是以白話文取代了文言文的地位而告勝利，文言文退出了歷史舞臺，但是文言並沒有消亡。而白話也不等於國語〔註 40〕，作爲漢民族共同語，國語包括了口語與書面語兩部分，現代白話最多相當於國語書面語。但是在晚清和「五四」，這些概念往往混爲一談了〔註 41〕。下面就此展開辨析。

首先來看「白話」。

在實際寫作上，報業的興起對白話文起到了推波助瀾的作用。1876 年，《申報》館出版了通俗白話報——《民報》。《申報》雖然以「明白易曉」自我標榜，但所刊文字仍難爲一般市民所閱讀，主辦方爲求得更大發行量，乃於 1876年 3 月 31 日增出白話《民報》，雙日刊，每月報費僅六十五文。《民報》的發刊辭曾說明宗旨如下：「本報專爲民間所設，故字句俱如尋常說話。」有學者認爲，這是中國最早的白話報。〔註 42〕1898 年裘廷梁創辦了《無錫白話報》。1899 年，陳榮袞在《論報章宜改用淺說》中指出：「開民智，莫如改革文言。

〔註 39〕〔瑞士〕費爾迪南‧德‧索緒爾：《普通語言學教程》，高名凱譯，商務印書館 1980 年，第 273 頁。

〔註 40〕胡適在《五十年來中國之文學》中就說：「民國九年十年（1920～1921），白話公然叫做國語了。」顯然是將白話等同於國語。見胡適：《五十年來中國之文學》，歐陽哲生編：《胡適文集》（3），北京大學出版社 1998 年，第 261 頁。

〔註 41〕例如胡適就是將白話等同於口語又等同於國語的。

〔註 42〕李曉實：《我國最早的白話報創辦於一八七六年》，《學術研究》1980 年第 4期。王洪祥的《中國近代白話報刊簡史》（《鄭州大學學報》1990 年第 6 期）也以此報爲近代中國第一份白話報刊，只是作者認爲創辦時間是 1876 年 3 月30 日。

不改文言，則四萬九千九百分之人，日居於黑暗世界之中，是謂陸沉；若改文言，則四萬九千九百分之人，日嬉遊於琉璃世界中，是謂不夜。」〔註43〕

1901年6月，《杭州白話報》創刊。在創刊號上，主筆林白水宣稱：「因為我是一個平民，所以我說白話，是一般老百姓的語言，而不是一般士大夫階級的咬文嚼字或八股文的文章。我不滿風花雪月，也不像別的報紙一樣，捧戲子或歌頌妓女的美麗風騷。我只是把國內外發生的大事小事報告給一般老百姓。」〔註44〕

1903年12月，《中國白話報》創刊於上海。主編林白水相信「倘使這報館一直開下去，不上三年包管各位種田的、做手藝的、做買賣的、當兵的、以及孩子們、婦女們，個個明白，個個增進學問，增進識見，那中國自強就著實有望了」〔註45〕。

從以上材料可以看出，晚清時人是將白話與俚語、俗語、淺說等同起來的。這還是從傳統的雅俗二分的角度來看待白話。但是從中也可探知「白話」來由的若干信息。

據考證，「白話」這一詞最早見於唐代。「白」的本義為「白色」，春秋戰國時代引申為「潔淨」之意；後晉時期再引申為「空白」、「空無所有」之意。宋元之時，「白話」就有了「閒話」之意，明代有了「空話」的意思，「說謊」之意由此而產生。〔註46〕

據清代王之春《椒生隨筆》卷七「白話」條載：「南方人謂與閒談曰白話，又空言無實際之謂，俗語也。考《翰林誌》：翰林所著撰教坊致語曰白話。則俗語居然典故矣。」《翰林誌》為唐李肇撰，由此可知「白話」一詞在唐代已經出現。但直接使用「白話」的文獻還是很少見，《全唐詩》中有「五言白話詩」，名稱當為後人所加。

宋代「白話」一詞在文獻中開始廣泛使用，主要意思有：

1. 說話藝術；
2. 教坊表演時的對話部分。宋代類書《錦繡萬花谷》載：外國曰蕃書，

〔註43〕轉引自袁行霈主編：《中國文學史》（第四卷），高等教育出版社1999年，第432頁。

〔註44〕轉引自孫先偉：《林白水的報人生涯》，《民國春秋》1998年第2期。

〔註45〕白話道人：《「中國白話報」發刊詞》，張枬、王忍之編：《辛亥革命前十年間時論選集》（第一卷下冊），三聯書店1960年，第604頁。

〔註46〕陳霞：《「白話」的撒謊義探源》，《今日南國》2009年5月。

醮曰青詞，曰密詞，釋曰齋文，教坊致語曰白話，土木興建曰上樑文，宣賜曰口宣，此外有祝文、祭文、碑銘、神道碑、樂章詩、頌春帖子之類。

第二種意義上使用的「白話」又有兩種意義：一是指藝人在演出開始時說唱的頌辭；二是指說唱這種頌辭。第一種意思就是《翰林誌》所載唐代的用法；第二種意思和第一種類似，當是從說話衍變而來。

3. 閒話；

4. 通過商業等農工以外的途徑得到財物。

元代蒙古人入主中原，發表文告、撰寫碑誌時普遍使用俗語，即後來所謂白話，今人蔡美彪編有《元代白話碑集錄》，但直接用「白話」一詞的資料卻未見到。

明代「白話」一詞得到了廣泛的應用，其意義既有對以往的繼承，也有新的發展。

繼承宋代用法的主要有：

1. 閒話。這個意義是明代「白話」最普遍的一種用法。進而又演變爲不能兌現的空話、沒有用的話、謊話；2. 戲曲表演中的念白。這個用法是從宋代說話和教坊表演中的致語發展而來。

明代出現的新用法主要包括以下幾類：1.幫人說合的報酬；2.不務正業。〔註47〕

通過已有的研究成果可以看出，唐宋以來「白話」一詞出現並逐步發展出豐富多樣的涵義，「俗語」這一層意思應該是在這個過程中出現的。而且，作爲與「文言」相對的書面語，「白話」也大致是在唐宋時出現。

「俗語」一詞，在《史記‧滑稽列傳》附褚少孫補寫的《西門豹治鄴》一文中就出現了：「民人俗語曰：『即不爲河伯娶婦，水來漂沒，溺其人民』云。」〔註48〕這裡「俗語」一詞，是指民間流傳的說法。「俗語」在劉向《說苑‧貴德》和班固《漢書‧路溫舒傳》中都有使用，如《說苑‧貴德》：「故俗語云：『畫地作獄，議不可入；刻木爲吏，期不可對。』此皆疾吏之風，悲痛之辭也。」〔註49〕《漢書‧路溫舒傳》也引用了大致相同的話：「故俗語曰：

〔註47〕這裡對「白話」的來源及其意義發展演變的論述，均參考陳霞：《「白話」的撒謊義探源》，《今日南國》2009 年 5 月。

〔註48〕司馬遷：《史記》（第十冊），中華書局 1959 年，第 3211 頁。

〔註49〕劉向撰、向宗魯校證：《說苑校證》，中華書局 1987 年，第 104 頁。

『畫地爲獄，議不入；刻木爲吏，期不對。』此皆疾吏之風，悲痛之辭也。」
〔註50〕

　　由於白話本有通俗之義，因而經常與「俗語」互用，特別是晚清的知識
分子只是將白話作爲開啓民智的工具，因而還是立足於雅俗二分，白話就更
是與俗語等同了。劉師培也主張「近日文詞，宜區二派：一修俗語，以啓淪
齊民；一用古文，以保存國學，庶前賢矩範，賴以僅存」。〔註51〕劉師培的觀
點，也是文言白話二元論的體現。〔註52〕

　　但由此帶來了一個更大的問題：白話與口語的關係到底是怎樣的？因爲
晚清的不少白話報刊就是直接將白話等同於俗語、方言（不僅是報章語言直
接使用方言俗語，而且還有地方方言報如《安徽白話報》）。這一問題在晚清
和「五四」時代都沒有得到解決。

　　如果從閒話、謊話、俗語等層面論白話，則白話的確應該看作是口語
或言說行爲。此時的白話也是一個獨立的詞彙。但從宋代「說話」藝術、「教
坊致語曰白話」來看，則白話應該是書面語，因爲它與文字底本相關聯，
又必須經過一定的修飾潤色，與原初形態的口語不可能完全一致，而這一
層意義上的白話正是與文言相對而存在的：「古代漢語是一個比較廣泛的概
念，大致說來它有兩個系統：一個是以先秦口語爲基礎而形成的上古漢語
書面語言以及後來歷代作家的倣古的作品中的語言，也就是通常所謂的文
言；一個是唐宋以來以北方話爲基礎而形成的古白話。」〔註53〕郭錫良等
人則進一步從書面語角度說明古白話的性質：「漢語的古代書面語大致有兩
個系統：一個是以先秦口語爲基礎而形成的上古漢語書面語以及後代用這
種書面語寫成的作品，即通常所說的文言；一個是六朝以後在北方話基礎
上形成的古白話。」〔註54〕張中行也認爲，「白話，和文言一樣，都要指書
面語言」，「文言和白話，就名稱說有依存關係。沒有文言，就不必稱照口
語寫的書面語爲白話；沒有白話，也就不必稱脫離脫離口語的書面語爲文
言」〔註55〕。

〔註50〕班固：《漢書》（第八冊），中華書局1962年，第2370頁。
〔註51〕劉師培：《論文雜記》，《劉師培辛亥前文選》，三聯書店1998年，第319頁。
〔註52〕劉師培此論中的問題，見第二章第一節相關論述。
〔註53〕王力主編：《古代漢語》（校訂重排本）（第一冊），中華書局1999年，第1頁。
〔註54〕郭錫良等編著：《古代漢語》（修訂本）（上冊），商務印書館1999年，第1～2頁。
〔註55〕張中行：《文言和白話》，中國社會科學出版社1995年，第158～160頁。

1915 年，胡適在美國把「中國文字的問題」作爲當年文學股的論題。趙元任的題目是「吾國文字能否採用字母制，及其進行方法」，胡適的題目是「如何可使吾國文言易於教授」。他們所講的對象分別就是呂叔湘區分出的兩種含義的「文字」：一種是與語言相對的字；另一種稱爲「連綴成文的字」，是「表情達意的形象符號系統」，也就是呂叔湘後來在《語言和語言學》中說的「書面語」。〔註 56〕胡適提出「舊法」有四個弊端：一、「漢文乃是半死之文字，不當以教活文字之法教之」；二、「漢文乃是視官的文字，非聽官的文字」；三、「吾國文本有文法」；四、「吾國向不用文字符號，致文字不易普及；而文法之不講，亦未始不由於此」。

胡適談論漢文問題，本是論漢字，但是他以漢文爲半死文字，而指出「活文字者，日用話言之文字，如英法文是也，如吾國之白話是也。死文字者，如希臘拉丁，非日用之語言，已陳死矣。半死文字者，以其中尚有日用之分子在也」。〔註 57〕這裡就有問題了。以英法文、白話爲活文字，如果英法文是單指英法語的文字形式，則當然與漢字在一個層面，但又與白話相衝突，因爲白話顯然不是文字；如果胡適所說的英法文和白話都是語言而非文字，則無法與「漢文」對等且英法文也有口語與書面語之分。按照胡適的說法，活文字是日用話言之文字，那就可以理解爲口語的文字形式，但是口語的文字形式未必就是書面語，因爲書面語和口語的不一致在古今中外都是存在的。胡適的意思，應該是從書面語的角度來展開的，但是他顯然把文字和書面語混淆起來了。

同樣道理，所謂「死文字」，以希臘文拉丁文爲例，因爲它們在口語中不再被使用，所以是死文字。可見胡適區分死文字與活文字的標準是口語。

根據口語標準，胡適又認爲「漢文乃是視官的文字，非聽官的文字」，將漢字與字母文字加以比較，可見他此時是從文字的角度來談問題。但是他很快便將漢字與文言掛起鉤來。他「不反對字母拼音的中國文字的」，但認爲「當此字母制未成之先，今之文言終不可廢置」〔註 58〕。這是胡適將文字與書面語聯繫起來的結果。後來在黎錦熙等國語運動倡議者那裡，這更是一種流行

〔註 56〕 呂叔湘：《文言和白話》、《語言和語言學》，《呂叔湘全集》（第七卷），遼寧教育出版社 2002 年，第 65 頁、第 44 頁。

〔註 57〕 胡適：《逼上梁山》，胡適編選：《中國新文學大系·建設理論集》，上海文藝出版社 2003 年影印本，第 4～5 頁。

〔註 58〕 胡適：《逼上梁山》，胡適編選：《中國新文學大系·建設理論集》，上海文藝出版社 2003 年影印本，第 5 頁。

的觀點，即漢字不廢，文言難除。〔註59〕

　　胡適後來表示，1915 年夏季之時，他「已承認白話是活文字，古文是半死的文字」。但是胡適依然沒有說清楚何謂「古文」。他在《中國新文學大系》導言中提到「古文」，是專指桐城派古文而言的。但是此處的「古文」與白話對舉，顯然應該是指文言。特別是後面他又提到，當他的思想發生根本的新覺悟之後，認定中國文學史只是文字形式（工具）新陳代謝的歷史，只是「活文學」代替「死文學」的歷史，文學的活與死就在於文學工具的活（白話）與死（文言）。此時他正式承認「中國今日需要的文學革命是用白話替代古文的革命，是用活的工具替代死的工具的革命」。〔註60〕

　　因此，正如郭紹虞先生指出的，

> 　　文學革命和文學語言本來沒有多少關係，但是那時的所謂文學革命倡導者胡適，就是把它和文學語言混淆起來的。……從語言講，他（胡適——引者注）所謂「死文學」，指的是古文，古文是一種文體，而他又把文體和表達文體的語言混淆起來了。這樣混淆的結果，於是硬把古文說成是「死文字」，而不曉得文字雖有死的，例如甲骨文字，而古文則是一種書面語，是文學語言中的一種形式，它能在二千年中做全國交通思想的媒介，這就不能稱是文字，更不能說是死文字。所以在這兒，他又把文字和語言混淆起來了。〔註61〕

不過，「古文」倒還真是涵蓋了文體和文字兩個層面。「古文」一詞，在司馬遷爲《史記》所作的《自序》中就已出現：「年十歲則誦古文。」〔註62〕這裡的「古文」就是指古代的文獻典籍。許慎《說文解字》中「宣王太史籀著大篆十五篇，與古文或異」〔註63〕，此處的「古文」是指古代文字，有廣義和狹義兩種：廣義是指小篆以前各諸侯國所用的文字；狹義是指古文經籍中的文字。

　　作爲文體名稱的「古文」，是指用文言寫成的散體文。六朝時期盛行駢文，

〔註59〕關於這一問題，筆者在第二章第三節作了詳細的論證，請參看。

〔註60〕胡適：《逼上梁山》，胡適編選：《中國新文學大系‧建設理論集》，上海文藝出版社 2003 年影印本，第 9〜10 頁。

〔註61〕郭紹虞：《五四與文學語言》，此文發表於《語文知識》1959 年第 5 期，收入《照隅室語言文字論集》，上海古籍出版社 2009 年，第 240 頁。

〔註62〕司馬遷：《史記》（第十冊），中華書局 1959 年，第 3293 頁。

〔註63〕許慎：《說文解字》，中華書局 1963 年，第 314 頁。

初唐陳子昂主張發揚漢魏風骨，到中唐韓愈、柳宗元更加大力反對當時的流行文風，稱秦漢之散文為古文，倡導「古文運動」。後來「古文」就成為散文的專稱，亦成為與「時文」（如唐宋律賦、明清八股）相對立的概念。

胡適的確是把作為文體的古文和作為書面語的文言給混淆起來了。錢鍾書就特意指出，「並非文言就算得『古文』，同時，在某種條件下，『古文』也不一定和白話文對立」。他進而解釋道，「古文」有兩方面，一方面是指「敘述和描寫的技巧。從這一點說，白話作品完全可能具備『古文家義法』，另一方面是指「語言」，這就有很多的限制了，古文的語言「不但排除了白話，也勾銷了大部分的文言」〔註64〕。因此，「古文」也不等於「文言」。

1916 年，胡適關於文學革命的基本見解已大致形成，他從進化論的角度區分死文學與活文學，認為元代文學革命已登峰造極，其特點就在於以俚語為文學，這裡的「俚語」自然等同於他所說的白話。胡適雖然將白話等同於俚語俗語，卻並不按照古已有之的雅俗標準來區分文言白話，而是在進化論的框架中將雅／俗轉化為死／活，這正是胡適白話文理論的現代性所在。

胡適認為，若不是因為在明代遭到八股文和文人復古的阻礙，「則吾國之文學必已為俚語的文學，而吾國之語言早成為言文一致之語言」。〔註65〕這裡的「言文一致」，應該是指書面語與口語的一致。可見，胡適的文學革命，是以語言的變革為其中心任務，而言文一致則是其最終的目標，在他看來，要實現言文一致，必須以白話為文學的唯一工具。

1916 年 6 月，胡適已有了改良中國文學的具體方案：用白話作文、作詩、作戲曲。他的意見有九點，最後一點頗值得注意：

> 文言的文字可讀而聽不懂；白話的文字既可讀，又聽得懂。凡演說，講學，筆記，文言決不能應用。今日所需，乃是一種可讀，可聽，可歌，可講，可記的言語。要讀書不須口譯，言說不須筆譯；要施諸講壇舞臺而皆可，誦之村嫗婦孺皆可懂。不如此者，非活的言語也，決不能成為吾國之國語也，決不能產生第一流的文學也。
>
> 〔註66〕

〔註64〕 錢鍾書：《林紓的翻譯》，《七綴集》，三聯書店 2001 年，第 106～107 頁。

〔註65〕 胡適：《逼上梁山》，胡適編選：《中國新文學大系‧建設理論集》，上海文藝出版社 2003 年影印本，第 11 頁。

〔註66〕 胡適：《逼上梁山》，胡適編選：《中國新文學大系‧建設理論集》，上海文藝出版社 2003 年影印本，第 13～14 頁。

此時胡適的文中就出現了「國語」一詞，但是他並沒有展開論述。更重要的是，胡適認為文言文可讀而聽不懂，白話文既可讀又能聽懂，這與之前胡適對文字的看法是相關的，胡適認為「漢文乃是視官的文字，非聽官的文字」，自然會得出這樣的結論，而這樣的觀點，在「五四」時期恰是極為流行的。

不僅如此，胡適還將「今日所需」之白話解釋為「可讀，可聽，可歌，可講，可記的言語」，可見他的確是將白話理解為口語的，因而他批判漢字、批判文言文，自然是在聲音上著力，以口語為標準和目標。鄭敏批評胡適的主張為語音中心主義，確實有道理。〔註67〕

1916 年 8 月 19 日，在致朱經農的信中，胡適已經提出了後來《文學改良芻議》中的「八事」，只是次序不同，其中第四條為「不避俗字俗語」，括號中注明「不嫌以白話作詩詞」〔註68〕。可見胡適是將俗字俗語等同於白話的。後來在致陳獨秀的信以及《文學改良芻議》中，這一條的意思都是要用白話。特別是在《文學改良芻議》中，胡適將這一條放在了最後，「很委婉的說『不避俗字俗語』其實是很鄭重的提出我的白話文學的主張」，恰恰說明他對此條最為看重。〔註69〕

胡適此條主張，是針對「吾國言文之背馳久矣」而提出的，目的在實現言文一致，而實現的途徑只有標舉白話文學。陳獨秀對胡適的白話文學主張是贊同的，他在答胡適的信中斷然道：

> 鄙意容納異議，自由討論，固為學術發達之原則，獨至改良中國文學當以白話為正宗之說，其是非甚明，必不容反對者有討論之餘地；必以吾輩所主張者為絕對之是，而不容他人之匡正也。蓋以吾國倘已至文言一致地步，則以國語為文，達意狀物，豈非天經地義？尚有何種疑義必待討論乎？〔註70〕

但是，不允許討論並非意味著無懈可擊。胡適的主張和論證其實存在很多的問題。他不僅沒有清楚地界定何謂「白話」，還把文體、文字與語言，白話與

〔註67〕鄭敏：《世紀末的回顧：漢語語言的變革與中國新詩創作》，《文學評論》1993 年第 3 期。

〔註68〕胡適：《逼上梁山》，胡適編選：《中國新文學大系‧建設理論集》，上海文藝出版社 2003 年影印本，第 24 頁。

〔註69〕胡適：《逼上梁山》，胡適編選：《中國新文學大系‧建設理論集》，上海文藝出版社 2003 年影印本，第 25 頁。

〔註70〕陳獨秀答胡適信，見胡適：《逼上梁山》，胡適編選：《中國新文學大系‧建設理論集》，上海文藝出版社 2003 年影印本，第 27 頁。

口語等混爲一談，這使得他的《文學改良芻議》的確只能稱爲「芻議」。此後，胡適自己也在不斷反思和完善自己的理論，而白話文學的主張也在實際的討論中不斷深化。

1917 年 5 月，劉半農在《新青年》3 卷 3 號發表《我之文學改良觀》，他是將「語言」、「口語」、「文字」混爲一談了，乾脆將文字等同於語言：

> 欲定文學之界說，當取法於西文，分一切作物爲文字 Language 與文學 Literature 二類。西文釋 Language 一字曰，「Any means of conveyig or communicating ideas」，是只取其傳達意思，不必於傳達意思之外，更用何等工夫也。又 Language 一字，往往可與語言 Speech 口語 Tongue 通用。然明定其各個之訓詁，則「LANGUAGE is generic denoting，in its most extended use, any mode of conveying ideas；SPEECH is the language of sounds；and TONGUE is the Anglo－Saxon term for language，especially for snoken language.」是文字之用，本與語言無殊，僅取其人人都能瞭解、可以佈諸遠方、以補語言之不足，與吾國所謂「言之無文，行而不遠」正相符合。〔註71〕

劉半農直接以西文的 Language 指稱文字，又與 Speech、Tongue 等同，是因他相信「文字之用，本與語言無殊」，可「補語言之不足」，「爲語言之代表」，「言爲心聲，文爲言之代表」。這自然還是文字工具論的體現。而且他將「言」「文」關係理解爲文字可以補語言之不足，顯然曲解了「言之無文，行而不遠」本來的意思。

不過，劉半農還是對於胡適的觀點作出了補充和修正。例如他就文言和白話關係問題而提出「言文合一」，這實際是對「言文一致」的新理解：

> 今既認定白話爲文學之正宗與文章之進化，則將來之期望，非做到「言文合一」，或「廢文言而用白話」之地位不止。此種地位，既非一蹴可幾，則吾輩目下應爲之事，惟有列文言與白話於對待之地，而同時於兩方面力求進行之策。〔註72〕（著重號爲原文所有）

劉半農是從自身的語言經驗出發，認爲文言白話各有優長，故而廢文言

〔註71〕 劉半農：《我之文學改良觀》，胡適編選：《中國新文學大系・建設理論集》，上海文藝出版社 2003 年影印本，第 64 頁。

〔註72〕 劉半農：《我之文學改良觀》，胡適編選：《中國新文學大系・建設理論集》，上海文藝出版社 2003 年影印本，第 67 頁。

不宜也無法操之過急，他所說的「言文合一」是指白話、文言的合一，由此
生成一種新型語言。當然，劉半農依然從進化論的角度肯定胡適和錢玄同的
主張，認爲最理想的狀態還是白話獨尊，這就需要白話不斷吸取文言的長處，
從而集二者的長處於一身，到時文言自然歸於寂滅。但是，劉半農在這裡顯
然提出了一個重要的問題，即「五四」新文學所需要的白話，並非有著種種
不足的古白話，而是一種新型的白話，這就比胡適單純地從歷史尋找依據要
合理得多，所以他很自然地得出了這樣的結論：「吾謂白話自有其縝密高雅
處，施曹之文，亦僅能稱雄於施曹之世。吾人自此以往，但能破除輕視白話
之謬見，即以前此研究文言之工夫研究白話，雖成傚之遲速不可期，而吾輩
意想中之白話新文學，恐尙非施曹所能夢見。」（著重號爲原文所有——引者
注）〔註73〕

　　錢玄同在 1918 年 1 月 10 日爲胡適的《嘗試集》所作的序〔註74〕，也討
論了劉半農提出的問題。針對文言白話關係問題，他認爲在國語和文學領域
應該區別對待：「制定國語，自然應該折衷於白話文言之間，做成一種『言文
一致』的合法語言」，這一層意義上的「言文一致」，是指白話文言的合一，
與劉半農的主張沒什麼兩樣。但是爲何如此，錢玄同卻沒有說明原因。在文
學方面，錢玄同的看法就不同了，他強調只能用白話做韻文，原因有二：一
是「用今語達今人的情感，最爲自然」；二是「爲陳舊布新計，非把舊文學的
腔套全數刪除不可」。爲此不僅可用方言，就是外來語也可採用。〔註75〕最後
錢玄同主張「現在做白話韻文，一定應該全用現在的句調，現在的白話。那
『樂府』『詞』『曲』的句調，可以不必效法，『樂府』『詞』『曲』的白話，在
今日看來，又成古語，和三代漢唐的文言一樣。……即使偶然做個曲子，也
該用現在的白話，決不該用元朝的白話」〔註76〕。因此，錢玄同的觀念又與
劉半農的主張殊途同歸了：都是立足於進化論，主張採用一種新型的白話，
以這種現代的語言傳達現代人的思想情感，這種語言與古白話是根本不同

〔註73〕劉半農：《我之文學改良觀》，胡適編選：《中國新文學大系・建設理論集》，
　　　　上海文藝出版社 2003 年影印本，第 67 頁。
〔註74〕此文發表於《新青年》4 卷 2 號，1918 年 2 月。
〔註75〕錢玄同：《〈嘗試集〉序》，《錢玄同文集》（第一卷），中國人民大學出版社 1999
　　　　年，第 85 頁。
〔註76〕錢玄同：《〈嘗試集〉序》，《錢玄同文集》（第一卷），中國人民大學出版社 1999
　　　　年，第 90～91 頁。

的。只是劉半農從語言的角度看待文言白話關係問題，強調白話對文言的吸收；而錢玄同則是從變革的需要出發，反對文言，要求吸取的是方言和外語，所以他的主張與劉半農恰好形成了互補。後來傅斯年的「文言合一」主張，依然是在劉、錢的範圍之內。〔註77〕

胡適也在調整自己的思路與主張。1917 年 11 月，胡適在致錢玄同的信中提到

> 吾曾作《白話解》，釋白話之義，約有三端：（一）白話的「白」，是戲臺上「說白」的白，是俗語「土白」的白。故白話即是俗話。（二）白話的「白」，是「清白」的白，是「明白」的白。白話但須要「明白如話」，不妨夾幾個文言的字眼。（三）白話的「白」，是「黑白」的白。白話便是乾乾淨淨沒有堆砌塗飾的話，也不妨夾入幾個明白易曉的文言字眼。〔註78〕

王光明認為，胡適將「說白」、「土白」（語體）和「明白如話」、「沒有堆砌塗飾」（語用）混為一談，混淆了語言本體與語言運用的區別。〔註79〕胡適顯然沒有重視朱我農的意見：「筆寫的白話，同口說的白話斷斷然不能全然相同。」〔註80〕

1918 年 4 月，《新青年》4 卷 4 號發表了胡適的《建設的文學革命論》，此文被視為國語運動與文學革命合流的標誌，胡適的白話文學主張也取得了實質性的突破。在此文中，胡適將此前破壞性的「八事」轉為建設性的四條主張：

> 一，要有話說，方才說話。這是「不做言之無物的文字」一條的變相。

> 二，有什麼話，說什麼話；話怎麼說，就怎麼說。這是（二）（三）（四）（五）（六）諸條的變相。

> 三，要說我自己的話，別說別人的話。這是「不摹倣古人」一

〔註77〕傅斯年：《文言合一草議》，胡適編選：《中國新文學大系・建設理論集》，上海文藝出版社 2003 年影印本，第 121 頁。

〔註78〕胡適：《答錢玄同》，胡適編選：《中國新文學大系・建設理論集》，上海文藝出版社 2003 年影印本，第 86 頁。

〔註79〕王光明：《中國新詩的本體反思》，《中國社會科學》2008 年第 4 期。

〔註80〕朱我農致胡適信，「通信」欄「革新文學及改良文字」，《新青年》5 卷 2 號，1918 年 8 月。

條的變相。

　　四，是什麼時代的人，說什麼時代話。這是「不避俗話俗字」
的變相。〔註81〕

這裡既有對以往觀念的堅持，如第一條仍是談「言之有物」；也有新的發展，
第二條代表了胡適對文學創作的看法：「有什麼話，說什麼話；話怎麼說，就
怎麼說」，表面上談的是「說話」，實際是談「寫」的問題。也就是可以將其
看做是「有什麼話，就寫什麼；話怎麼說，就怎麼寫」。胡適還將這一原則用
於作詩：

　　若要做真正的白話詩，若要充分採用白話的字，白話的文法，
和白話的自然音節，非做長短不一的白話詩不可。這種主張，可叫
做「詩體的大解放」。詩體的大解放就是把從前一切束縛自由的枷鎖
鐐銬，一切打破：有什麼話，說什麼話；話怎麼說，就怎麼說。這
樣方才可有真正白話詩，方才可以表現白話的文學可能性。〔註82〕

可以看出，胡適仍將白話與口語混為一談，以口語為主導，以言說為主宰強
調言文一致。但是，口語與書面語、言說與書寫的性質本來就極為不同，是
根本不可能做到二者絕對的一致的。這一點語言學家的論述很多，茲不贅述。

　　倒是第三條「要說我自己的話，別說別人的話」和第四條「是什麼時代
的人，說什麼時代話」，有著濃鬱的變革氣息和現代意味，體現出現代個體意
識的覺醒和時代感，已經不再是拘囿於從歷史上尋找白話文學的依據。因此，
他旗幟鮮明地將國語與文學聯繫到一起，響亮地提出了「國語的文學，文學
的國語」的口號。這裡包含了他對陳獨秀主張的異議。

　　陳獨秀之前在《新青年》3卷2號「通信」的「編者附記」中提出：「白
話文學之推行，有三要件：首當有比較的統一之國語；其次則須創造國語文
典；再其次國之聞人多以國語著書立說。茲事匪易，本未可一蹴而幾者。」〔註
83〕胡適對此種意見不以為然：「國語不是單靠幾位言語學的專門家就能造得成
的；也不是單靠幾本國語教科書和幾部國語字典就能造成的。若要造國語，

〔註81〕　胡適：《建設的文學革命論》，胡適編選：《中國新文學大系・建設理論集》，
　　　　　上海文藝出版社2003年影印本，第128頁。
〔註82〕　胡適：《嘗試集・自序》，歐陽哲生編：《胡適文集》(9)，北京大學出版社1998
　　　　　年，第81頁。
〔註83〕　鄭振鐸編選：《中國新文學大系・文學論爭集》，上海文藝出版社2003年影印
　　　　　本，第12頁。

先須造國語的文學。有了國語的文學，自然有國語。」〔註84〕胡適的思路是：白話文學在歷史上就有悠久傳統，五四時代運用白話創作的國語文學是對白話文學傳統的繼承，是文學進化的表現。創作出來的國語文學作品需要逐步普及，使白話成爲人人可以掌握運用的工具，從而形成現代民族國家的統一語言——國語，這就是胡適的方案。1952年，胡適在《什麼是「國語的文學」、「文學的國語」》中談到自己的這一主張時，仍然堅持認爲「所謂國語，不是以教育部也不是以國音籌備會所規定的作標準，而是要文學作家放膽的用國語做文學，有了國語的文學，自然有文學的國語」。〔註85〕

朱經農在讀了胡適的《建設的文學革命論》之後，在給胡適的信中表示「我說文言有死有活，不宜全行抹殺。我的意思，並不是反對以白話作文，不過『文學的國語』，對於『文言』，『白話』，應該並採兼收而不偏廢。其重要之點，即『文學的國語』，並非『白話』，亦非『文言』。須吸收文言之精華，棄卻白話之糟粕，另成一種『雅俗共賞』的『活文學』」。〔註86〕這仍是對錢玄同、劉半農等人觀點的重申。

事實上，在《建設的文學革命論》中，胡適對待文言的態度已經有所轉變，認爲文言可以起補助的作用：「我們可盡量採用《水滸》《西遊記》《儒林外史》《紅樓夢》的白話；有不合今日的用的，便不用他；有不夠用的，便用今日的白話來補助；有不得不用文言的，便用文言來補助」〔註87〕。可見，胡適也發現，他提倡的「白話」，並非單純的古白話，也非今日之口語，而是一種融合多種語言因子的新產品。

因此，問題的關鍵就是：文言與白話在國語中各自的地位該是怎樣？新文化陣營自然是白話本位或者說是白話主導，胡適的論斷——「中國將來的新文學用的白話，就是將來中國的標準國語」〔註88〕，正體現了這一立場。

〔註84〕 胡適：《建設的文學革命論》，胡適編選：《中國新文學大系‧建設理論集》，上海文藝出版社 2003 年影印本，第 130 頁。

〔註85〕 胡適：《什麼是「國語的文學」、「文學的國語」》，歐陽哲生編：《胡適文集》(12)，北京大學出版社 1998 年，第 54 頁。

〔註86〕 朱經農致胡適信，「通信」欄「新文學問題之討論」，《新青年》5 卷 2 號，1918 年 8 月。

〔註87〕 胡適：《建設的文學革命論》，胡適編選：《中國新文學大系‧建設理論集》，上海文藝出版社 2003 年影印本，第 131 頁。

〔註88〕 胡適：《建設的文學革命論》，胡適編選：《中國新文學大系‧建設理論集》，上海文藝出版社 2003 年影印本，第 131 頁。

但是這一論斷似乎武斷了一點，因爲文學革命與國語運動雖然合流，卻始終是兩股不同的潮流，而且現代白話也不等於國語，最多可以說是國語的書面語部分。這就涉及到對「國語」的理解。

「國語」一詞，歷史上曾出現過。一是書名：《國語》又稱爲《春秋外傳》，全書共二十一篇，相傳爲春秋時左丘明作，是一部按國別敘述的記言史書，記載了周、魯、齊、晉、鄭、楚、吳、越八國事，其中以晉語爲最詳。全書起自周穆王十二年（公元前 990 年），終於周貞定王十六年（公元前 453 年）。

二是封建王朝統治者定本族語言爲國語。如後魏拓跋氏定鮮卑語爲國語。〔註89〕《隋書・經籍志》中記載了眾多帶有「國語」字眼的書籍，如《國語孝經》一卷：「魏氏遷洛，未達華語，孝文帝命侯伏侯可悉陵，以夷言譯《孝經》之旨，教於國人，謂之《國語孝經》。」〔註90〕此外還有

　　《國語》十五卷

　　《國語》十卷

　　《國語物名》四卷（後魏侯伏侯可悉陵撰。）

　　《國語眞歌》十卷

　　《國語雜物名》三卷（侯伏侯可悉陵撰。）

　　《國語十八傳》一卷

　　《國語御歌》十一卷

　　《國語號令》四卷

　　《國語雜文》十五卷〔註91〕

《隋書・經籍志》「經部」的「小學」類對「國語」作了解釋：「後魏初

〔註89〕參見《辭源》（修訂本），商務印書館 1998 年，第 576 頁。另外，《辭海》對「國語」的解釋爲：「①由歷史形成並由政府規定的一種標準化的全國通用的共同交際語。是國家在政治、外交、文化、教育各方面使用的語言。如日本的日語。②指現代漢民族共同語。今習稱「普通話」。③書名。傳爲春秋時左丘明著。」《辭海》，上海辭書出版社 2000 年，第 2165 頁。

〔註90〕魏徵、令狐德棻：《隋書・志第二十七・經籍一》，《隋書》（第四冊），中華書局 1973 年，第 935 頁。

〔註91〕魏徵、令狐德棻：《隋書・志第二十七・經籍一》，《隋書》（第四冊），中華書局 1973 年，第 945 頁。

定中原，軍容號令，皆以夷語。後染華俗，多不能通，故錄其本言，相傳教習，謂之『國語』，今取以附音韻之末。」〔註92〕

與「國語」相對應有「國字」：

　　　　封建王朝統治者將本族文字定為國字。也叫國書。如元以蒙文、清以滿文為國字。《元史輿服志》二《儀仗》：「外辦牌制，以象牙書國字，背書漢字，填以金。」此指蒙古文字。〔註93〕

可見，古代少數民族政權所定的「國語」、「國字」等，只是對本族語言文字的稱呼，是維護統治的需要。

現代意義上的「國語」一詞，意義有了根本性的變化，一方面固然是指民族國家共同語、標準語；另一方面更是民族主義興起的產物，是民族國家建構和認同的需要。中國古代也有共同語，如「雅言」，雖不具備現代民族國家的意義，但是何種語言能成為雅言，卻也同樣有賴於等級地位。《論語・述而》云：「子所雅言，詩、書、執禮，皆雅言也。」這裡的「雅言」，孔安國釋為「正言」，朱熹《四書章句集注》訓為「常言」。可知孔子在講學執禮之時，是以西周京畿的方言、語音為標準語（雅言）和標準音（雅音）。因為按照學界的一般看法，「雅」是「夏」的同音假借字。西周都城豐鎬是夏故域，周初人往往自稱為夏人。「夏」、「雅」二字，古代常常可以互用，因此西周人的詩歌和語言，便稱作「雅詩」和「雅言」。而在「禮樂征伐自天子出」的西周時代，王都京畿既是全天下的政治中心，其一切自然就成為四方的準則；西周京畿一帶的語音就成了當時的標準音，那裡的方言也就成了官方語言。〔註94〕

但是古今的「共同語」、「方言」在內涵、外延上都不太一樣。共同語有區域共同語、全國共同語。「雅言」為孔子所尊重，是西周時代的標準語和共同語，但是在春秋戰國時代，諸侯國言語異聲、文字異形，語言文字陷入一種混亂的狀態。秦始皇滅六國統一天下，統一了文字。西漢時揚雄撰寫《方言》，涉及到「通語」與「方言」的關係。王力認為，「通語也就是民族共同語」，而且是漢民族共同語，它早已存在。〔註95〕何九盈進一步補充道，揚雄

〔註92〕魏徵、令狐德棻：《隋書・志第二十七・經籍一》，《隋書》（第四冊），中華書局 1973 年，第 947 頁。

〔註93〕《辭源》（修訂本），商務印書館 1998 年，第 574 頁。

〔註94〕參見于迎春：《「雅」「俗」觀念自先秦至漢末衍變及其文學意義》，《文學評論》1996 年第 3 期。

〔註95〕王力：《中國語言學史》，復旦大學出版社 2007 年，第 20～21 頁。

所說的通語有兩個含義，「一是不屬於某一方言區的全國通用的普通話」，「一是某一方言區的共同語」。但是，漢代的「通語」與春秋戰國時代的「雅言」不完全一樣，「雅言」是以河洛地區爲中心形成的通語，漢代「通語」無疑受到自關以西秦晉方言的影響。〔註96〕

　　古今「方言」的意思也不盡相同。何九盈在《中國古代語言學史》中對此有詳細的分析，他指出，古代的「方言」一詞，除指漢語各地的方言之外，還包括漢語以外的其他種語言，四鄰方國之音。揚雄稱朝鮮等地的語言爲「方言」，道理就在於此。梁僧祐《出三藏記集》卷五說：「方言殊音，文質從異，譯胡爲晉，出非一人。」此處的「方言」是指晉朝以外的「胡語」。三國時支謙「通六國語」，「妙善方言」，「乃收集眾本，譯爲漢語」，這裡的「方言」其實就是漢語之外的方國之言。晚清時的外語學校還被稱爲「方言館」，也可證明古代的「方言」所涵蓋的範圍遠大於今日之「方言」。〔註97〕而統治者自古即重視方言調查，因方言關係到國家統一、政令施行以及中央與地方的溝通。據《左傳·襄公十四年》記載，夏朝時就已有調查方言的制度：「《夏書》曰：遒人以木鐸徇於路。」杜預注：「徇於路，求歌謠之言。」也就是說，中央王朝是派遣使者到各地搜求歌謠以瞭解方言。這一點在劉歆《與揚雄書》、揚雄致劉歆的信、應劭《風俗演義·序》中也都談到了。但秦朝滅亡時這些資料便湮沒遺失了。〔註98〕

　　明清時代又出現了「官話」，是當時漢民族的共同語和標準語。官話「舊指以北京話爲基礎的標準話。因在官場中通用，故稱。」〔註99〕魯國堯認爲「官話」一詞元代尚未出現，至明代才有文獻記載，明代謝檜《四溟詩話》卷三：「及登甲科，學說官話，便作腔子。」何良俊《四友齋叢說》：「雅宜不喜作鄉語，每發口必官話。」張位《問奇集》：「江南多患齒音不清，然此亦官話中鄉音耳。」〔註100〕

　　羅常培認爲，明末清初的中國知識界曾萌發了語言統一的念頭：

〔註96〕何九盈：《中國古代語言學史》（新增訂本），北京大學出版社 2006 年，第 56 頁。
〔註97〕何九盈：《中國古代語言學史》（新增訂本），北京大學出版社 2006 年，第 52 頁。
〔註98〕何九盈：《中國古代語言學史》（新增訂本），北京大學出版社 2006 年，第 25 頁。
〔註99〕《辭源》（修訂本），商務印書館 1998 年，第 823 頁。
〔註100〕魯國堯：《魯國堯語言學論文集》，江蘇教育出版社 2003 年，第 511 頁。

　　當明末清初之初，方以智、劉獻廷一班人受到了耶穌會教士利瑪竇、金尼閣的影響，頗想創造一種拼音文字來輔助國字的讀音。後來龔定庵也打算搜羅中國十八省方言和滿洲、高麗、蒙古、喀爾喀等語纂成方言一書，他說，「音有自南而北而東西者，有自北而南而東西者，孫會播遷，混混以成，苟有端倪可以尋究，雖謝神聵，不敢不聰也。旁舉字母翻切之音，欲撮舉一言，可以一行省音貫十八省音，可以納十八省音於一省也」。這就是早期的國語統一論。〔註101〕

但是，這種統一語音的觀念，還沒有上昇到近代民族國家思想的高度。而對於統治者來說，推行官話，仍是考慮到國家統一、政令施行以及中央與地方的溝通。雍正在位時，在福建和廣東等地推行官話。雍正六年發佈上諭：

　　朕每引見大小臣工，凡陳奏履歷之時，唯有福建、廣東兩省之人，仍係鄉音，不可通曉。……赴任他省，又安能於宣讀訓喻、審斷詞訟，皆歷歷清楚，使小民共知而共解乎。官民上下，語言不通，必致吏胥從中代爲傳述，於是添飾假借，百弊叢生，而事理之貽誤者多矣。……即伊等身爲編氓，亦不能明白官長之言……但語言自幼習成，驟難更改，故必徐加訓導，庶幾歷久可通。應令福建廣東兩省督撫，轉飭所屬府州縣有司及教官，遍爲傳示，多方訓導，務使語言明白。使人通曉，不得仍前習爲鄉音……〔註102〕

正音書院由此建立。雍正的政策還一直延續到了嘉慶年間：「雍正六年，奉旨以福建、廣東人多不諳官話，若地方官訓導。廷臣議以八年爲限，舉人、生員、貢、監、童生，不諳官話者，不准送試。福建省城四門設立正音書館。十三年，奉旨展限四年。乾隆二年，弛其令，令州縣與士民相見，及教官實心教導，保薦時列入政績。十年，裁福建四門書館。四十八年，通政司行文各直省，本章俗字字典所無，難以翻清，嗣後隨本音釋揭送內閣，以便翻譯對音。嘉慶十一年，奉旨：上書房行走者，粵東口音於授讀不甚相宜。謹案，《詩》《書》執禮，孔子皆用雅言，不用齊魯音，而經史多有方言，學者貴知之，然必立一雅言爲之準，而後方言可附類而通也。」〔註103〕

〔註101〕羅常培：《中國人與中國文》，開明書店1945年，第77頁。
〔註102〕轉引自黎錦熙：《國語運動史綱》，黎澤渝、劉慶俄編：《黎錦熙文集》（下卷），黑龍江教育出版社2007年，第98頁。
〔註103〕俞正燮：《癸巳存稿》，黃山書社，第369～370頁。

　　晚清時代，「國語」一詞興起。正如王爾敏所言，清末民初「國語」一詞，啓導於民族主義思想，猶如「國地」、「國教」、「國民」，「國」字用意廣泛是當時民族主義思想日漸擴大的表現。「近代之所謂『國語』，自明確表示出 national 之意。最早出現文字，當在光緒二十九年（1903 年），京師大學堂學生何鳳華、王用舟、劉奇峰、張官雲、世英、祥懋等六人，上書北洋大臣、直隸總督袁世凱，呈文標目有謂：『請奏明頒行官話字母，設普通國語學科，以開民智而救大局。』」〔註104〕王爾敏所言「國語」最早出現的情形有誤。但近現代意義上的「國語」一詞，確實是在日本的影響下產生的。黃遵憲的《日本國志》中已經屢屢出現「國語」一詞，如：

　　　　教士多通國語，解內情，言辭溫雅，善與人交，金寶珠璣視如瓦石，或教民造食物以利民用，百方誆誘，以故民歸之如流水。（卷七鄰交志下一）

　　　　被告人或對質人聾者問用紙筆，啞者答用紙筆，聾者、啞者並不識文字要用通事，其不通國語者亦如之。（卷二十八刑法志二）

　　　　被告人係聾啞及不通國語者，依第百五十六條、第百五十七條規則。（卷二十八刑法志二）

　　　　漢學・經説書目：《國語增注》六卷、《大學國字解》一卷、《中庸國字解》一卷，冢田虎著。《論語徵餘言》、《周易約説》、《周易古斷》、《繫辭傳辨解》、《書經考》、《詩經考》、《左傳考》、《國語考》均無卷數，戶崎哲著。《增注大學》一卷、《增注中庸》一卷、《國語訂字》一卷，岡島順著。《周易音義》一卷、《尚書音義》一卷、《國語略説》四卷，陶修齡著。（卷三十二學術志一）

　　　　至明治六年，定爲法學、理學、文學三學部。於是學中規模頗近似歐美大學。……定制將來用國語教導，惟現今暫用英語，且於法蘭西、日耳曼二語中兼習其一，惟法學部必兼學法蘭西語。（卷三十二學術志一）

　　　　日本古無文字而有歌謠，上古以來口耳相傳。漢籍東來後，乃借漢字之音而填以國語，如《古萬葉集》所載和歌，悉以漢字填之，既開後來用音不用義之法。

〔註104〕王爾敏：《中國近代知識普及化之自覺及國語運動》，《近代文化生態及其變遷》，百花洲文藝出版社 2002 年，第 328 頁。

國語不出支、微、歌、麻音，其讀漢文，凡東江陽庚元文刪先侵覃鹽成諸聲，皆以哆字收聲。（卷三十三學術志二文字）

《遼史國語解》：凡納后即族中選尊者一人，當奧而坐，以主其禮。謂之奧姑，襲遼人語也。妻呼夫曰檀那，沿梵語也。（卷三十四禮俗志一）

室中例設莞席，每席寬二尺，長三四尺，以布爲緣，名曰疊。國語曰踏踏美。（卷三十五禮俗志二）

切者，國語謂調律裁管也。

芝居演戲，國語謂之芝居，因舊舞於興福寺門前生芝之地故名。

茶僚謂之數奇屋，國語謂嗜爲數奇，好和歌者古名數奇，好茶者因藉以名之。（卷三十六禮俗志三）

有關於遊戲者，曰競馬會、曰角抵會、曰千人會，爲二牌，一曰原牌，一曰影牌，限數至一千，每牌限若干錢，四散鬻之共得若干金，至期盛原牌於匣，匣上有孔，引錐刺而出之，以原牌對影牌得第一者得大采，餘采輕重有差，至百爲止，猶今呂宋票也，國語名之曰富。（卷三十七禮俗志四）

諸如此類的例子，在書中不勝枚舉。其中有日本對中國古籍的研究如《國語增注》，更多地是指日語本身，日本人應該是從民族國家的立場來使用這一語詞的。從黃遵憲對「國語」的使用來看，他並沒有刻意強調「國語」的民族主義色彩。但是這一術語，對於中國日後的國語運動，顯然起到了重要作用。

1902 年，桐城派的著名學者吳汝綸任京師大學堂總教習期間，到日本考察學制。九月回國，寫成《東遊叢錄》。《東遊叢錄》裏他與伊澤修二的談話中出現了「國語」一詞：「（吳汝綸）答：統一語言，誠哉其急！然學堂中科目已嫌其多，復增一科，其如之何？伊澤氏曰：寧棄他科而增國語。」伊澤修二還指著一個薩摩人阿多對吳汝綸說：「卅年前對面不能通姓名，殆如貴國福建、廣東人之見北京人也，然今日僕與阿多君語言已無少差異。」阿多也說：「昔琉球風俗語言，全然不同。及彼處設立小學校，……必授以普通語言，是爲國語。」〔註105〕吳汝綸回國之後即奏請推行國語教育。所以黎錦熙認爲，

─────────────────────────

〔註105〕吳汝綸：《貴族院議員伊澤修二氏談片》，《吳汝綸全集》（三），黃山書社 2002年，第 797～799 頁。

「『國語統一』這個口號可以說是由吳汝綸叫出來的」。〔註106〕

但是，國語統一必然涉及到語音統一的問題。因此，在聽了吳汝綸的意見之後，張百熙也深有同感。1903 年，他和榮慶、張之洞奏定學堂章程，其學務綱要第二十四條提出：「各國言語，全國皆歸一，故同國之人，其情易洽，實由小學堂教字母拼音始……茲以官音統一天下之語言，故自師範以及高等小學堂，均於國文一科內，附入『官話』一門。」〔註107〕

文字改革家們也希望借助標準的切音簡字實現語言的統一，黎錦熙就發現，盧戇章「也曾注意到『國語統一』這個問題」，因為後者提出：

> 又當以一腔為主腦。十九省之中，除廣福臺而外，其餘十六省，大概屬官話，而官話之最通行者，莫如南腔。若以南京話為通行之正字，為各省之正音，則十九省語言文字既從一律。文話皆相通，中國雖大，猶如一家，非如向者之各守疆界，各操土音之對面無言也。〔註108〕

盧戇章在此主張以南京語音為標準語音，而他的《一目了然初階》則是以廈門腔為主。早期的切音字基本上是以閩粵語音為主。1900 年，王照著成《官話合聲字母》，正式以北京語音為標準音。他在《官話合聲字母》重刊本的「凡例」解釋了他所理解的「官話」：「因吾國文字難通，故欲即北京土語成文，以便俗用，聰慧者四五日可通，愚鈍者二十日可通。不名為『土話』而名為『官話』者，從俗也」，「北至黑龍江西逾太行宛洛，南距揚子江，東轉於海，縱橫數千里之土語，皆與京話略通，此外諸省之語則各不相通，是京話推廣最便，故曰『官話』。余謂官者，公也；官話者，公用之話；自宜擇其占幅員人數多者。」〔註109〕

勞乃宣的主張有所不同，他建議南方人先就南音簡字各譜（如他的《寧音譜》、《吳音譜》、《閩廣音譜》，還有《簡字全譜》涵蓋了全國各地方言）學習；學成之後，再學京音，以便統一。這對於北方人來說自然不成問題，但

〔註106〕黎錦熙：《國語運動史綱》，黎澤渝、劉慶俄編：《黎錦熙文集》（下卷），黑龍江教育出版社 2007 年，第 97 頁。

〔註107〕轉引自黎錦熙：《國語運動史綱》，黎澤渝、劉慶俄編：《黎錦熙文集》（下卷），黑龍江教育出版社 2007 年，第 98 頁。

〔註108〕黎錦熙：《國語運動史綱》，黎澤渝、劉慶俄編：《黎錦熙文集》（下卷），黑龍江教育出版社 2007 年，第 88 頁。

〔註109〕轉引自黎錦熙：《國語運動史綱》，黎澤渝、劉慶俄編：《黎錦熙文集》（下卷），黑龍江教育出版社 2007 年，第 10～11 頁。

是在南方引起了極大的爭議，上海《中外日報》上有文章指責勞乃宣爲分裂語言文字的罪魁，照此辦法，統一語言，需要「強南就北」，「將使中國愈遠於同文之治」。勞乃宣回覆道，照他的辦法，不需要「強南就北」，自能「引南歸北」，因爲無論寧音、吳音各譜，其中都把京音一譜鑲嵌了進去。〔註110〕此時的爭議，其實已經埋下了日後「京國大論爭」的種子。

有學者認爲，早期的「語言統一思想還是停留在書同文、語同音的階段，和此前的語言統一思想相差無幾。而到了1902年吳汝綸東遊日本之後，他的語言統一思想深受日本友人的影響，把語言統一納入到『國民—國家』的敘述中，國語統一乃是再造新國民，消弭地域主義，加強國家認同的重要組成部分」。〔註111〕顯然，當國語統一興起之後，文字變革和語言統一才都眞正具備了民族國家建設的意味。語言統一涉及語音的統一，而注音字母和拼音文字的創制也是以語音作爲主要的依據，自此，語言統一和文字變革實現了合流，如黎錦熙所言：國語運動的第一期，宗旨是「言文一致」，第二期的宗旨是「國語統一」。而他所說的「言文一致」，其實是指語言和文字的一致即早期的切音字運動。故而三十多年以來，國語運動的口號不外兩句話：「國語統一」、「言文一致」。〔註112〕而且資政院議員江謙提出「合聲簡字國語」，也正體現了簡字與國語的合一：「初等小學前三年，非主用合聲簡字國語，則教育斷無普及之望。」〔註113〕清廷預備立憲，定期籌備九年，從光緒三十四年一直排到了宣統八年，命各部奏報分年籌備事宜清單，學部清單中列有國語教育事項五條，其中規定宣統八年，檢定教員須考問「官話」；師範、中學、高小各項考試，均加「官話」一科。

國語統一，是民族國家興起時代加強國民認同的重要手段。日本議員伊澤修二曾對吳汝綸特別強調了這一點：

> 寧棄它科而增國語。前世紀人猶不知國語之爲重，知其爲重者，
> 猶今世紀之新發明，爲其足以助團體之凝結，增長愛國心也。就歐

〔註110〕參考黎錦熙：《國語運動史綱》，黎澤渝、劉慶俄編：《黎錦熙文集》（下卷），黑龍江教育出版社2007年，第99～100頁。

〔註111〕崔明海：《國語統一與民族國家建設》，《學術探索》2007年第1期。

〔註112〕黎錦熙：《國語運動史綱》，黎澤渝、劉慶俄編：《黎錦熙文集》（下卷），黑龍江教育出版社2007年，第87頁。

〔註113〕黎錦熙：《國語運動史綱》，黎澤渝、劉慶俄編：《黎錦熙文集》（下卷），黑龍江教育出版社2007年，第101頁。

羅巴各國而論，今日愛國心之最強者，莫德意志若，然德意志本分多少小國，語言自不相同。斯時也，彼自彼，我自我，團體之不結，國勢之零落，歷史中猶歷歷如繪也。既而德王維廉起，知欲振國勢，非統一聯邦，則不足以躋於盛壯；欲統一聯邦，非先一語言，則不足以鼓其同氣；方針既定，語言一致，國勢亦日臻強盛。歐羅巴各國中，愛國心之薄弱殆莫如墺大利、匈牙利之共同國，全國國種不一，自然語言不齊，莫知改良之方，政治風俗，在在見參互錯綜之狀，甚至陸軍不受政府之駕馭，騷亂之舉，曷其有極！傍觀者時切杞憂，謂墺匈之恐不國也。此皆語言之不統一之國。一則由不統一以致統一，其強盛有如德國；一則本不統一而不知改爲統一，其紊亂有如墺匈合國；成績攸分，似足爲貴邦前車之鑒矣。〔註114〕

伊澤修二的思想對吳汝綸顯然有很大影響，回國之後，他向張之洞奏請實施國語教育：「今教育名家，率謂一國之民，不可使語言參差不通，此爲國民團體最要之義。日本學校必有國語讀本，吾若傚之，則省筆字不可不仿辦矣。」〔註115〕1903 年，京師大學堂學生何鳳華等六人上書直隸總督袁世凱，提出請奏明頒行官話字母，設普通國語學科，以開民智而救大局。〔註116〕其理由即爲「統一語言以結團體也。吾國南北各省，口音互異，甚有各省之人不能通姓名之弊，夫國人所賴以相通相結者，語言也，言不類則心易疑，此渙散之本也。」〔註117〕

官話既屬於「官」，自然不利於語言文字的推行和教育的普及。1910 年資政院議員江謙正式提出將「官話」改稱爲「國語」，他在《質問學部分年籌辦國語教育說帖》中提到：「凡白創作，正名爲先，官話之稱，名義無當，話屬於官，則農工商兵，非所宜習，非所以示普及之意，正統一之名，將來奏請頒佈此項課本時，是否須改爲國語讀本，以定名稱？」〔註118〕

〔註114〕吳汝綸：《東遊叢錄》，《吳汝綸全集》（三），黃山書社 2002 年，第 797～798 頁。

〔註115〕吳汝綸：《與張尚書》，《吳汝綸全集》（三），黃山書社 2002 年，第 436 頁。

〔註116〕王爾敏：《中國近代知識普及化之自覺及國語運動》，《近代文化生態及其變遷》，百花洲文藝出版社 2002 年，第 328 頁。

〔註117〕何鳳華、王用舟、劉奇峰、張官雲、世英、祥懋：《上直隸總督袁世凱書》，文字改革出版社編：《清末文字改革文集》，文字改革出版社 1958 年，第 36 頁。

〔註118〕江謙：《質問學部分年籌辦國語教育說帖》，文字改革出版社編：《清末文字改革文集》，文字改革出版社 1958 年，第 117 頁。

　　江謙的說帖有 32 人連署，類似的說帖還有 5 份，連署者達 400 人之多。於是院中以嚴復爲特任股員長加以審查，審查的結果則是：「將簡字正名爲『音標』，由學部審擇修訂，奏請欽定頒行」，「謀國語教育，則不得不添造音標文字」，「音標用法有二：一，拼合國語，以開中流以下三萬九千萬不識字者之民智，而合蒙藏漢回二千萬里異語民族之感情；二，範正漢字讀音，學校課本每課生字亦須旁注音標」。〔註 119〕第二年的中央教育會議通過了「統一國語辦法案」，其中提出「以京音爲主，審定標準音；以官話爲主，審定標準語」。而吳宓注意到議決此案時，各地代表專與學部作對，代表內部之間也是矛盾重重，存有南北之見。〔註 120〕好不容易通過的議案，又因辛亥革命爆發而不了了之，可見變革之艱辛。

　　清廷統一國語的行爲，正如羅志田所論，與革命黨人、《新世紀》派等的主張較爲一致，即各方均希望文字改革、語言統一。如蔡元培的小說《新年夢》（1904 年）所設想的未來社會裏「一國的語言統統畫一了；那時候造了一種新字，又可拼音，又可會意，一學就會；又用著言文一致的文體著書印報」，最終實現世界大同。〔註 121〕康有爲也在設想人類的大同之世，「全地語言文字皆當同，不得有異言異文」〔註 122〕。不僅如此，他還提出了造就這種全球語的具體方案：

　　　　考各地語言之法，當製一地球萬音室。製百丈之室，爲圓形，以象地球，懸之於空，每十丈募地球原產人於其中。每度數人，有音異者則募置之，無所異者則一人可矣。既合全地之人，不論文野，使通音樂言語之哲學士合而考之，擇其舌本最輕清圓轉簡易者，製以爲音，又擇大地高下清濁之音最易通者製爲字母。凡物有實質者，各因原質之分合，因以作文字，其無質者，因乎舊名。擇大地各國名之最簡者如中國採之，附以音母，以成語言文字，則人用力少而所得多矣。〔註 123〕

〔註 119〕見黎錦熙：《國語運動史綱》，黎澤渝、劉慶俄編：《黎錦熙文集》（下卷），黑龍江教育出版社 2007 年，第 102 頁。

〔註 120〕參見羅志田：《國家與學術：清季民初關於「國學」的思想論爭》，三聯書店 2003 年，第 182 頁。

〔註 121〕蔡元培：《新年夢》，《蔡元培全集》（第一卷），浙江教育出版社 1997 年，第 422〜436 頁。

〔註 122〕康有爲：《大同書》，遼寧人民出版社 1994 年，第 102 頁。

〔註 123〕康有爲：《大同書》，遼寧人民出版社 1994 年，第 102 頁。

但是不同的見解也存在，如當時的錢玄同本傾向於國粹學派，故而在 1908 年 9 月的日記中寫道「今日見有法部主事江某奏請廢漢文、用通字云。通字係用羅馬字母二十改其音呼者。噫！近日學部紛紛調王照、勞乃宣入內擬簡字，後有此獠出現，何王八蛋之多也」〔註124〕。而吳稚暉對於各種切音字方案，實際並不欣賞，他認爲這些改革者「各有倉頡自負之野心，故各換其面目以表神奇」，而「以西文字母切土音，乃耶教徒之慣法」，毫無新意可言。〔註125〕吳稚暉雖然在 1895 年創制過「豆芽字母」，也被黎錦熙列爲切音運動時期的人物，〔註126〕但他實際並不熱衷於切音字，而是激進地號召廢棄漢字漢語，以萬國新語代之，退而言之，也要以日本爲效法的榜樣。

　　不僅如此，吳稚暉還發現學部將「簡字」與「官話」混爲一談。他提出，「學部所謂分年籌備清單者，既稱頒佈簡易識字課本矣，何以又言頒佈官話課本？吾實不解中國所謂官話者何話也。若能作文字可寫之語，而又不雜以一方之土俗典故，使人人通解，而又出以官音者，是即官話」。這樣的官話，也就是「國語」了；「如以爲其中之音讀有不同，則簡易識字課本又是何物？豈眞簡字又獨立於文字之外，別爲一種新字乎？」若因「我國文字過於典雅，凡近俗語者，皆不得謂之文。官話課本即係通俗之文，是眞不可缺少。然惟其爲此，故不可仍目爲話。雖『話語』與『文字』，字面可互相通用，然以各國爲例，必稱之曰國語讀本，或曰漢語課本，方爲適當」。〔註127〕

　　不過，文字改革和語言統一在語音的統一這一點上卻是一致的，因爲按照語言文字合一的思路，字音的一致首先有賴於語音的一致。在國語運動中，標準音和標準語的選定，經歷了一個激烈爭辯的過程。北京話和北方方言在這個過程中逐漸取得主導的地位，成爲國語的主幹。這就是索緒爾所講的「文學語言」：「不僅指文學作品的語言，而且在更一般的意義上指各種爲整個共同體服務的、經過培植的正式的或非正式的語言」，選擇何種方言，其動機可以多種多樣：「有時選中文化最先進的地區的方言，有時選中政治領導權和中

〔註124〕轉引自羅志田：《國家與學術：清季民初關於「國學」的思想論爭》，三聯書店 2003 年，第 182 頁。

〔註125〕參考羅志田：《國家與學術：清季民初關於「國學」的思想論爭》，三聯書店 2003 年，第 182～183 頁。

〔註126〕黎錦熙：《國語運動史綱》，黎澤渝、劉慶俄編：《黎錦熙文集》（下卷），黑龍江教育出版社 2007 年，第 94～95 頁。

〔註127〕燃（吳稚暉）：《書〈神州日報〉〈東學西漸〉篇後》，張枬、王忍之編：《辛亥革命前十年間時論選集》（第三卷），三聯書店 1977 年，第 470～471 頁。

央政權所在地的方言，有時是一個宮廷把它的語言強加於整個民族」〔註128〕。馬克思則認為，「部分是由於現成材料所構成的語言的歷史發展，如拉丁語和日耳曼語；部分是由於民族的融合和混合，如英語；部分是由於方言經過經濟集中和政治集中而集中為統一的民族語言」。〔註129〕在近現代中國的特殊語境中，北京話和北方方言主導地位的取得，顯然是與政治領導權相關聯。這也使得語言問題的爭論，帶有濃厚的意識形態色彩。

首先，在以北京語音為標準音的問題上，學界就有反對意見。在章太炎看來，「今虜雖建宅宛平，宛平之語未可為萬方準則」〔註130〕，一旦以北京音為標準音，則是專制的體現。因此，正確的做法是以官話為基礎綜合各地方言來形成一種新的語音為標準音。而從更深的層面看，章太炎對語言文字問題的思考，更是帶有排滿革命的考慮。吳稚暉提出的主張則是，在北京或上海設立三個月的短會，「延十八省所謂能談中國『之乎者也』之名士，每省數人」，開會時由書記據字典一一唱字，由眾人一一議定字音。〔註131〕康有為提議建造的「地球萬音室」，則擬定從全球人種語音中選取。不過他也認為「文字語言之簡」以中國為最，因「中國一物一名，一名一字，一字一音」，是理想的選擇。〔註132〕這可以視為吳稚暉主張的放大。1919年9月，《國音字典》出版，「京國問題」的論爭隨之而起。1920年，教育部正式公佈《國音字典》，訓令中稱，作為「國音」的應為「普通音」而非北京土音：

> 查讀音統一會審定字典，本以普通音為根據。普通音即舊日所謂官音，此種官音，即數百年來全國共同遵用之讀書正音，亦即官話所用之音，實具有該案所稱通行全國之資格，即作標準，允為合宜。〔註133〕

而北京語音因「所含官音比較最多，故北京音在國音中適占極重要之地位」，

〔註128〕〔瑞士〕費爾迪南・德・索緒爾：《普通語言學教程》，高名凱譯，商務印書館1980年，第273頁。

〔註129〕馬克思、恩格斯：《德意志意識形態》，人民出版社1995年，第490頁。

〔註130〕章太炎：《駁中國用萬國新語說》，張枬、王忍之編：《辛亥革命前十年間時論選集》（第三卷），三聯書店1977年，第32頁。

〔註131〕燃（吳稚暉）：《書〈神州日報〉〈東學西漸〉篇後》，張枬、王忍之編：《辛亥革命前十年間時論選集》（第三卷），三聯書店1977年，第469頁。

〔註132〕康有為：《大同書》，遼寧人民出版社1994年，第102頁。

〔註133〕黎錦熙：《國語運動史綱》，黎澤渝、劉慶俄編：《黎錦熙文集》（下卷），黑龍江教育出版社2007年，第146頁。

但「北京一隅之土音，無論行於何地，均爲不便者，則斷難曲從」。但是各地
以本地方音而讀「國音」，成爲聲調繁雜的「藍青官話」，因而「京音化」的
趨勢不斷增強，最終「國音」變爲「京音京調」。〔註134〕從這一結果可以看出，
從意識形態的立場出發來人爲規定語言文字的走向，往往會與語言文字的自
然發展相悖。「國音」變爲「京音」，就是一個很好的證明；

其次，語音的統一還只是最初的一步，要眞正實現語言的統一，還需要
詞彙語法等方面的統一，如果要做到口語與書面語一致，則必須要選取一種
方言爲國語。但以何種方言爲國語，在這個問題上，各界的分歧同樣存在。
錢玄同起初是不贊成以北京方言爲國語的：

> 在共和時代還仗著他那「天子腳下地方」的臭牌子，說甚麼「日
> 本以東京語爲國語，德國以柏林語爲國語，故我國當以北京語爲國
> 語」，借這似是而非的語來抹殺一切，專用北京土語做國語嗎？想來
> 一定不是的。既然不是，則這個「標準國語」，一定是要由我們提倡
> 白話的人實地研究、「嘗試」，才能制定。〔註135〕

陳獨秀也相信「此時用國語爲文，當然採用各省多數人通用的語言。北京話
也不過是一種特別方言，哪能算是國語呢？」〔註136〕

國語運動和文學革命合流之後，胡適也對國語問題發表了明確的意見：

> 我們如果考察歐洲近世各國國語的歷史，我們應該知道，沒有一
> 種國語是先定了標準才發生的；沒有一國不是先有了國語然後有所謂
> 標準的。凡是國語的發生，必是先有了一種方言比較的通行最遠，比
> 較的產生了最多的活文學，可以採用作國語的中堅分子；這個中堅分
> 子的方言，逐漸推行出去，隨時吸收各地方言的特別貢獻，同時便逐
> 漸變換各地的土話：這便是國語的成立。有了國語，有了國語的文學，
> 然後有些學者起來研究這種國語的文法、發音法等等；然後有字典、
> 詞典、文典、言語學等等出來：這才是國語標準的成立。〔註137〕

〔註134〕黎錦熙：《國語運動史綱》，黎澤渝、劉慶俄編：《黎錦熙文集》（下卷），黑龍
　　　　江教育出版社 2007 年，第 144〜151 頁。
〔註135〕錢玄同：《〈嘗試集〉序》，《錢玄同文集》（第一卷），中國人民大學出版社 1999
　　　　年，第 40 頁。
〔註136〕陳獨秀致錢玄同信，《錢玄同文集》（第一卷），中國人民大學出版社 1999 年，
　　　　第 42 頁。
〔註137〕胡適：《〈國語講習所同學錄〉序》，歐陽哲生編：《胡適文集》（2），北京大學
　　　　出版社 1998 年，第 165 頁。

胡適稱之爲他所提出的「一個歷史的『國語』定義」〔註138〕。胡適的這一觀念，的確切合了中國國語運動的實際，國語基本上是按照這一脈絡發展的。能夠作爲國語的方言，必定是應用最廣、影響最大的方言，而胡適又加上了「產生了最多的活文學」，這與他「國語的文學，文學的國語」的思路是一致的。後來，胡適又進一步指明了這種方言就是北方方言：

> 我們現在提倡的國語，也有一個中堅分子。這個中堅分子就是從東三省到四川、雲南、貴州，從長城到長江流域，最通行的一種大同小異的普通話。這種普通話在這七八百年中已產生了一些有價值的文學，已成了通俗文學——從《水滸傳》、《西遊記》直到《老殘遊記》——的利器。他的勢力，借著小說和戲曲的力量，加上官場和商人的需要，早已侵入那些國語區域以外的許多地方了（我的國語大半是在上海學校裏學的，一小半是白話小說教我的。還有一小部分是在上海戲園裏聽得來的）。現在把這種已很通行又已產生文學的普通話認爲國語，推行出去，使他成爲全國學校教科書的用語，使他成爲全國報紙雜誌的文字，使他成爲現代和將來的文學用語：
> ——這是建立國語的惟一方法。〔註139〕

胡適提到了「普通話」這個後來廣爲人知的術語，但是胡適所說的「普通話」並不就是建國之後作爲漢民族共同語的「普通話」，而且這個詞也並非胡適的發明。《東遊叢錄》中有吳汝綸與日本議員伊澤修二的談話，後者提到了「普通語」：「今年春僕曾遊薩摩，見學生之設立普通語研究會者，到處皆是。所謂普通語者，即東京語也」，也就是日本的「國語」〔註140〕。1906年朱文熊《江蘇新字母》最早使用了「普通話」一詞：他把漢語分爲「國文」（文言文）、「普通話」和「俗語」（方言）三類，「余學普通話（各省通行之話），雖不甚悉，然余學此時所發之音，及余所聞各省人之發音，此字母均能拼之，無不肖者」。朱文熊使用的「普通話」一詞，也就是「國語」，他希望借國語統一實現教育普及和民族國家的穩固：「夫吾之所以望同胞者，能自立於生存競爭之世界耳。顧文字不易，教育總不能普及；國語不一，團結總不能堅

〔註138〕胡適：《中國新文學大系·建設理論集導言》，胡適編選：《中國新文學大系·建設理論集》，上海文藝出版社2003年影印本，第25頁。

〔註139〕胡適：《〈國語講習所同學錄〉序》，歐陽哲生編：《胡適文集》（2），北京大學出版社1998年，第165頁。

〔註140〕吳汝綸：《東遊叢錄》，《吳汝綸全集》（三），黃山書社2002年，第798頁。

固。」〔註 141〕

　　近現代中國的語文問題，一開始就不僅僅是單純的語言學問題，而是打上了鮮明的意識形態烙印。對於「國語」，拉丁化新文字的提倡者就並不認可。瞿秋白明確表示：

　　　　所謂「國語」，我只承認是「中國的普通話」的意思。這個國語的名稱本來是不通的。西歐的所謂「national language」，本來的意思只是全國的或者本民族言語，這是一方面和「方言」對待著說，別方面和外國言語對待著說的。至於在許多民族組成的國家裏面，往往強迫指定統治民族的語言爲「國語」去同化異族，禁止別種民族使用自己的言語，這種情形之下的所謂「國語」，簡直是壓迫弱小民族的工具，外國文裏面的「national language」，古時候也包含著這種意思，正可以譯作「國定的言語」。這樣，「國語」一個字眼竟包含著三種不同的意義：「全國的普通話」，「本國的（本民族的）言語」，和「國定的言語」，所以這名詞是很不通的。我們此地借用胡適之的舊口號，只認定第一種解釋的意思——就是「全國的普通話」的意思（自然，這一種解釋是和第二種解釋——就是「本國的言語」——可以同時並用的）。至於第三種解釋——那是我們所應當排斥的。〔註 142〕

瞿秋白認爲，「五四」文學革命是不徹底的，並沒有造就他心目中理想的民族共同語。「這種文腔革命的成績，還只能夠說是『鬼門關以外的戰爭』」，因爲「鬼話」（文言）依然佔據統治地位。在他看來，第一次文學革命（指晚清的文學改良）和第二次文學革命（指「五四」文學革命）都沒有成功，「現在沒有國語的文學！而只有種種式式半人話半鬼話的文學」，也「沒有文學的國語！而只有種種式式文言白話混合的不成話的文腔」。因此，他提出，「現代普通話的新中國文，應當是習慣上中國各地方共同使用的，現代『人話』的，多音節的，有語尾的，用羅馬字母寫的一種文字」（著重號爲文中原有——引者注）。他所說的普通話，是與拼音文字相結合的，也就是要在廢棄漢字之後

〔註 141〕參見費錦昌主編：《中國語文現代化百年記事》，語文出版社 1997 年，第 15 頁。

〔註 142〕瞿秋白：《鬼門關以外的戰爭》（作者原注①），《瞿秋白文集·文學編》（第三卷），人民文學出版社 1989 年，第 169～170 頁。

才有可能。也就是說，在文字和書面語上，實現完全、徹底的口語化，這就是他心目中的「第三次文學革命」〔註143〕。可見，瞿秋白雖然反對國語和「五四」白話文，但是在口語化的追求上卻與黎錦熙和胡適是一致的。

已故日本學者丸山昇曾專門提到了這樣一則材料：20世紀30年代，瞿秋白曾經表達了對魯迅翻譯法捷耶夫《毀滅》一書的敬意，但覺得還有不足：

> 翻譯（中略）還有一個很重要的作用：就是幫助我們創造出新的中國的現代言語。
>
> 我們既然進行著創造中國現代的新的言語的鬥爭，我們對於翻譯，就不能夠不要求：絕對的正確和絕對的中國白話文。
>
> 講到你最近出版的《毀滅》，可以說：這是做到了「正確」，還沒有做到「絕對的白話」。

魯迅的答覆則是：

> 我們的譯書，還不能這樣簡單，首先要決定譯給大眾中的怎樣的讀者。將這些大眾，粗粗的分起來：甲，有很受了教育的；乙，有略能識字的；丙，有識字無幾的。而其中的丙，則在「讀者「的範圍之外，……在這裡可以不論。
>
> 為乙類讀者譯作的方法，……但就大體看來，現在也還不能和口語——各處各種的土話——合一，只能成為一種特別的白話，或限於某一地方的白話。後一種，某一地方以外的讀者就看不懂了……
>
> 什麼人全都懂得的書，現在是不會有的。〔註144〕

顯然，相對於瞿秋白，魯迅更深刻地指出了語體變革的艱難和沉重。

新中國成立後，在1955年10月15日召開的「全國文字改革會議」上，張奚若在大會主題報告中說明：漢民族共同語早已存在，現在定名為「普通話」，需進一步規範，確定標準。「這種事實上已經逐漸形成的漢民族共同語是什麼呢？這就是以北方話為基礎方言，以北京語音為標準音的普通話」，「為簡便起見，這種民族共同語也可以就叫普通話」。1955年10月24日，《光明日報》發表社論《文字改革工作的偉大開端》，認為大力推廣以北方話為基礎

〔註143〕瞿秋白：《鬼門關以外的戰爭》，《瞿秋白文集・文學編》（第三卷），人民文學出版社1989年，第137～138頁、第169頁。

〔註144〕〔日〕丸山昇：《魯迅逝後70年所想——從白話之爭看魯迅與瞿秋白的異同》，陳馨譯，《魯迅研究月刊》2006年第12期。

方言、以北京語音為標準音的普通話——漢民族共同語，是一項基本的也是迫切的重要工作。26 日，《人民日報》發表題為《為促進漢字改革、推廣普通話、實現漢語規範化而努力》的社論，文中提到：「漢民族共同語，就是以北方話為基礎方言、以北京語音為標準音的普通話。」1956 年 2 月 6 日，國務院發佈的《關於推廣普通話的批示》中，對普通話的含義作了增補和完善，正式確定普通話「以北京語音為標準音，以北方話為基礎方言，以典範的現代白話文著作為語法規範」〔註 145〕。自此之後，普通話作為漢民族共同語得以全面推廣。

這裡已經涉及到國語與方言、白話的關係問題。胡適將他的白話文學替換為國語文學，又將《國語文學史》改為《白話文學史》，「白話」和「國語」在他的筆下是同義互用，但是胡適忽視了兩個問題：

一是國語作為漢民族共同語，理應包括口語和書面語兩部分，而方言是口語，白話卻是書面語，三者不能等同。國語畢竟不是自然狀態的口語即方言，如汪暉所言，「就口語（聲音）而言，只有方言，而沒有普遍的口語」。〔註146〕國語顯然不是以方言化為目標的，恰恰相反，這種民族共同語是以超越方言、克服方言差異性的姿態出現的。因此「『國語』概念的提出和使用表明，『五四』白話文運動的基本方面不是召喚用真正的口語（即方言）來進行文學創作，而是以白話書面語為基礎、利用部分口語的資源形成統一的現代書面語。這就是為什麼『國語』概念一方面明顯地針對傳統書面語，另一方面則以方言為潛在的對立面」；〔註 147〕

這就牽涉到第二個問題，即書面語與方言之間的矛盾。這一點中國古人也早已意識到。如阮元已提到「無方言俗語雜於其間，始能達意，始能行遠」〔註 148〕。與漢字結合的文言，作為中國古代佔據主宰地位的書面語，是排斥方言俗語的。即使是近現代以來的文字改革和書面語統一運動，同樣是排斥方言的：「方言問題始終不是中國現代語言運動的核心問題，毋寧說，克服方

〔註145〕參見費錦昌主編：《中國語文現代化百年記事》，語文出版社 1997 年，第 209 頁、第 211 頁、第 221 頁。

〔註146〕汪暉：《現代中國思想的興起》（下卷第二部），三聯書店 2004 年，第 1513 頁。

〔註147〕汪暉：《現代中國思想的興起》（下卷第二部），三聯書店 2004 年，第 1514 頁。

〔註148〕阮元：《文言說》，郭紹虞主編：《中國歷代文論選》（第三冊），上海古籍出版社 2001 年，第 586 頁。

言的差異才是現代語言運動的主流」〔註 149〕。盧戇章進呈切音字書之後，譯學館文典處加以批駁，其中就提到「不得遷就方音，稍有出入；要使寫認兩易，雅俗兼宜；然後足以統一各省之方言，徐謀教育之普及」。〔註 150〕1920年 1 月 24 日，教育部在訓令全國國民學校將一二年級國文改爲語體文的同時，教育部第八號部令要求語體文「避用土語，並注重語法之程序」。〔註 151〕

　　但是學界卻有不同意見。劉半農和早期的錢玄同一樣，也不贊成以北京音爲標準語音，不僅如此，他還注意到國語與方言之間的衝突：「我們並不能使無數種的方言，歸合而成一種的國語；我們所能做的，我們所要做的，只是在無數種方言之上，造出一種超乎方言的國語來。」〔註 152〕但是，錢玄同並不認爲國語和方言之間存在矛盾衝突。他對方言文學的態度十分熱情。1925年，錢玄同在回覆楊芬的信中，提出「方言是國語的基礎，文學是國語的血液，所以極看重方言的文學」。〔註 153〕俞平伯也是方言文學的熱情支持者，但是他對國語文學與方言文學之間的關係表示擔憂：「我贊成統一國語，但我卻不因此贊成以國語統一文學。」〔註 154〕錢玄同對此表示，「方言是組成國語的分子，它是幫國語的忙的，不是攔國語的路的」，「方言文學不但已有，當有，而且應當努力提倡它；它不但不跟國語文學背道而馳，而且它是組成國語文學的最重要的原料。方言文學日見發達，國語文學便日見完美」。〔註 155〕可見，新文化陣營對方言是極爲重視的，因爲方言與「民眾」、「大眾」相關，成爲他們打倒文言、雅言的有力武器。但是他們對國語與方言既對立又統一的複雜關係，顯然認識不足。

〔註 149〕汪暉：《現代中國思想的興起》（下卷第二部），三聯書店 2004 年，第 1520頁。

〔註 150〕黎錦熙：《國語運動史綱》，黎澤渝、劉慶俄編：《黎錦熙文集》（下卷），黑龍江教育出版社 2007 年，第 91 頁。

〔註 151〕黎錦熙：《國語運動史綱》，黎澤渝、劉慶俄編：《黎錦熙文集》（下卷），黑龍江教育出版社 2007 年，第 153 頁。

〔註 152〕劉復：《國語問題中的一個大爭點》，附於《錢玄同文集》（第三卷），中國人民大學出版社 1999 年，第 51 頁。

〔註 153〕錢玄同：《方言文學》，《錢玄同文集》（第三卷），中國人民大學出版社 1999年，第 213 頁。

〔註 154〕俞平伯：《〈吳歌甲集〉序》，附於《錢玄同文集》（第三卷），中國人民大學出版社 1999 年，第 221～222 頁。

〔註 155〕疑古玄同：《〈吳歌甲集〉序》，《錢玄同文集》（第三卷），中國人民大學出版社 1999 年，第 230～231 頁。

　　對此，黎錦熙提出了處理國語和方言關係的辯證原則。1926 年，全國國語運動大會開幕，黎錦熙作了一篇宣言，將國語運動的方針定爲「兩綱四目」，「兩綱」一是國語統一，二是國語普及，目的都是言文一致。「四目」，是因爲兩綱都包含兩種意義：「國語統一」一是統一，二是不統一；「國語普及」一是普及，二是不普及。黎錦熙解釋道，「國語統一」，爲的是全民族精神的團結；不統一，爲的是各地方特性的利導；「國語普及」，爲的是全民族文化的發展；不普及，爲的是專家創造之增進。也就是將大眾化（普遍化）和學術化（專業化）結合起來。其中「不統一」中所列均和方言有關：添製閩音字母（方音符號）、調查方言、徵集並改進方言文學。〔註156〕1957 年，黎錦熙的《文字改革論叢》出版，專門論及「標準語與方言」的問題，他仍然引用了 1926 年《全國國語運動大會宣言》中「兩綱四目」的說法：「不統一」的國語統一是指「國語統一，並不是要消滅漢語的方言，因爲方言是事實上存在的，是有歷史關係的，而且在文藝上也是很有價值的」，「所謂統一的國語，乃是全國人民用來交流思想的一種公用的共同語言，人人能夠說，卻不是人人必須說」。「統一的國語只是一種標準的方言，其他千差萬別不統一的國語、非標準的方言，仍舊可以獨立存在，自由運用」，所以國語與方言、國語文學與方言文學可以並存，且「國語文學的成功，便在吸收各種方言文學的優點」。〔註157〕應該說，黎錦熙的這個意見已經是非常完善了。

　　由此來看，國語與方言的關係十分複雜：國語要在方言的基礎上才能產生，而且國語在發生、發展的過程中，也會與方言相互滲透、相互吸收和影響。但是國語形成之後，卻必定會在其發展、傳播的過程中對方言造成壓制，形成衝突。劉半農和俞平伯等人看到的正是國語與方言衝突的一面，而錢玄同強調的卻是二者相輔相成的一面，雙方各有道理，但是錢玄同未免過於樂觀了。因爲中國現代語言和現代文學，始終是以現代民族國家的建構爲主題的，所以國語對方言的壓制始終是存在的。

　　國語是超越方言的，但如何造出國語，卻是一個難題。隨著探討的深入，

〔註156〕黎錦熙，《國語運動史綱》，黎澤渝、劉慶俄編：《黎錦熙文集》（下卷），黑龍江教育出版社 2007 年，第 244～245 頁。

〔註157〕黎錦熙，《國語運動史綱》，黎澤渝、劉慶俄編：《黎錦熙文集》（下卷），黑龍江教育出版社 2007 年，第 476～478 頁。

國語必須是一個復合體的觀念逐漸爲人們所接受。其實胡適在分析白話文的寫作時就已經提到吸收文言字彙和古白話的成分。傅斯年又進而提出歐化和方言化的兩大原則，這些不僅是現代白話文寫作的原則，實際也成爲創制國語的原則。在這一方面陳獨秀也相信「此時用國語爲文，當然採用各省多數人通用的語言。北京話也不過是一種特別方言，哪能算是國語呢？而且既然是取『文言一致』的方針，就要多多夾入稍稍通行的文雅字眼，才和純然白話不同。俗話中常用的文話，更是當盡量採用。必定要『文求近於語，語求近於文』，然後才做得到『文言一致』的地步」〔註 158〕後來錢玄同在《〈嘗試集〉序》中，再次重申「制定國語，自然應該折衷於白話文言之間，做成一種『言文一致』的合法語言」〔註 159〕。

　　20 年代，隨著探討的深入，學界基本都認識到國語成分的複雜性，國語不是一種單一的方言，也不單單是民間的或大眾的語言。錢玄同指出國語有四大成分：「北京話、各地方言、外國語、古語」，此時的錢玄同已由之前的激烈反對北京話轉爲提倡了，因爲他認爲北京話是活語言。不僅如此，他還認爲「這四個分子所站的地位並不能相等」，北京話爲主幹，方言則是重要的輔助成分，外國語可採用，古語的地位很低下。〔註 160〕黎錦熙提出的方案是，選定一種標準方言（北京方言），兼采方言、外來語、成語和古詞類。〔註 161〕這與錢玄同的意見其實是一致的。因此，李歐梵總結出「在五四文學中形成的『國語』是一種口語、歐化句法和古代典故的混合物」。〔註 162〕

　　但是，國語之所以是現代的，歐化是必不可少的原因——但也恰恰如此，國語才是「現代的國語」：「新文學運動和新文化運動以來，中國語在加速的變化。這種變化，一般稱爲歐化，但稱爲現代化也許更確切些。」〔註 163〕

〔註 158〕陳獨秀致錢玄同信，《錢玄同文集》（第一卷），中國人民大學出版社 1999 年，第 42 頁。

〔註 159〕錢玄同：《〈嘗試集〉序》，《錢玄同文集》（第一卷），中國人民大學出版社 1999 年，第 42 頁。

〔註 160〕疑古玄同：《〈吳歌甲集〉序》，《錢玄同文集》（第三卷），中國人民大學出版社 1999 年，第 230 頁。

〔註 161〕黎錦熙，《國語運動史綱》，黎澤渝、劉慶俄編：《黎錦熙文集》（下卷），黑龍江教育出版社 2007 年，第 477 頁。

〔註 162〕李歐梵：《劍橋中華民國史》（上卷），中國社會科學出版社 1994 年，第 528 頁。

〔註 163〕朱自清：《中國語的特徵在那裡——序王力〈中國現代語法〉（商務印書館）》，朱喬森編：《朱自清全集》（第三卷），江蘇教育出版社 1988 年，第 64 頁。

　　周作人對國語問題有著更爲深刻的思考。這首先體現在周作人將語言革命和思想革命聯繫到了一起：「這宗儒道合成的不自然的思想，寄寓在古文中間，幾千年來，根深蒂固，沒有經過廓清，所以這荒謬的思想與晦澀的古文，幾乎已融合爲一，不能分離」，因此，文學革命，「文字改革是第一步，思想改革是第二步，卻比第一步更爲重要」〔註164〕，「五四」的語體變革，是要以現代語言表現現代人的思想情感，這是其現代性的體現；

　　其次，周作人認爲中國現代語言變革不可能是再造語言，而只能是一種繼承基礎上的變革與創新。晚清時吳稚暉提出萬國新語的主張，「五四」時錢玄同舊事重提，周作人早先是支持萬國新語的，在他看來，「光緒末年的主張是革命的復古思想的影響，民國六年的主張是洪憲及復辟事件的反動」。到冷靜下來再思考，「終於得到結論，覺得改變言語畢竟是不可能的事，國民要充分的表現自己的感情思想終以自己的國語爲最適宜的工具」，「一民族之運用其國語以表現情思，不僅是文字上的便利，還有思想上的便利更爲重要：我們不但以漢語說話作文，並且以漢語思想，所以便用這言語去發表這思想，較爲自然而且允分」，因此對於漢語，「可以在可能的範圍內加以修改或擴充，但根本上不能有所更張」；〔註165〕

　　他據此對文言與白話關係問題提出了新的看法：「古文與白話文都是漢文的一種文章語，他們的差異大部分是文體的，文字與文法只是小部分」，古文是「古代的文章語，是現代文章語的先人」，「白話文學的流派決不是與古文對抗從別個源頭發生出來的」。〔註166〕

　　再次，周作人認爲國語其實是分爲口語與書面語（他稱爲「文章語」）兩部分的，這兩部分各有特點，也各有功能，但書面語要以口語爲根基：「一國裏當然只應有一種國語，但可以也是應當有兩種語體，一是口語，一是文章語。口語是普通說話用的，爲一般人民所共喻；文章語是寫文章用的，須得有相當教養的人才能瞭解，這當然全以口語爲基本，但是用字更豐富，組織更精密，使其適於表現複雜的思想感情之用，這在一般的日用口語是不勝任

〔註164〕周作人：《思想革命》，胡適編選：《中國新文學大系・建設理論集》，上海文藝出版社 2003 年影印本，第 200～201 頁。

〔註165〕周作人：《國語改造的意見》，《藝術與生活》，河北教育出版社 2002 年，第 53 頁。

〔註166〕周作人：《國語文學談》，《藝術與生活》，河北教育出版社 2002 年，第 63～64 頁。

的。」〔註167〕書面語與口語是兩種不同的語體，功用也不相同。不僅如此，口語是口頭言說的，爲一般人所能瞭解；書面語需要有教養的人才能瞭解，所以要求更高，理想的書面語應該「以白話（即口語）爲基本，加入古文（詞與成語，並不是成段的文章）、方言及外來語，組織適宜，具有論理之精密與藝術之美」。〔註168〕周作人對二者的區分，顯然是極有意義的，實際指出了國語文學發展的方向。

周作人認爲「現代國語須是合古今中外的分子融和而成的一種中國語」，〔註169〕文章語是以「口語爲基本」，「根本的結構是跟著口語的發展而定，故能長保其生命與活力」。〔註170〕「現代民間的言語當然是國語的基本，但也不能就此滿足」，「我們決不看輕民間的言語，以爲粗俗，但是言詞貧弱，組織單純，不能敘複雜的事實，抒微妙的情思，這是無可諱言的。」〔註171〕這就必須吸收古語、外來語和方言俗語，對於外來語是「採納新名詞，及語法的嚴密化」，這就涉及到歐化的問題。周作人強調「系統不同的言語本來決不能同化的，現在所謂歐化實際上不過是根據國語的性質，使語法組織趨於嚴密，意思益以明瞭而確切，適於實用」。歐化說到底不僅是對西方語言的借鑒，「更是對中國傳統思維方式的改造」，即增強分析能力和邏輯思維的訓練〔註172〕。這也表明，現代白話文學即使是理論上標舉「口語化」，事實上卻必然走向書面化。

第二節　口語化取向與書面化走向的二律背反及其意義

晚清與「五四」的「言文一致」所追求的語言／文字合一、口語／書面語合一，其實最終都是以口語化爲旨歸的，即使是語言／文字合一，文字也

〔註167〕周作人：《國語文學談》，《藝術與生活》，河北教育出版社 2002 年，第 63～64 頁。
〔註168〕周作人：《理想的國語》，《夜讀的境界》，湖南文藝出版社 1998 年，第 779～780 頁。
〔註169〕周作人：《國語改造的意見》，《藝術與生活》，河北教育出版社 2002 年，第 56 頁。
〔註170〕周作人：《國語文學談》，《藝術與生活》，河北教育出版社 2002 年，第 63～64 頁。
〔註171〕周作人：《國語改造的意見》，《藝術與生活》，河北教育出版社 2002 年，第 55 頁。
〔註172〕參考錢理群：《周作人研究二十一講》中華書局 2004 年，第 136 頁。

是以拼寫口語爲終極目標。這種口語化取向體現了晚清與「五四」知識分子取法的兩個向度：一是民間，通過破除傳統的雅俗界限來抬高俗語的地位，與雅言相抗衡。但是這種做法已不同於中國古人，其中包含了啓蒙民眾、開啓民智、個性覺醒、走向大眾的時代要求；二是西方，即認爲西方的拼音文字與口語一致，故而通過文字拼音化和語言的「歐化」來謀求與西方語言文字的對接。

　　但是，口語化畢竟是理論上的取向，而在語言文字的實際變革與文學創作中，卻出現了書面化的走向，悖論由此產生，出現了二律背反的現象。陳平原分析了晚清和「五四」小說敘事模式的轉變，認爲「這一轉變不是使小說變得更通俗、更口語化、更帶民間色彩，而是更文雅、更書面化、更帶文人趣味」〔註173〕。雖然陳平原將這一結論嚴格限定在小說領域，但事實上，這一特點在中國文學中是普遍存在的。對這一問題，需要再作深入的探究。

　　此外，近年來的研究成果也顯示，中國現代白話和現代白話文，不是「五四」時代幾個知識分子登高一呼就能取得勝利的。這裡面既有長期的理論上的倡議、探討，也有語言現實的變遷，還有制度上、實踐中的實際操作，現代白話的源頭甚至還在晚清以前。如蒙元統治者發佈的詔令、文書，不少都是以白話寫就；清朝皇帝的批語、官方文書、告示等也多用白話；還有由地方官與士人編寫的闡釋「聖諭」與《聖諭廣訓》的白話讀本，在清代社會也具有極大的影響力，深入到了民間社會。夏曉虹指出，這是晚清白話文運動的「官方資源」。〔註174〕

　　張傳敏的研究則表明，「官方資源」還不僅限於詔令文書讀物等，還包括制度——晚清的學制改革對官話俗話的重視、對文學課程的設置，正透露出變革的新氣象。〔註175〕此外，太平天國時代洪秀全頒佈的《改定詩韻詔》、各種宣傳革命的白話作品，也構成了對文言文的巨大衝擊。〔註176〕

　　白話文的歐化，也同樣不是至晚清才發生的。袁進認爲，歐化白話文學作品在 19 世紀即已問世，是當時的西方傳教士所書寫的詩歌、散文和小說等。

〔註173〕陳平原：《中國小說敘事模式的轉變》，北京大學出版社 2003 年，第 283 頁。
〔註174〕夏曉虹：《晚清白話文運動的官方資源》，《北京社會科學》2010 年第 2 期。
〔註175〕張傳敏：《晚清學制改革中的白話與文學——作爲「五四」新文學發生的前奏》，《山東社會科學》2006 年第 1 期。
〔註176〕祁和暉：《白話文革命早在「五四」運動之前已經開始》，《西南民族學院學報》2003 年第 3 期。

這些作品成為古白話轉化為歐化白話的契機。為了傳教的需要，傳教士們必須使用民眾能解的白話。雖然在早期還是古白話和淺近文言，但到 19 世紀 60 年代後，隨著翻譯和創作的深入，歐化白話文開始出現了。這對「五四」白話的歐化起到了很大的作用和影響，但卻一直被忽視。〔註 177〕

嚴家炎則注重作整體的、綜合的考察，他認為「新體白話是五四文學革命後誕生的一種使書面語與口頭語相接近的文學語言」，它是被晚清以來的翻譯所「逼出來的」，「近代白話翻譯文學，確實形成了一種新的白話文體，它應該說就是『五四』新體白話的直接源頭」。〔註 178〕

吳福輝則認為，「五四」白話之前，文學書面語的狀況是「鬆動的文言」和「過渡的白話」，前者是指文言的俗化、口語化、歐化等，後者包括小說的白話、報章的白話及翻譯的白話。晚清「鬆動的文言」為「五四」白話準備下「轉變」的環境，提供了大量滲透外來詞匯和句法的初步經驗。晚清「過渡的白話」為「五四」白話直接創造了樣本。〔註 179〕

因此，「五四」白話的出現，是一個長期醞釀和演變的過程，最終所創造的，並非一種純粹口語化的書面語，而恰恰是在各方面力量的合力作用下，隨著語言自身的變遷，出現了一種新型的、混雜的、更為書面化的語言，這就是現代白話，其中「歐化」的作用最為明顯和重要。這可以聯繫中國文學變革的兩個向度「民間」與「西方」來看，晚清至「五四」的文字、語言、文學變革，在演變歷程中也實際體現為兩大取向，即由傅斯年在《怎樣做白話文》中所提出、為胡適所採納的「方言化」和「歐化」〔註 180〕。如果說第一個取向是走向口語，那第二個取向就恰恰有點背道而馳的意味，而傅斯年本人更看重的恰恰是「歐化」。〔註 181〕可以說，現代白話和國語，是中國語言

〔註 177〕袁進：《重新審視歐化白話文的起源——試論近代西方傳教士對中國文學的影響》，《文學評論》2007 年第 1 期。

〔註 178〕嚴家炎：《「五四」新體白話的起源、特徵及其評價》，《中國現代文學研究叢刊》2006 年第 1 期。

〔註 179〕吳福輝：《「五四」白話之前的多元準備》，《中國現代文學研究叢刊》2006 年第 1 期。

〔註 180〕胡適：《中國新文學大系·建設理論集導言》，胡適編選：《中國新文學大系·建設理論集》，上海文藝出版社 2003 年影印本，第 24 頁。

〔註 181〕傅斯年雖然提出了「乞靈說話」和「歐化」的兩大方法，但是他也認為「乞靈說話」是不夠的，這就必須借助於「高等憑藉物」即歐化，通過「歐化的國語」成就「歐化國語的文學」。國語、國文都是有缺陷的，必須歐化，造就歐化的白話文。而且從借語言以改造思想來說，理想的文學是「人的文學」，

的現代化，但只有經過「歐化」才有可能。

其實，就第一個取向而言，情況本身也相當複雜。首先，書寫／言說之間的區分，決定了書面語與口語、文學創作與說話是不可能完全等同的。照說話直錄，在書寫中就有很多不足。而且口語也有其自身的不足與缺陷，口語化並非最高的理想；

其次，無論是國語還是國語文學，晚清和「五四」知識分子都意識到不可能完全照搬口語、方言，必須要吸收古白話、文言、西方的語詞、語法、句式結構等，這樣一種混合物，是不可能實現完全的口語化的。周作人將國語分爲口語與書面語兩部分，但國語的口語部分，也並不等同於純粹的口語即方言。雖然國語是以北方方言爲主幹，帶有口語化色彩，但是北方方言本身就是一個混合而成的整體，不同於北京方言（北京話）。即使是猛烈抨擊「五四」白話、倡議純口語的瞿秋白，也不得不承認，「書本上寫的言語和嘴裏面講的言語，多少總有點區別。這是很自然的。但是，書本上寫的言語應當就是整理好的嘴裏講的言語，因此，他可以比較複雜些，句子比較的長些，字眼比較的細膩些」，同樣是意識到了書寫與言說的差異、意識到了口語表達的不足，所以瞿秋白雖不願承認，但普通話的書面化也是必然的走向。而他接下來所講的，更是道破了純粹口語化的不可能：「現代普通話的新中國文」「應當和言語一致，是說和什麼言語一致呢？應當和普通話一致。普通話不一定是完全的北京官話。本來官話這個名詞是官僚主義的。當然，更不是北京土話。……現在只是要用中國的普通話來寫文章，而不用土話或者方言」〔註182〕；

再次，即使中國現代文學史上有一些作家進行方言創作，但也不是主流，何況方言文學也並非是照錄方言土語，仍然要進行加工，使其更宜於書面表達。而陳平原所指出的新文學對「文人文學」的吸收也不可忽視。中國現代小說受到了詩騷傳統的影響，同樣，中國現代文學也在不斷吸收傳統資源，特別是散文對傳統的借鑒更爲明顯，因而在新文學的第一個十年，其成就也最高。對傳統的吸收，實際也意味著對文言語詞、語法、句式等的吸收；

這也是西方文學中所有的，所以「歐化」與「人化」是完全一致的，因此，傅斯年是把「歐化的國語文學」當成真正理想的目標的。見傅斯年：《怎樣做白話文》，胡適編選：《中國新文學大系・建設理論集》，上海文藝出版社 2003 年影印本，第 223～227 頁。

〔註182〕瞿秋白：《鬼門關以外的戰爭》（作者原注①），《瞿秋白文集文學編》（第三卷），人民文學出版社 1989 年，第 164 頁。

最後，正因爲「歐化」，國語才是「現代的國語」：「新文學運動和新文化運動以來，中國語在加速變化。這種變化，一般稱爲歐化，但稱爲現代化也許更確切些」〔註183〕。也正因爲「歐化」，國語文學才是「現代文學」：「歐化的國語，因而成就一種歐化國語的文學」，「歐化」又等於「人化」，故而「歐化國語的文學」即是「人的文學」〔註184〕。就小說而言，郁達夫就認爲，中國現代小說，「與其說是『中國文學最近的一種新的格式』，還不如說是『中國小說的世界化』」，「中國現代的小說，實際上是屬於歐洲的文學系統的」〔註185〕。就變革最爲劇烈的詩歌而言，雖然白話新詩的口語化十分明顯，但也因其淺白而遭受批評，而郭沫若、徐志摩、聞一多、李金髮等詩人的創作，恰恰是在吸收中國古典詩歌和西方詩歌基礎上，奠定了新詩的根基。

因此，口語化與書面化的二律背反，從理論到實踐都是存在的，也貫穿了晚清與「五四」時期。下面作具體的分析。

作爲「言文一致」的首倡者，黃遵憲在借鑒日本語言文字以設計中國「言文一致」方案時，不僅提出了語言與文字合，也要求書面語與口語合。對於當時的知識分子而言，白話文正能體現書面語與口語的一致，這是晚清白話文運動的一個起因。但「言文一致」的白話文可以開啓民智、推動民族國家的獨立自強，才是他們的根本考慮。因而白話文運動一開始就不是一場單純的語體變革，而是帶有異常濃厚的意識形態色彩。身爲白話文運動的主將之一，黃遵憲正是認爲日本及西方言文一致，故而富強；中國要想自強自立，也必須追求「言文一致」的目標。

晚清白話文運動的另一代表人物裘廷梁發表的《論白話爲維新之本》，更是這一運動的綱領性文件。裘廷梁分析了言文分離的原因及其弊端，將文言與白話的對立上昇到關乎民族國家危亡的高度，提出了「崇白話而廢文言」的激烈口號，文言／白話的二元對立被推到極致。

在晚清的白話文運動中，白話報刊的創辦、白話小說戲曲的創作、發表與翻譯、新式學堂對白話文的教授等，都有力地推動了白話文的發展。其中

〔註183〕朱自清：《中國語的特徵在那裡——序王力〈中國現代語法〉（商務印書館）》，朱喬森編：《朱自清全集》（第三卷），江蘇教育出版社1988年，第64頁。
〔註184〕傅斯年：《怎樣做白話文》，胡適編選：《中國新文學大系・建設理論集》，上海文藝出版社2003年影印本，第223頁、第226頁。
〔註185〕郁達夫：《小說論》，《郁達夫文集》（第5卷・文論），花城出版社、三聯書店香港分店1982年聯合編輯出版，第2頁。

林獬（白話道人）創辦的《中國白話報》是中國近代第一份白話報刊，在白話文運動的歷史上有著劃時代的意義。不僅如此，林獬還在發刊詞中指出，「我們中國既沒有什麼古文、國文的分別，也沒有字母拼音。亂七八糟的文字，本來不大好懂的，更兼言語文字分做兩途，又要學說話，又要學文法，怪不得列位兄弟們那裡有許多工夫去學他呢！」〔註186〕

　　晚清白話文運動最初只是為開啓民智、普及教育而發動的，意在啓蒙，與文學變革並沒有直接關聯。但也正是在開啓民智、普及教育這些方面，語言革新與文學變革得以掛鈎，在這一點上，康有為已開端緒，而梁啓超的貢獻與影響則是最大的。

　　康有為已經發現小說之受歡迎：

　　　　吾問上海點石者曰：「何書宜售也？」曰：「『書』、『經』不如八

　　股，八股不如小說。」宋開此體，通於俚俗，故天下讀小說者最多也。

　　　　啓童蒙之知識，引之以正道，俾其歡欣樂讀，莫小說若也。〔註187〕

康有為由此意識到小說的巨大潛力，「可增七略為八、四部為五，蔚為大國」，「僅識字之人，有不讀『經』，無有不讀小說者。故『六經』不能教，當以小說教之；正史不能入，當以小說入之；語錄不能喻，當以小說喻之；律例不能治，當以小說治之……」〔註188〕

　　晚清的白話文運動，目的只是開啓民智，採用的策略是援引白話入文。對於大多數倡導者而言，他們在承擔啓蒙的責任時使用白話，對象是民眾；自己思考和寫作時還是用文言更得心應手，這種文言／白話的二元矛盾困擾著他們。即使是主張文言、俗語各自分工的劉師培，立論前提也依然是這一二元對立：「蓋文言合一，則識字者日益多。以通俗之文，推行書報，凡世之稍識字者，皆可家置一編，以助覺民之用，此誠近今中國之急務也。然古代文詞，豈宜驟廢？故近日文詞，宜區二派：一修俗語，以啓淪齊民；一用古文，以保存國學，庶前賢矩範，賴以僅存。」〔註189〕劉師培本是論文字問題，

〔註186〕白話道人：《「中國白話報」發刊詞》，張枬、王忍之編：《辛亥革命前十年間時論選集》（第一卷下冊），三聯書店1960年，第604頁。

〔註187〕康有為：《〈日本書目志〉識語》，陳平原、夏曉虹編：《二十世紀中國小說理論資料》（第一卷），北京大學出版社1989年，第13頁。

〔註188〕康有為：《〈日本書目志〉識語》，陳平原、夏曉虹編：《二十世紀中國小說理論資料》（第一卷），北京大學出版社1989年，第13頁。

〔註189〕劉師培：《論文雜記》，《劉師培辛亥前文選》，三聯書店1998年，第319頁。

卻不自覺地轉到口語／書面語、俗語／古文的關係問題上去了。

梁啟超不僅是白話文的熱心倡導者，他還身體力行，用白話翻譯、創作「新小說」。他總結出「新小說」不同於「舊小說」之處有「五難」，除第一難「振國民精神，開國民知識」，「必須具一副熱腸，一副淨眼」，「以藏山之文，經世之筆行之」，仍是啟蒙民眾、開發民智的老調子，其餘四難都涉及到文體、語言、結構上的問題：

> 小說之作，以感人爲主。若用著書演說稟白，則雖有精理名言，使人厭厭欲睡，曾何足貴？故新小說之意境，與舊小說之體裁，往往不能相容，其難二也。一部小說數十回，其全體結構，首尾相應，煞費苦心，故前此作者，往往幾經易稿，始得一稱意之作。今依報章體例，月出一回，無從顛倒損益，艱於出色，其難三也。尋常小說一部中，最爲精彩者，亦不過十數回，其餘雖稍間以懈筆，讀者亦無暇苛責。此編既按月續出，雖一回不能苟簡，稍有弱點，全書皆爲減色，其難四也。尋常小說，篇首數回，每用淡筆晦筆，爲下文作勢。此編若用此例，則令讀者彷徨於五里霧中，毫無趣味，故不得不於發端處，刻意求工，其難五也。此五難非親歷其中甘苦者，殆難共喻。〔註190〕

這些問題不限於小說領域，也是整個文學創作所面臨的難題；不限於文學創作，文學翻譯也有同樣的困境。故梁啟超在《十五小豪傑》第四回譯後語中指出：以「俗話」翻譯，極爲困難，「參用文言，勞半功倍」，足以見出「語言、文字分離，爲中國文學最不便之一端，而文界革命非易言也」。〔註191〕

但是，晚清知識分子已經能將自己的理論建立在進化論的基礎上，其觀念也就具有了一定的思想深度。1902 年，梁啟超經過廣泛吸收日本及西方思想學說，發表了大量論述國民、國家問題的著作，「群治」觀念「對他來說已經明確地指民族國家思想」〔註192〕。在他看來，中國當時仍處於「部民」時代，民眾

〔註190〕《〈新小說〉第一號》，陳平原、夏曉虹編：《二十世紀中國小說理論資料》（第一卷），北京大學出版社 1989 年，第 39〜40 頁。

〔註191〕少年中國之少年（梁啟超）：《〈十五小豪傑〉譯後語》，陳平原、夏曉虹編：《二十世紀中國小說理論資料》（第一卷），北京大學出版社 1989 年，第 47〜48 頁。

〔註192〕〔美〕張灝：《梁啟超與中國思想的過渡》，崔志海、葛夫平譯，江蘇人民出版社 1995 年，第 110 頁。

亟需樹立民族主義觀念與國家思想，建設民族國家，中國才能自立於世界。

為達此目的，梁啓超致力於民眾啓蒙，他提出的「三界革命」即是其革新思想在文學領域的反映，尤其是 1902 年發表的《論小說與群治之關係》，把作為小道之小說一舉推到文學之最上乘，正是為了以小說新民。因此，在談到本國文學時，梁啓超極為強調其中的民族國家意識。特別是他當時流亡日本，在異國的政治與文化氛圍中，這種意識就更為自覺而強烈。梁啓超提出了「祖國文學」、「中國文學」等概念，已經將文學與民族國家緊密聯繫在一起〔註 193〕。

「五四」時期的語體變革與晚清有著密切的關聯。雖然胡適、陳獨秀對此都矢口否認，但這一關聯作為歷史存在是否定不了的。正如有論者指出的：「五四時的白話文運動直接源頭是晚清的『言文一致』主張。」〔註 194〕「五四」知識分子接過晚清的「言文一致」大旗，將立白話、廢文言的主張推到了極致。但是「五四」語體變革與晚清的不同並非僅僅在於態度的激進，更主要的是「五四」知識分子在提倡白話文的過程中已經具備了「現代」意識：以新式白話、「國語」或者說是現代漢語建立中國現代文學與現代思想文化。從語言哲學的角度上說，語言是與民族文化、思維方式密切相關的，故而語言不僅是工具，也與思維、思想融為一體。「五四」時期的白話與晚清白話已有了根本的不同，前者屬於現代漢語，建構的是現代文學與文化；後者依然屬於古代漢語的範圍，與古典文學文化有著千絲萬縷的聯繫，帶有鮮明的過渡性質。

事實上，胡適當年就已經在盡力撇清「五四」與晚清的關聯了，主要是從階級的角度立論，顯然他還只是從工具的意義上來理解文學革命。胡適認為一部中國文學史就是文學工具新陳代謝的歷史，而在當時則只能是用白話代文言。他將這一發明權歸於自身，切斷了與晚清的關聯，過分誇大了文學革命的意義。後來胡適又在表述上加以調整，重提晚清，但仍認為晚清的白話文運動是不徹底的。

胡適在《文學改良芻議》中所表達的「言文一致」理想，只是以白話文代替文言文。在他看來，中國歷史上有過這樣的先例，如宋元明代都是白話文學佔據主導地位的時期，不幸在清代遭遇挫折。那麼在 20 世紀初如何才能

〔註 193〕1902 年，梁啓超在《十五小豪傑》第四回譯後語中指出：「語言、文字分離，為中國文學最不便之一端，而文界革命非易言也。」《中國唯一之文學報〈新小說〉》要求每篇作品須精心結構，不損「中國文學」之名譽。到《新小說》第一號中，梁啓超的廣告詞則變成「務求不損祖國文學之名譽」。
〔註 194〕陳萬雄：《五四新文化的源流》，三聯書店 1997 年，第 133 頁。

恢復言文一致的傳統呢？就只能是使用白話文這一途徑了。應該說新文化陣營在廢文言文這一點上是一致的，但落實到建設的層面上，到底該使用何種白話呢？新文化陣營內部有分歧，也正因爲這些分歧的存在，白話文運動逐步讓位於國語運動，中國現代漢語與現代文學也在這一基礎上逐步形成。

胡適最初設想的白話，是唐宋以來的古白話。這種白話源於生活，來自民間，有著悠久的歷史和鮮活的生命力。但是錢玄同表達了不同意見，他認爲白話隨時代生活而變遷，古白話未必適於今日所需。這一見解顯然高於胡適。故而他主張多采方言俗語，又承繼了章太炎「古今一體，言文一致」的思想。白話本身的粗淺等問題也引起了爭議，傅斯年、周作人等都認爲現代白話必須吸收文言的成分以提高自身，換言之，言文一致不再是絕對的文白對立，而是在相互影響、相互吸收中達到一致，不過還是要以白話居於主導爲前提。這是新文化運動的底線。

但是，如果說當時的「言文一致」運動只是停留於白話文言之爭，就很難說明當時的語言變革具有多大的革命意義，因爲這種爭論在古代也存在。晚清與「五四」的文白之爭之所以具有現代意義，是因爲所謂「歐化」問題。而這是與西方文學與文化的衝擊直接相關的。但是晚清的歐化是有限的，從軍事到政治制度到教育，在書面語的改造上也顯得混雜，主要是經由日本引進新名詞，同時也受到日本的歐化文體的影響，但還沒有完全擺脫古漢語的束縛。

晚清時代，不僅言文一致運動受日本影響，「歐化」浪潮的出現也與日本有一定關聯。日本自明治維新之後，積極推行歐化，力圖脫亞入歐。日本的國粹思潮正是對此加以反撥的產物。這對中國知識界影響極大。1902 年 7 月，《譯書彙編》第五期上刊載了《日本國粹主義與歐化主義之消長》一文，介紹了日本國內存在的這兩種思潮：

> 日本有二派：一爲國粹主義。國粹主義者謂保存己國固有之精
> 神，不肯與他國強同，如就國家而論，必言天皇萬世一系；就社會
> 而論，必言和服倭屋不可廢，男女不可平權等類。一爲歐化主義，
> 歐化云者，謂文明創自歐洲，欲己國進於文明，必先去其國界，純
> 然以歐洲爲師。極端之論，至謂人種之強，必與歐洲互相通種，至
> 於制度文物等類無論矣。〔註195〕

〔註195〕轉引自鄭師渠：《晚清國粹派：文化思想研究》，北京師範大學出版社 1997
　　　年，第 5 頁。

與此相似，中國也興起了歐化浪潮與國粹思想，但二者之間的關係十分複雜。蔡元培曾經深有感觸地提到「我國輸入歐化，六十年矣，始而造兵，繼而練軍，繼而變法，最後乃始知教育之必要。其言教育也，始而專門技術，繼而普通學校，最後乃始知純粹科學之必要」〔註196〕。但是「歐化」並不是仿照西方來創造文化，而是在融合中西的基礎上創造出一種新的文化，蔡元培在談學術研究時的一番話其實也適用於文化的再造：「研究也者，非徒輸入歐化，而必於歐化之中爲更進之發明；非徒保存國粹，而必以科學方法，揭國粹之眞相」〔註197〕。早期國粹派其實並不反對歐化，也並不認爲國粹思潮會阻礙歐化，許守微就發表文章，明確提出「國粹無阻於歐化」，〔註198〕劉師培、章太炎同爲革命黨人，都一度極爲激進。但是隨著歐化逐步波及到了語言文字問題上時，章太炎等人不再能容忍，轉而反擊，釀成《新世紀》派與國粹學派的大爭論，而吳稚暉與章太炎之間的爭論更是革命黨人內部的爭辯。

　　思想文化層面的「歐化」，與以西方語言文字爲載體的西方思想文化的輸入密切相關。在學習和翻譯西學著作的過程中，中國知識界最直接感受到的就是中西語言文字的巨大差異。清末民初的國語運動將漢字革新也涵括其中，漢字拼音化在很大程度上也可以說就是「歐化」。此外還有大量的新名詞的引進，王國維就認爲，「言語者，思想之代表也，故新思想之輸入，即新言語輸入之意味也」〔註199〕。還有文法與文學變革之間的關聯，中國古人因漢字之特點而不重視文法，這就直接影響到文章寫作與漢語書面語的特點。

　　嚴復在這一方面就體會頗深，在翻譯時他常常感到其中的艱辛與困難。嚴復以古文譯西書，提出「信、達、雅」的三原則〔註200〕。他認爲「文辭者，載理想之羽翼，而以達情感之音聲也。是故理之精者不能載以粗獷之詞，而

〔註196〕蔡元培：《告北大學生暨全國學生聯合會書》，《蔡元培全集》（第3卷），浙江教育出版社1997年，第641頁。

〔註197〕蔡元培：《〈北京大學月刊〉發刊詞》，《蔡元培全集》（第3卷），浙江教育出版社1997年，第450頁。

〔註198〕許守微：《論國粹無阻於歐化》，《辛亥革命前十年間時論選集》（第二卷上冊），三聯書店1963年，第53頁。

〔註199〕王國維：《論新學語之輸入》，姚淦銘、王燕編：《王國維文集》（第三卷），中國文史出版社1997年，第41頁。

〔註200〕嚴復：《〈天演論〉譯例言》，王栻主編：《嚴復集》（第五冊），中華書局1986年，第1321頁。

情之正者不可達以鄙倍之氣」，故其文「非務淵雅，務其是耳」。〔註201〕嚴復雖體察到譯書之難，仍以古文出之。因此，吳汝綸稱讚嚴復之文，「其書乃駸駸與晚周諸子相上下」〔註202〕；梁啓超卻深感嚴復的譯文過於淵雅，一般讀者難以理解，嚴復則認爲不必遷就讀者，「若徒爲近俗之辭，以取便市井鄉僻之不學，此於文界，乃所謂陵遲，非革命也」，「吾譯正以待多讀中國古書之人。使其目未睹中國之古書，而欲稗販吾譯者，此其過在讀者，而譯者不任受責也」〔註203〕。黃遵憲則再度反駁道：「公以爲文界無革命。弟以爲無革命而有維新，……文字一道，至於人人遵用之樂觀之足矣。」〔註204〕可見古文所帶來的，是文道相合的古典體驗，這對於新思想的傳播，終究會帶來阻礙。

　　相比之下，不懂外語卻在翻譯上與嚴復齊名的林紓，對於文學翻譯中的問題有著更深切的體會。在林譯小說的序或跋中，林紓提出了他對西洋小說筆法、結構等的理解並進行了中西比較，這對於理解中西文學的差異有著重要的意義。

　　此外，梁啓超的「新文體」也值得一提。梁啓超也號召廣譯西書，但身爲啓蒙思想家，他不滿嚴復的古奧文筆，逐漸形成一種別具一格的「新文體」，在思想文化界產生了巨大影響。與嚴復不同，梁啓超的「新文體」主要是在日本影響下形成的。日本的「言文一致」運動，不僅涉及到文字革新，也涉及到語體變革，先後出現了物集高見的《言文一致》（1886）、林甕臣的《言文一致歌》（1888）、山田美妙的《言文一致論概略》（1888）等重要論著，把「言文一致體」的運用由散文擴大到詩歌和小說。日本文壇呈現出多種文體並立的局面，有仿漢文體、翻譯（歐化）體、言文一致體、敬語體、各種混用體。〔註205〕

　　耐人尋味的是，在當時日本文壇最具影響力的，並非言文一致體而是歐化體。歐化體是日本啓蒙知識分子主動學習西方文法，引進西方新名詞，融

〔註201〕嚴復：《與梁啓超書·二》，王栻主編：《嚴復集》（第三冊），中華書局 1986年，第 516 頁。

〔註202〕吳汝綸：《〈天演論〉序》，王栻主編：《嚴復集》（第五冊），中華書局 1986年，第 1318 頁。

〔註203〕嚴復：《與梁啓超書·二》，王栻主編：《嚴復集》（第三冊），中華書局 1986年，第 516～517 頁。

〔註204〕黃遵憲致嚴復書，王栻主編：《嚴復集》（第五冊），中華書局 1986 年，第 1573頁。

〔註205〕參見夏曉虹：《覺世與傳世——梁啓超的文學道路》，中華書局 2006 年，第231～234 頁。

匯日本語與西方語言、文體而形成的，對於學生和青年讀者尤有號召力。梁啓超最感興趣的，是德富蘇峰的歐文直譯體文章。在明治年間的日本，德富蘇峰具有極大的影響力，他採用了新興的歐文直譯體，並成爲這一文體的代表作家，從而支配了日本的文壇。這對梁啓超乃至中國文壇都產生了極大的影響：〔註206〕

> 各書店所刊各類小叢書以民友社爲最風行，尤與中國文學之革新大有關係。蓋清季我國文學之革新，世人頗歸功於梁任公（啓超）主編之清議報及新民叢報。而任公之文字則大部得力於蘇峰。……不獨其辭旨多取材於蘇峰，即其筆法亦十九仿傚蘇峰。〔註207〕

在後來寫就的《清代學術概論》中，梁啓超不無自得地自述其「新文體」之形成及影響：

> 啓超夙不喜桐城派古文，幼年爲文，學晚漢魏晉，頗尚矜煉。至是自解放，務爲平易暢達，時雜以俚語韻語及外國語法，縱筆所至不檢束，學者競傚之，號「新文體」。老輩則痛恨，詆爲野狐。然其文條理明晰，筆鋒常帶情感，對於讀者別有一種魔力焉。〔註208〕

故而錢玄同稱讚「梁任公實爲創造新文學之一人」，因其「輸入日本新體文學，以新名詞及俗語入文，視戲曲小說與論記之文平等」，中國現代文學的創立，少不了梁啓超的功勞：「鄙意論現代文學之革新，必數梁君。」〔註209〕

在競相翻譯西書的熱潮中，魯迅與周作人也開始了他們的嘗試。只不過他們是在老師章太炎的影響下以古奧的文言譯西方小說，這就是周氏兄弟合譯的《域外小說集》。《域外小說集》在文學史上之所以出名，更主要的卻是其「反面教材」的意義——當時只賣出了21本，而周氏兄弟此後又成爲宣揚和創作白話文的鬥士，更使《域外小說集》成爲證明文言文不合於用的鐵證，胡適在總結古文的失敗時還特別提到了這一點。〔註210〕

〔註206〕夏曉虹：《覺世與傳世——梁啓超的文學道路》，中華書局2006年，第246頁。
〔註207〕轉引自夏曉虹：《覺世與傳世——梁啓超的文學道路》，中華書局2006年，第241頁。
〔註208〕梁啓超：《清代學術概論》，《飲冰室合集》專集之三十四，中華書局1989年，第62頁。
〔註209〕錢玄同：《反對用典及其他》，《錢玄同文集》（第一卷），中國人民大學出版社1999年，第10頁。
〔註210〕胡適：《中國新文學大系・建設理論集導言》，胡適編選：《中國新文學大系・建設理論集》，上海文藝出版社2003年影印本，第4頁。

　　但今天再回過頭來看《域外小說集》，或許能發現別樣的意義。周氏兄弟一再強調他們的譯作不含復古的意味，而且恰恰是要通過文言這一媒介而且是用最古奧的文言，字斟句酌，用古字古義，以精準的漢語漢字來與原初的西方語言文字對接，從而最深切地體悟、反思中西文化的內在精神。因此，木山英雄認為，「文言」「作為與個人精神直接相關的純文學的語言要求，它哪裏是打倒的目標，相反，它具有著作為建設目標的激進性質。無論如何，在真正的文學生涯的初始階段，周氏兄弟從章氏關於語言本源性的徹底性思想之中所獲得的影響是不能輕視的」〔註211〕。也正如周作人後來回憶的，「此所謂文字上的一種潔癖，與復古全無關係，且正以有此潔癖乃能知復古之無謂」〔註212〕。

　　只可惜在當時的條件下大多數人還無法接受這一過於超前的形式。雖說嚴復等人也以古文譯西書，但是他們拘守古文義法，而且在譯述時往往為出以己意而不惜採用曲筆意譯，不能忠實於原著。周氏兄弟則不同，講求忠實的直譯、硬譯，但是他們對原著的忠實是建立在深刻瞭解中西語言文字的基礎上，而且以文言譯書，正是為了回到漢語漢字的原初狀態，以求得最精確的理解與使用。從這個意義上講，周氏兄弟的超前帶有某種悲壯的意味：這是在以進化為準繩的時代裏，以文言——古典漢語書面語來觸摸西方語言文學與文化的一次徹底的努力，它的失敗也是徹底的。但是周氏兄弟所譯的小說又的確將文言的效力發揮到了極致並實現了中西文學在最深層次上的對話。自此之後，文言文看似完全過時，已無生命力，然而《域外小說集》在今日的重讀與重釋卻正說明紮根於中國文化傳統之中的文言，擁有著極其強大的生命力，而且它並非是「反動的」——它已經融入了自「五四」以來的現代中國文化傳統中。

　　經歷此次失敗，周氏兄弟轉而以白話譯西書，而此時的漢語書面語正越來越帶有歐化的傾向。國語運動所提倡的國語，就正是融合了古白話、口語、方言、文言以及外來語而形成的現代漢民族共同語。可以說，正是古今中外各種力量的交匯而形成的合力，促成了現代漢語的生成，而依託於現代漢語

〔註211〕〔日〕木山英雄：《文學復古與文學革命——木山英雄中國現代文學思想論
　　　　集》，趙京華編譯，北京大學出版社 2004 年，第 232 頁。
〔註212〕周作人：《關於魯迅之二》，《魯迅的青年時代》，河北教育出版社 2002 年，第
　　　　131 頁。

的中國現代文學也由此產生。

晚清白話文運動存在的問題已爲「五四」知識分子所指出，即態度的二元、語言與思想的二元。胡適認爲「他們明知白話文可以作『開通民智』的工具，可是他們自己總瞧不起白話文，總想白話文只可用於無知百姓，而不可用於上流社會」〔註213〕。周作人也談到「五四」白話文和晚清的根本區別：「第一，現在白話文，是『話怎麼說便怎麼寫』。那時候卻是由八股翻白話……那時的白話，是作者用古文想出之後，又翻作白話寫出來的」；「第二，是態度的不同——現在我們作文的態度是一元的，就是：無論對什麼人，作什麼事，無論是著書或隨便地寫一張字條兒，一律都用白話。而以前的態度則是二元的：不是凡文字都用白話寫，只是爲一般沒有學識的平民和工人才寫白話的。……在那時候，古文是爲『老爺』用的，白話是爲『聽差』用的。」〔註214〕

因此，晚清白話文雖以口語入文，但在說理分析方面，很大程度上是先以文言思維再換用白話「翻譯」出來。白話報刊中的方言、俗語等，只是夾雜於其間，沒有實現眞正的口語化。在文學創作與翻譯上，也存在同樣的問題。梁啓超就深感俗語不如文言便利，且「語言、文字分離，爲中國文學最不便之一端，而文界革命非易言也」〔註215〕。而在詩界革命中，他所提出的「以舊風格含新意境」〔註216〕，希望以舊的語言形式承載新的主題意境，其間的齟齬不合就體現得更爲鮮明了，這也是詩界革命沒有取得多大成功的重要原因。

晚清白話文運動倡導者的啓蒙精英姿態，決定他們必然以文言爲立足點而將白話作爲傳播新思想的工具。反映在文學創作與翻譯上，也多是只注重思想和政治意義而忽視藝術性，大段的議論、宣傳、辯論大大削弱了作品的審美價值。

不僅如此，對於晚清的白話文倡導者來說，還有一個難以克服的難題就是口語的不統一。中國的口語隨時代和地域而有巨大差異，從這個意義上講，

〔註213〕胡適：《中國新文學大系·建設理論集導言》，胡適編選：《中國新文學大系·建設理論集》，上海文藝出版社2003年影印本，第14頁。

〔註214〕周作人：《中國新文學的源流》，河北教育出版社2002年，第51～52頁。

〔註215〕少年中國之少年（梁啓超）：《〈十五小豪傑〉譯後語》，陳平原、夏曉虹編：《二十世紀中國小說理論資料》（第一卷），北京大學出版社1989年，第47～48頁。

〔註216〕梁啓超：《飲冰室詩話》，人民文學出版社1959年，第51頁。

純粹的口語就只有方言土語。但這裡又存在一個悖論：現代民族國家的建構要求建立起一種民族共同語，而民族共同語必須以各地的方言土語為依託，但民族共同語的確立卻又要以取消方言土語的多元性和歧異性為代價，以此樹立其權威地位，這種權威性就體現在語音、語義等方面的單一性與惟一正確性。因此，民族共同語與方言土語之間就形成了既相輔相成又相反相成的複雜關係，書面語與口語之間大致也是這種關係，特別是要實現書面語的規範與統一，就更是如此。

這種口語化取向與書面化走向的二律背反在二十世紀三十年代就為知識界所察覺並以此批判「五四」文學革命的不徹底性，「大眾語」運動由此興起，體現了再度口語化的努力。四十年代出現的關於民族形式問題的論爭，對「五四」加以清算，仍然是在口語化這一領域展開。但是這些努力都沒有成功，最終與「五四」一樣無法擺脫這個二律背反。

在這一方面，汪暉的意見值得重視，在他看來，中國的白話文運動並不像日本、韓國的言文一致運動那樣，需要擺脫帝國語言文字而創制獨立的民族國家語言文字，「白話文運動的所謂『口語化』針對的是古典詩詞的格律和古代書面語的雕琢和陳腐，並不是真正的『口語化』。實際上現代語言運動首先是在古／今、雅／俗對比的關係中形成的，而不是在書面語與方言的關係中形成的」。它是漢語體系內部的更新，更準確地說是書面語體系的更新，即以一種新的書面語代替原來的書面語：「白話的『口語化』主要是在語法結構和詞彙方面，而主要不是在語音方面。在這個意義上，它與文言一樣是一種書面語系統，並沒有標準不變的發音系統」。〔註217〕

進一步講，統一口語，比統一文字難度大得多。秦始皇推行「書同文」統一文字，但是無法統一口語，而這一點歷經兩千多年依然無法做到。陸容就曾指出：「書之同文，有天下者力能同之；文之同音，雖聖人在天子之位，勢亦有所不能也。」〔註218〕但是其中的原因，卻沒有得到揭示。

文學革命雖然提出以白話代文言，但是白話與國語很快互為表裏，國語運動即代表了建立現代中國民族共同語的努力。胡適的「國語的文學，文學的國語」的口號成為國語運動與文學革命合流的標誌。但是國語該如何建立？

〔註217〕汪暉：《現代中國思想的興起》（下卷第二部），三聯書店 2004 年，第 1511～1513 頁。

〔註218〕陸容：《菽園雜記》（卷四），中華書局 1985 年，第 41 頁。

以日語、西語或世界語來代替漢語的方案，雖然很誘人，但是行不通。因為這意味著「國將不國」，如陳獨秀所言，「國且無之，何有於國語？」〔註219〕陳獨秀此言本是支持錢玄同的世界語主張，通過廢棄漢語漢字以實現大同目標。但是這種世界大同的熱情只是曇花一現，很快為民族主義所取代。無論是廢棄漢語還是廢棄漢字，都將導致國且不國的後果，這是國人所無法接受的，也只會使中國淪為異國的附庸。而從語言文字自身而言，錢玄同也認識到廢棄漢語之難，傅斯年也敏銳地看到了這一點，他認為漢字拼音化難度已不小，而廢漢語代之以他種語言，更是難上加難。〔註220〕因此，在大多數人看來，切實可行的做法還是從中國現有方言中選取一種以實現國語統一的目標。焦點就集中到語音的統一上來，但到底是直接應用一種方音為國音還是融匯各地方音而創制國音，卻在學界引起了極大的爭議。1919年9月，《國音字典》出版，終於引發著名的「京國問題」大紛爭〔註221〕。經過長期的爭辯和探討，終於確定以北京音為標準語音、以北方方言為基礎創制國語，這種國語逐步形成為今日全國通行的普通話。

但國語和國語文學的提出，卻推進了中國文學的書面化。雖然國語融匯了古白話、方言土語、俗語，但口語成分只是國語的組成元素；而且國語畢竟不是一種方言，雖然以北方方言為基礎，卻又融合了各地方言的一些成分，還吸收了外來語與文言成分。

更重要的是，國語文學是一種書面語文學而非口語文學。國語融匯古今中外各元素而成，卻不是為了口頭的言說，其實不論是高度的「歐化」，還是吸收文言語彙，都使得這種現代白話不成其為真正的「話」。因此，國語並不完全等於現代白話，因為國語畢竟還是有口語和書面語兩部分，而且國語口語的書面化色彩強於方言土語。

由此來看，國語文學不僅沒有實現「五四」知識分子的願望——拉近文學與民眾的距離——反而增大了這種距離，因為對於廣大民眾而言，這種書面語甚至比文言更陌生、更難懂。這就不難理解文學革命之初，無論是保守陣營還是廣大民眾，他們對白話文主張並非是一開始就狂熱地怒罵反對或是

〔註219〕陳獨秀給錢玄同的回信，胡適編選：《中國新文學大系·建設理論集》，上海文藝出版社2003年影印本，第146頁。
〔註220〕參見錢玄同：《中國今後之文字問題》、傅斯年《漢語改用拼音文字的初步談》。
〔註221〕參見黎錦熙：《國語運動史綱》，黎澤渝、劉慶俄編：《黎錦熙文集》（下卷），黑龍江教育出版社2007年，第144頁。

一呼百應，而是不屑一顧或沉默不語。外界反應之冷淡，逼得《新青年》同人不得不自編自導一齣雙簧戲。而魯迅的《狂人日記》在發表之後的一段時期，在讀者群中也沒有獲得太大反響。相比之下，通俗文學陣營倒是拉走了一大批讀者，使得新文學陣營一次又一次地對他們發動攻擊。〔註222〕

但是，不能因這種書面化走向而指責新文學。畢竟像胡適那樣將文言／白話的對立推向極端的做法早已得到反思和糾正。問題的關鍵是，胡適設計出的這一二元對立，其前提是他將文言／白話的關係等同於書面語／口語的對立了。事實上，文言和白話都是書面語。胡適等人所批判的言文分離，當然包括書面語與口語的分離，因而他設想通過立白話而廢文言，達到書面語與口語的合一。且不說這裡面存在的邏輯與概念的混亂，即使就書面語與口語的關係而言，二者也不可能完全合一，因為書寫與言說有著各自不同的情境、性質和要求。

即使是西方語言文字，口語與書面語之間的差異也是存在的。漢語漢字的情況更為特殊，因為漢字是表意文字，本身可以超越時代、地域的差異而成為維繫民族的紐帶，而文言文則依託漢字而展現，「文言文的形成正好是對漢字傳遞、承介漢文化的獨特性質的文化功能開拓的結果，它雖然在一定程度上有悖於『文字是符號的符號』，但卻以傳承文化的強大力量作為功能上的補償。正因此，它才會有如此強大的生命力，以致延續兩千多年！」〔註223〕這樣，漢字可以成為獨立於漢語的系統，而文言則成為書面語的主宰。

在口語方面，方言隨時代和地域而變化，而國語作為現代漢民族共同語也不可能封閉僵化、固步自封，國語雖然成為共同語，但它並不可能完全取代方言。國語及日後的普通話，都是開放的體系，它們與方言是互動交融的關係，方言會受到國語的規約、同化，而國語也會因為吸收方言的成分而更豐富。此外，國語與方言也都會隨時代而發展。但是以國語入文，現代白話文對文言文所產生的衝擊就帶有文化變革的徹底性。這與「五四」知識分子採用的策略有關。與漢字緊密結合的文言，也與漢字一樣，能夠克服時空差異，成為漢民族共有的書面語，成為一個超穩定的共時文化體系。傳統思維方式與思想文化借助漢字和文言文而得以在時空層面上不斷延展、傳播，這又會進一步強化人們

〔註222〕參見湯哲聲：《新文學對市民小說的三次批判及其反思》，《中國現代文學研究叢刊》2004年第4期。
〔註223〕馬欽忠：《語言的詩性智慧》，學林出版社2004年，第254頁。

的崇古復古心理，從而鞏固傳統文化。因而「五四」的革命性意義就在於它從根本上動搖了這個共時文化體系，一旦漢字和文言文被徹底廢棄，依託漢字和文言文建構起來的傳統文化也就被完全拋棄了。所以新文化運動在根本上是要打破人們的崇古復古心理，依託現代語言和拼音文字（這無疑也是「五四」知識分子心目中理想的「現代文字」）建立起現代思想文化。

由此來看，傅斯年的意見頗有代表性。傅斯年曾指出，「思想依靠語言，猶之乎語言倚靠思想，要運用精密深邃的思想，不得不先運用精邃深密的語言」。這是更高一層的使命，單靠口語化是無法實現的，必須要歐化。在他看來，中國的語言存在三大缺陷：一是「文典學上的缺陷」，二是「言語學上的缺陷」，三是「修詞學上的缺陷」，「惟有藉重西洋的語法」，才能造就理想的白話文。〔註224〕他心目中理想的白話文是這樣的：

（一）「邏輯」的白話文。就是具「邏輯」的條理，有「邏輯」的次序，能表現科學思想的白話文。

（二）哲學的白話文。就是層次極複，結構極密，能容納最深最精思想的白話文。

（三）美術的白話文。就是運用匠心做成，善於入人情感的白話文。

……

所以這理想的白話文，竟可說是——

歐化的白話文。〔註225〕

可見，隨語言而被改造的還有文學、文學觀念與思想文化。

當然，由於矯枉過正，這一文化策略本身的不足也是存在的。對於這一點，「五四」之後的周作人也意識到了。在他看來，國語、國語文學不過是「漢語」、「漢文學」的新式稱呼而已，與文藝的價值無關，關鍵是他「相信古文與白話文都是漢文的一種文章語，他們的差異大部分是文體的，文字與文法只是小部分」〔註226〕。周作人將國語分爲口語與文章語（實際就是書面語）

〔註224〕傅斯年：《怎樣做白話文》，胡適編選：《中國新文學大系‧建設理論集》，上海文藝出版社2003年影印本，第224～225頁。

〔註225〕傅斯年：《怎樣做白話文》，胡適編選：《中國新文學大系‧建設理論集》，上海文藝出版社2003年影印本，第225頁。

〔註226〕周作人：《國語文學談》，《藝術與生活》，河北教育出版社2002年，第63頁。

兩部分，以此消解了白話／文言的二元對立，而他將文言文與白話文都視爲漢語書面語，實際上是發現二者並非水火不容，相反可以說是相互貫通、相互影響，甚至可以說是水乳交融。事實也的確如此，國語與國語文學是在同時吸收文言、白話的基礎上而形成的。作爲維繫時代和地域的紐帶，國語和漢字實際發揮著民族認同的重要作用，因而周作人要將國語羅馬字和方言逐出漢字、漢語和漢文學的範圍。而「以口語爲基本，再加上歐化語，古文，方言等分子，雜糅調和，適宜地或否嗇地安排起來」，才能造出「有雅致的俗語文來」，〔註227〕這不能不是語體文的進一步書面化。

建國之後，國務院發佈的《關於推廣普通話的批示》確定普通話是「以北京語音爲標準音，以北方話爲基礎方言，以典範的現代白話文著作爲語法規範」〔註228〕，「以典範的現代白話文著作爲語法規範」，可能也暗示著普通話必然帶有明顯的書面化色彩，更不用說以普通話寫就的文學作品了。

第三節　公共話語視閾中的語言變革與文學變革

文學革命是中國現代思想文化革命的突破口，而語言變革又是文學革命的先導，這一點已爲眾多研究者所指出，研究者也從不同的角度進行了探究。但是，似乎還沒有學者指出，「公共領域」理論也爲解答這一問題提供了重要參考。

現代意義上的「公共領域」概念是由著名學者漢娜·阿倫特（Hannah Arendt）首先提出來的，這一理論在哈貝馬斯（Habermas）那裡得到了系統的闡發。哈貝馬斯是德國當代著名的哲學家和社會學家，他在 1961 年的教授資格論文《公共領域的結構轉型》中，論述了他的「資產階級公共領域」理論。

「公共領域」德文原詞爲「Öffentlichkeit」，英文譯爲「Public Sphere」。《公共領域的結構轉型》一書的主要譯者曹衛東曾特別提到他對這一語詞的理解：「哈貝馬斯是在思想和社會兩個層面上使用這個詞的。思想層面上的『Öffentlichkeit』可以翻譯成『公共性』，而社會層面上的『Öffentlichkeit』則應當翻譯爲『公共領域』」：

> 雖說哈貝馬斯在該書中主要是在思想層面上做意識形態批判，

〔註227〕周作人：《〈燕知草〉跋》，《永日集》，河北教育出版社 2002 年，第 79 頁。
〔註228〕參見費錦昌主編：《中國語文現代化百年記事》，語文出版社 1997 年，第 209 頁、第 211 頁、第 221 頁。

但鑒於他是從（資產階級）社會變遷角度入手，對作為資產階級意識形態的『Öffentlichkeit』加以提煉和抽象，因此，我個人主張，書名還是譯成《公共領域的結構轉型》的好，而不能叫做《公共性的結構轉型》。〔註229〕

這一點在哈貝馬斯那裡得到了很好的印證：「公共性本身表現為一個獨立的領域，即公共領域，它和私人領域是相對立的。有些時候，公共領域說到底就是公眾輿論領域，它和公共權力機關直接相抗衡。」〔註230〕

哈貝馬斯所說的公共領域，包括封建社會的代表型公共領域和資產階級公共領域，但後者才是他心目中理想的範型。他強調公共領域應當是由具有主體性的私人所構成的，「資產階級公共領域首先可以理解為一個由私人集合而成的公眾的領域；但私人隨即就要求這一受上層控制的公共領域反對公共權力機關自身，以便就基本上已經屬於私人，但仍然具有公共性質的商品交換和社會勞動領域中的一般交換規則等問題同公共權力機關開展討論。」〔註231〕從這個意義上講，真正意義上的公共領域，只有在市民社會出現並與國家權力保持相對獨立的情況下才是可能的。在哈貝馬斯看來，資產階級公共領域最先出現於17世紀的英國和18世紀的法國，後來逐步擴展到歐美世界。

由此，在三年後即1964年，哈貝馬斯在《公共領域》一文中對「公共領域」作出了明確的界定：「所謂『公共領域』，我們首先意指我們的社會生活的一個領域，在這個領域中，像公共意見這樣的事物能夠形成。公共領域原則上向所有公民開放。公共領域的一部分由各種對話構成，在這些對話中，作為私人的人們來到一起，形成了公眾。那時，他們既不是作為商業或專業人士來處理私人行為，也不是作為合法團體接受國家官僚機構的法律規章的規約。當他們在非強制的情況下處理普遍利益問題時，公民們作為一個群體來行動；因此這種行動具有這樣的保障，即他們可以自由地集合和組合，可以自由地表達和公開他們的意見。」〔註232〕

〔註229〕曹衛東：《哈貝馬斯在漢語世界的歷史效果——以〈公共領域的結構轉型〉為例》，《現代哲學》2005年第1期。曹衛東指出，他在1998年11月4日《中華讀書報》上的《哈貝馬斯·公共領域·其他》一文中已提及這一觀點。
〔註230〕〔德〕哈貝馬斯：《公共領域的結構轉型》，曹衛東等譯，學林出版社1999年，第2頁。
〔註231〕〔德〕哈貝馬斯：《公共領域的結構轉型》，曹衛東等譯，學林出版社1999年，第32頁。
〔註232〕尤根·哈貝馬斯：《公共領域》，汪暉譯，《天涯》1997年第3期。

　　哈貝馬斯的「公共領域」理論在發表之初並沒有引起多大反響，直到
20 世紀八九十年代才引起廣泛關注，其理性原則、民主精神、對話主義、
主體間性等都是引起知識界熱議的話題。20 世紀 80 年代美國漢學界就應用
了「公共領域」理論來研究中國史。90 年代末「公共領域」理論被介紹到
中國來，中國知識界也圍繞「市民社會」、「公共領域」等問題展開了熱烈
的討論。

　　研究成果中有一些意見比較接近，如「至晚從清代末期開始，中國社會
中已經形成了一個權力場域，它既不完全受控於國家權力，也不完全受控於
某個私人或某種民間力量，它是『公』和『私』兩種利益主體進行博弈、協
商和調適的一個空間」〔註233〕；「清末民初的中國即使沒有在全國範圍內形成
社會與國家的分離，也可以肯定地說在那些資本主義自由經濟迅速發展的各
個通商城市中已經初步出現並形成了相對獨立的社會自我整合局面」〔註
234〕；「在近代中國，資本主義已經萌芽，而且隨著政治危機意識和民族危機
意識的加劇，傳統的書院、知識分子結成的社團和新興的報紙都成了人們發
表自己對時局看法的重要場所，並且具有一定的獨立性，初步具有了哈貝馬
斯所說的『公共領域』的一些特徵」。〔註235〕

　　但是，哈貝馬斯的理論能否應用於西方以外的語境中，依然是一個有著
巨大爭議的問題。〔註236〕哈貝馬斯對此早已做過說明，在《公共領域的結構
轉型》一書初版時，他就提醒讀者：

　　　「資產階級公共領域」是一個具有劃時代意義的範疇，不能把
　　它和源自歐洲中世紀的「市民社會」（bürgerliche Gesellschaft）的獨
　　特發展歷史隔離開來，使之成為一種理想類型（Idealtyp），隨意應

〔註233〕周琳：《中國史視野中的「公共領域」》，《史學集刊》2009 年第 5 期。

〔註234〕仲紅衛、張進：《論清末民初文學公共領域的形成及特徵》，《蘭州大學學報》
2004 年第 6 期。

〔註235〕曹衛東：《哈貝馬斯在漢語世界的歷史效果——以〈公共領域的結構轉型〉為
例》，《現代哲學》2005 年第 1 期。

〔註236〕周琳指出，「公共領域」理論用於中國史研究，存在四個問題：第一個問題是，
研究者一方面致力於發掘「公共領域」在中國歷史語境中的意義，一方面又
脫不開「資產階級公共領域」的限定性概念；第二個問題是，應該怎樣理解
中國歷史上的「公共」？第三個問題是，文化和意識形態方面的「公共性」
還沒有得到充分的揭示；第四個問題是，究竟將「公共領域」視為一種機制
還是視為一種散見的歷史現象？周琳：《中國史視野中的「公共領域」》，《史
學集刊》2009 年第 5 期。

用到具有相似形態的歷史語境當中。〔註237〕

儘管如此，仍有不少學者認為，哈貝馬斯的「公共領域」概念，既是一個特定的、歷史的概念，也是一個普適性的概念，因為哈貝馬斯的「公共領域」同時是一個理想的範型，他的「主要目標在於從 18 和 19 世紀初英、法、德三國的歷史語境，來闡明資產階級公共領域的理想類型」。〔註 238〕美國學者魏斐德就強調，「『公共領域』之於哈貝馬斯就如同『新教倫理』之於韋伯：它是一個社會哲學家的理想類型，而不是一個社會史家對現實的描述。」〔註239〕因此，不少漢學家和中國學者仍堅持用「公共領域」理論研究中國的歷史與現實。李歐梵以《申報・自由談》為例，談到了公共空間的開拓；〔註240〕許紀霖則認為「不管哈貝馬斯本人如何謹慎，公共領域……已經從一個特殊的經驗分析，演化為一個擁有廣泛解釋力的理想類型，它從歐洲的歷史中被抽象出來，成為一個與現代性問題相關聯的普適性的解釋架構」。〔註241〕

對於文學研究者而言，他們更感興趣的是哈貝馬斯提出的「文學公共領域」。哈貝馬斯強調「文學公共領域」作為「政治公共領域」的前身和先導所具有的作用：「政治公共領域是從文學公共領域中產生出來的；它以公眾輿論為媒介對國家與社會的需求加以調節」〔註242〕，「以文學公共領域為中介，與公眾相關的私人性經驗關係也進入政治公共領域」，即「文學公共領域中的人性就會成為政治公共領域發揮影響的中介」。〔註243〕

〔註237〕〔德〕哈貝馬斯：《公共領域的結構轉型・初版序言》，《公共領域的結構轉型》，曹衛東等譯，學林出版社 1999 年，第 1 頁。

〔註238〕〔德〕哈貝馬斯：《公共領域的結構轉型・1990 年版序言》，《公共領域的結構轉型》，曹衛東等譯，學林出版社，1999 年，第 2 頁。

〔註239〕〔美〕魏斐德：《市民社會和公共領域問題的論爭——西方人對當代中國政治文化的思考》，張小勁、常欣欣譯，鄧正來、〔英〕J.C.亞歷山大編：《國家與市民社會——一種社會理論的研究路徑》，中央編譯出版社 2005 年，第 375 頁注 1。

〔註240〕參見李歐梵：《「批評空間」的開創——從《申報》「自由談」談起》，《現代性的追求》，三聯書店 2000 年，第 3～22 頁。

〔註241〕許紀霖：《近代中國的公共領域：形態、功能與自我理解——以上海為例》，《史林》2003 年第 2 期。

〔註242〕〔德〕哈貝馬斯：《公共領域的結構轉型》，曹衛東等譯，學林出版社 1999 年，第 35 頁。

〔註243〕〔德〕哈貝馬斯：《公共領域的結構轉型》，曹衛東等譯，學林出版社 1999 年，第 55 頁、第 59 頁。

　　李歐梵對《申報》「自由談」的分析，實際就是對當時「文學公共領域」的研究。陶東風首先指出，哈貝馬斯所講的「文學公共領域」，「『文學』概念含義很廣，不但包括了其他藝術，也包括了各類評論文體」。〔註244〕其次，他認為哈貝馬斯「公共領域」概念存在「歷史和邏輯、事實和規範統一的特點」，他將自己的研究聚焦於文學公共領域，依據哈貝馬斯的理論，「把『文學公共領域』提煉為文學理論和文學研究的一般範疇」：

　　　　文學公共領域是一個「獨立於國家權力場域，由自律、理性、具有自主性和批判精神的文學公眾參與的、平等民主的交往—對話空間。這個意義上的文學公共領域當然是歷史地生成的，是現代性的成果，但它同時又具有明顯的規範內涵，可以成為一個普適性的文學理論範疇。〔註245〕

　　趙勇認為，文學公共性是「文學活動的成果進入到公共領域所形成的公共話題（輿論）。此種話題具有介入性、干預性、批判性和明顯的政治訴求，並能引發公眾的廣泛共鳴和參與意識」。〔註246〕

　　但是，問題也依然存在。一方面，中國知識界對哈貝馬斯「公共領域」理論的理解和闡釋，到底在多大程度上合乎哈貝馬斯本人的原意，就是一個值得探究的問題〔註247〕；另一方面，哈貝馬斯強調「市民社會」或者說「公民社

〔註244〕陶東風：《文學公共領域的理想類型與應然品格》，《東方叢刊》2008 年第 4 期。陶東風后來在《論文學公共領域與文學的公共性》一文中，再次強調，「哈貝馬斯的『文學』概念含義很廣，不但包括了其他藝術，也包括了各類評論文體，甚至包括咖啡館、酒吧、沙龍等談論文學的場所」。《文藝爭鳴》，2009 年第 5 期。

〔註245〕陶東風：《文學公共領域的理想類型與應然品格》，《東方叢刊》2008 年第 4 期。

〔註246〕趙勇：《文學活動的轉型與文學公共性的消失——中國當代文學公共領域的反思》，《文藝研究》2009 年第 1 期。

〔註247〕曹衛東就曾指出，「『公共領域』概念在漢語世界的研究和運用已經取得了一定的成果。但是，其中存在的問題也是很明顯的。我們知道，『公共領域』概念在哈貝馬斯那裡是其現代性批判的入口，內含著深刻的歷史前提和政治動機。而漢語世界在運用這一概念時，往往忽視了其歷史語境和政治動機，特別是其中蘊涵著的豐富的政治批判意識，相關研究成果要麼局限於對中國歷史的研究而刻意迴避現實政治問題；要麼在面向現實的時候單取傳媒研究而走向狹隘化，基本上忽略了其中的政治批判內涵。此外，我們也沒有充分注意到，從 20 世紀 90 年代以來，哈貝馬斯雖然沒有重新突出強調其『公共領域』概念的重要性，但卻一直在豐富和發展自己的『公共領域』概念，這一點可以說集中體現在他的『後民族結構』理論當中。按照哈貝馬斯的說法，

會」與「公共領域」的不可分離，但是將這一理論用於中國研究，則中國古代到底有沒有「市民社會」，有沒有「公共領域」，如果有，中國的「公共領域」到底具有怎樣的特性，如何才能避免對哈貝馬斯「公共領域」理論的單純套用等等〔註248〕，所有這些問題，都是在今後的研究中需要深入思考的。

　　研究者一般認為，至少在清末民初和 20 世紀 80 年代的中國，曾經出現過文學公共領域。〔註249〕相對於 20 世紀 80 年代而言，清末民初這一段歷史更為複雜，存在的爭議也更大。一個具體的例證就是，清末民初中國的公共領域和文學公共領域到底出現在何時，仍然是一個有爭議的問題。〔註250〕

在全球化的挑戰下，我們要想超越民族國家，建立一種『沒有世界政府的世界内政』，其關鍵就在於建構起一個能夠包容所有世界公民的『全球政治公共領域』。由此，哈貝馬斯對『公共領域』的關注已經超越了民族國家的語境而步人後民族狀態，而我們目前的研究幾乎毫無例外地還局限於單一的民族國家，這不能不說是一大遺憾」。曹衛東：《哈貝馬斯在漢語世界的歷史效果——以〈公共領域的結構轉型〉為例》，《現代哲學》2005 年第 1 期。

〔註248〕加拿大學者卜正民的《為權力祈禱：佛教與晚明中國士紳社會的形成》，就是一部探討中國古代公共領域的著作，引起了極大的爭議。見章宏偉：《公共領域話語的中國意義——評〈為權力祈禱：佛教與晚明中國士紳社會的形成〉》，《雲夢學刊》2010 年第 3 期。
　　李歐梵則是將「公民社會」與「公共領域」（他故意換成「公共空間」）剝離開來，他「反對近年來美國漢學界確定中國有公民社會的看法」。但是他顯然認為晚清中國就已經有了「公共空間」。見李歐梵：《「批評空間」的開創——從《申報》「自由談」談起》，《現代性的追求》，三聯書店 2000 年，第 3～4 頁。
　　許紀霖的論文《近代中國的公共領域：形態、功能與自我理解——以上海為例》，既強調「公共領域」可用於中國研究，同時也注意揭示中國「公共領域」的特殊性。見《史林》，2003 年第 2 期。同時可以參看靳環宇：《也談近代中國的公共領域：以上海為例——與許紀霖先生的商榷》，《學海》2005 年第 3 期。

〔註249〕認為中國在清末民初出現了文學公共領域的論文，有郭劍鳴：《文學公共領域：中國近世市民社會的一種雛形》，《江西師範大學學報》2004 年第 5 期；郭劍鳴：《關於中國近世文學公共領域的思考》，《學術研究》2004 年第 12 期；仲紅衛、張進：《論清末民初文學公共領域的形成及特徵》，《蘭州大學學報》2004 年第 6 期；李宗剛：《新式教育下的公共領域與五四文學的發生》，《山東社會科學》2006 年第 6 期；李世舉：《公共領域建構與晚清報刊小說社會批判的強化》，《新聞界》2010 年第 1 期等。

〔註250〕許紀霖認為，近代中國公共領域的出現，大致在甲午海戰失敗到戊戌變法這段時間。其依據是，士大夫開始參政議政，成為公共領域的主體。而報紙、學堂、學會則形成了公共交往和公眾輿論的基本空間。見許紀霖：《近代中國的公共領域：形態、功能與自我理解——以上海為例》，《史林》，2003 年第 2 期。靳環宇則反對許紀霖的觀點，他認為早在 19 世紀七八十年代，中國社會

　　漢學界和中國學者的「文學公共領域」研究，主要有兩個方面的特點：一是對晚清文學公共領域的研究多是從傳媒的角度入手，如李歐梵對《申報》的研究；二是集中於 20 世紀 80 年代以來的中國文學，如陶東風、趙勇等人。而對於白話文取代文言文這一事件，目前似乎還未見到有學者從公共領域的視角加以分析。筆者認爲，這一思路應該是可行的，因爲哈貝馬斯是將公共領域的討論視爲交往對話的行爲，既然是平等對話，則必然存在大家可以共同使用和交流的公共話語，且公共話語本身都可以成爲公共領域討論的話題。筆者將白話文取代文言文這一事件理解爲「公共話語」的確立過程，其目標自然就是「言文一致」。

　　從已有的研究資料看，雖然有不少學者在論述公共領域問題時都提及了「公共話語」這一概念，但似乎更多地是無心之舉，還沒有誰對這一概念本身進行細緻梳理和分析。「公共話語」，是一個與「公共領域」相關的概念，是公共討論和交往中的話語。許紀霖指出，「公共知識分子」的「公共」，包含有三個方面的意思：「第一是面向（to）公眾發言的；第二是爲了（for）公眾而思考的，即從公共立場和公共利益、而非從私人立場、個人利益出發；第三是所涉及的（about）通常是公共社會中的公共事務或重大問題」。〔註 251〕「公共話語」的「公共」也可以作如是觀。但是，公共話語的特殊性在於，一方面它是構成公共領域的條件，或者說就是公共領域的組成部分。因爲公共話語是公共領域中公眾交往對話的最主要的手段。借助於公共話語，公眾才能表達自己的意願，也理解對方的意圖，對話和討論才能展開。章宏偉曾指出，

> 公共領域的外在構成可以分爲四個部分：一是物理形態的公共空間，如古典的公共廣場、議事大廳、廟宇、體育場館，中世紀的教堂、宮廷、私人庭院、城堡廳堂，近代的咖啡館展覽館、俱樂部，等等。二是傳媒形態的公共輿論領域，主要包括書刊、報紙、廣播、

就已經出現了全國性的民間慈善組織、經濟組織，代表這些新興組織的新興階層及其思想家，以及反映社會民意的現代傳媒等等，它們是三位一體的，共同營造出了近代中國的市民社會和公共領域。其中，最重要的是出現了新的階級——資產階級。在此意義上，靳環宇認爲，中國近代的公共領域出現於 19 世紀 70 年代中後期，80 年代繼續發展，90 年代尤其是在甲午戰後的戊戌變法運動中走向成熟。見靳環宇：《也談近代中國的公共領域：以上海爲例——與許紀霖先生的商榷》，《學海》2005 年第 3 期。

〔註 251〕許紀霖：《中國知識分子十論》，復旦大學出版社 2004 年，第 34 頁。

電視、互聯網等。三是社團形態的公共領域，包括各種非政府、非
營利的社團組織。四是社會運動形態的公共領域，包括討論和維護
公共利益的各種聚會、辯論、遊行示威等運動。這些構成了公共領
域的外在形態，也體現了公共領域的描述性、經驗性或實體性特徵。
〔註252〕

這一概括很精當，但是他忽視了公共話語的問題。公共話語同樣可以成為「公
共領域」的構成部分，在這一點上，公共話語與語言所具有的基本功能是一
致的。但是公共話語又不是一般意義上的語言，而是能為公眾所理解、掌握
和運用的話語，也包含了意識形態的色彩——即民主、平等、自由、理性等
精神，這在封建社會的代表型公共領域中是不存在的；

　　另一方面，公共話語又是公眾討論、交流的話題、對象和內容。從這個
意義上講，公共話語又是公眾討論的公共事務了，即公眾會追問到底何種話
語可以成為公共話語、公共話語的確立及規範、公共話語在公共生活中能發
揮的功用等問題。

　　如果說中國古代封建社會是代表型的公共領域，那麼文言在中國古代社會
就主宰著這個公共領域。文言在很大程度上是拒斥民眾的，而且在古代技術條
件不發達的情況下，文言作品的傳播與接受都是極為有限的。由文言構築的經
典，是供後人景仰的神聖事物。而文言寫作，又成為後人膜拜先人的重要途徑。
從這個意義上說，文言從來都不是真正的公共話語。文言地位的確立，與中國
古代士人所處的地位與所起的作用是一體化的：中國古代的士人，走的是「學
而優則仕」的道路，這在全世界都很罕見。如許紀霖所言，這樣一個階層「通
過制度化的科舉制度從社會中選拔精英，保證了精央來源的開放性和競爭性，
也維持了社會文化秩序的整合和穩定」。因此，士大夫階層

　　　　在古代中華帝國，是帝國王權制度與社會宗法制度相互聯繫的
中樞和紐帶。其表現為兩個方面：其一，士大夫階級所信奉的道統
——儒家價值觀既是帝國官方的政治意識形態，也是宗法家族社會
共同的文化傳統；其二，士大夫階級（亦稱為士紳階級）一身兼二
任也，在朝廷輔助君王統治天下，在鄉野為道德表率和地方精英領
導民間。以士大夫階級為重心，古代中國的社會與國家渾然一體，

〔註252〕章宏偉：《公共領域話語的中國意義——評〈為權力祈禱：佛教與晚明中國士
　　　紳社會的形成〉》，《雲夢學刊》2010 年第 3 期。

表現出有機的整合。〔註253〕

晚清知識分子的啓蒙意識，可以理解爲建立「公共領域」的努力。畢竟，中國古代是否存在「公共領域」還是一個有爭議的問題，而晚清這三千年未有之大變局，則決定了此一時期的「公共領域」，也必定是前所未有的。中國傳統的士民工商的四民社會結構崩潰了，新的社會秩序尚未建立，各種力量分化組合。直至 1905 年，科舉制度廢除，讀書人失去了進入國家權力機構的階梯，現代意義上的知識分子處於萌生的狀態，所有這些，使得晚清知識分子游離於國家體制之外，這使得他們能夠眞正對社會、民眾的需求加以反思，對於國家體制加以反思，進而上昇到對中國思想文化的總體反思。

晚清知識分子倡導文字改革和白話文運動的意義即在於此，那就是他們開始致力於營造公共領域，將語言文字置於公共討論的中心。如果說漢字改革在塑造公共話語這一點上還始終顯得晦暗不清，那麼白話文運動就是旗幟鮮明地要打破文言的壟斷地位，以白話爲公共話語。他們發表的大量提倡白話文、反對文言文的文章，並不只是著眼於語體變革，更是爲了啓蒙民眾、開啓民智，從某種意義上講，這也是爲了使廣大民眾成爲公眾。

最早提出「言文一致」的黃遵憲，其目的並非僅僅著眼於語文改革，而是飽含著關心時務的志願：

> 以余觀日本士夫，類能讀中國之書，考中國之事。而中國士夫好談古義，足己自封，於外事不屑措意，無論泰西，即日本與我僅隔一衣帶水，擊柝相聞，朝發可以夕至，亦視之若海外三神山，可望而不可即。若鄒衍之談九州，一似六合之外，荒誕不足論議也者，可不謂狹隘歟！雖然，士大夫足跡不至其地，歷世紀載又不詳其事，安所憑藉以爲考證之資，其狹隘也亦無足怪也。
>
> 竊不自揆，勒爲一書，以其體近於史志，輒自稱爲外史氏，亦以外史氏職在收掌，不敢居述作之名也。抑考外史氏掌五帝三王之書，掌四方之志。今之士夫亦思古人學問，考古即所以通今，兩不偏廢如此乎。書既成，謹誌其緣起，並以質之當世士夫之留心時務者。〔註254〕

〔註253〕許紀霖：《「斷裂社會」中的知識分子》，許紀霖編：《20 世紀中國知識分子史論》，新星出版社 2005 年，第 1 頁。

〔註254〕黃遵憲：《日本國志·敘》，天津人民出版社 2005 年，第 4 頁。

在語言文字問題上，黃遵憲充分肯定了日本人的變通，從日本的言文一致而想到中國的「言文一致」，即變更字體使之「愈趨於簡、愈趨於便」；變更文體，使之「適用於今、通行於俗」，已包含了啓蒙民眾的內在要求：「欲令天下之農工商賈，婦女幼稚，皆能通文字之用，其不得不於此求一簡易之法哉！」〔註255〕

　　其後裘廷梁倡導白話，也是從救國的立場出發，他認爲「文字者，天下人公用之留聲器也」，以語言文字爲天下之公器，推導出「愚天下之具，莫文言若；智天下之具，莫白話若」。〔註256〕

　　強調語言文字爲天下之公器，以其爲啓蒙民眾的利器，顯然是晚清知識分子的一大發明。語言文字問題在此已不僅僅是語文問題，而是屬於關係到社會的「一般問題」了。哈貝馬斯指出，「公眾的討論應當限制在一般的問題上。當資本主義的發展已經爲某些社會範疇提出越來越以信息爲準繩的行爲要求時，公眾所批判的『一般問題』的解釋權被教會和國家所壟斷」。但是，當「哲學作品和文學作品，乃至整個藝術作品都是爲市場製造的，並且以市場爲中介，那麼，這些文化財富和所有那種信息便是極爲相似的：即作爲商品，它們一般都是可以理解的。它們不再繼續是教會或宮廷公共領域代表功能的組成部分；這就是說它們失去了其神聖性，它們曾經擁有的神聖特徵變得世俗化了。私人把作品當作商品來理解，這樣就使作品世俗化了，爲此，他們必須獨自沿著相互合理溝通的道路去尋找、討論和表述作品的意義，這樣於不言之中同樣也可以產生無窮的力量」。〔註257〕他強調，「值得討論的是『一般』問題，這不僅是就其意義而言，而且也是指它們可以理解：也就是說，所有人必須都能加人到討論行列。」〔註258〕

　　康有爲、梁啓超等人對小說的重新發現和對「新小說」的提倡，無疑也遵循了同一思路。無論是對於康有爲還是梁啓超而言，他們對小說的重視，當然是非文學的思路，這一點早已爲無數研究者所指出。但是多數研究者或

〔註255〕黃遵憲：《日本國志・學術志二》，天津人民出版社 2005 年，第 810～811 頁。

〔註256〕裘廷梁：《論白話爲維新之本》，鄔國平、黃霖編：《中國文論選・近代卷》（下），江蘇文藝出版社 1996 年，第 26 頁、第 30 頁。

〔註257〕〔德〕哈貝馬斯：《公共領域的結構轉型》，曹衛東等譯，學林出版社，1999 年，第 41 頁。

〔註258〕〔德〕哈貝馬斯：《公共領域的結構轉型》，曹衛東等譯，學林出版社，1999 年，第 42 頁。

許忽視了，康、梁等人選取小說爲突破口，正是以小說爲建立公共領域的基礎，即經由小說來傳遞新思想、新意識，實現啓蒙民衆和民衆自我啓蒙的目的。這也就不難理解晚清的新小說何以基本上成爲革命的宣傳品，因爲它們正是文學公共領域的產品，又成爲政治公共領域的前身。

雖然晚清知識分子可能還是以啓蒙精英自居，尚無法擺脫精英／大衆這樣的二元模式，但是他們仍然是要努力啓蒙民衆、爲民衆立言，這已經與國家權力發生了一定的疏離。也只有經過這樣的啓蒙，眞正具有主體性和理性的公衆才能產生。正如李歐梵所言，「所謂『公共』，這裡指的不一定是『公民』的領域，而是梁啓超的言論——特別是所謂『群』和『新民』的觀念——落實到報紙而產生的影響。換言之，我認爲晚清的報業和原來的官方報紙不同，其基本的差異是：它不再是朝廷法令或官場消息的傳達工具，而逐步演變成一種官場以外的『社會』聲音。」〔註 259〕

但另一方面，不可否認的是，晚清知識分子建立「公共領域」的努力有著不可克服的局限。以公共話語爲例，公共話語的特殊性在於一方面它是構成公共領域的條件，或者說就是公共領域的組成部分；另一方面，它又是公衆討論、交流的話題、對象和內容。從這個意義上講，公共話語又屬於公衆討論的公共事務。晚清知識分子關注的主要是後一方面，即在公共場合大力倡導白話文，以語言文字爲天下之公器。這是將語言文字作爲公共事務、一般問題加以討論的；但在前一方面，他們在寫作、交流時仍使用文言文，哪怕是提倡白話文的文章，也是用文言寫成，這頗有悖論的意味〔註 260〕。因此，晚清時代的公共話語是二元的、分裂的，只是到了「五四」時代，公共話語才眞正彌合爲一元的，即無論就前一方面還是就後一方面而言，都是以現代白話文一以貫之，不僅將白話樹立爲公共話語，而且堅持公共話語就是白話。這體現出「五四」語言變革的徹底性。

關於晚清公共話語的二元性，不少材料都能證明，胡適、周作人早已做過總結，蔡元培爲《中國新文學大系》作的《總序》也指出「民元前十年左右，白話文也頗流行，……但那時候作白話文的緣故，是專爲通俗易解，可

〔註 259〕李歐梵：《現代性的追求》，三聯書店 2000 年，第 3～4 頁。
〔註 260〕如裘廷梁《論白話爲維新之本》、陳榮袞《論報章宜改用淺說》，還有「五四」知識分子早期倡導白話文的文章，都是用文言寫成。《新青年》也是直到 1918 年 4 卷 5 號才全部採用白話文的。

以普及知識，並非取文言而代之。主張以白話代文言，而高揭文學革命的旗幟，這是從《新青年》時代開始的」。〔註261〕即使到了民國之初，情況也沒有大的改觀。1917 年底，胡適從美國寄來申請加入國語研究會的明信片，用白話寫成。國語研究會會員們才認識到提倡「言文一致」，非以身作則不可〔註262〕。黎錦熙曾經提到，1920 年在北京開辦了第一屆國語講習所，那時候白話文才開始被知識分子採用，通行全國。而在「五四」運動之前，知識分子只在三種場合下才寫白話文：「第一是辦通俗白話報，這是教育性的，這顯然是對另一階層說話，要將就他們的語言，其實就是自己的語言，但對自己的階層是決不會『寫話』的。第二是寫作或翻譯白話小說，這是文藝性的，這也顯然是對元明以來傳統的舊白話作品的一種不嚴肅的摹仿。第三是在理論文中偶然流露一些『語錄體』的白話詞兒，這也是唐宋以來一種文化的傳統，但不多見。」〔註263〕

　　「五四」知識分子以一種全新的面貌登上歷史舞臺，他們不再像晚清知識分子那樣在公共話語問題上猶疑不決，而是以前所未有的勇氣沖決羅網，大力提倡白話文。胡適的《文學改良芻議》強調「不摹倣古人」，「不作古人的詩，而惟作我自己的詩」，「人人以其耳目所親見、親聞、所親身閱歷之事物，一一自己鑄詞以形容描寫之」，不用典，也就是要求「自己鑄詞造句，以寫眼前之景，胸中之意」。種種主張，都是要求個體能夠成為具有現代意識的主體，無論胡適是否意識到，這樣的主體才是公共領域的主體。落實到第八點「不避俗語俗字」，胡適從言文一致的角度指出，「與其作不能行遠不能普及之秦漢六朝文字，不如作家喻戶曉之《水滸》、《西遊》文字也」。〔註264〕

　　因此，陳獨秀作《文學革命論》，聲援胡適。身為「老革命黨」的陳獨秀〔註265〕，關心的是革命：「今日莊嚴燦爛之歐洲，乃革命之賜也。」但是他發

〔註261〕蔡元培：《中國新文學大系·總序》，胡適編選：《中國新文學大系·建設理論集》，上海文藝出版社 2003 年影印本，第 10 頁。

〔註262〕黎錦熙：《國語運動史綱》，黎澤渝、劉慶俄編：《黎錦熙文集》（下卷），黑龍江教育出版社 2007 年，第 126～127 頁。

〔註263〕黎錦熙：《新著國語文法·今序》，黎澤渝、劉慶俄編：《黎錦熙文集》（上卷），黑龍江教育出版社 2007 年，第 15 頁。

〔註264〕胡適：《文學改良芻議》，胡適編選：《中國新文學大系·建設理論集》，上海文藝出版社 2003 年影印本，第 34～43 頁。

〔註265〕胡適：《逼上梁山》，胡適編選：《中國新文學大系·建設理論集》，上海文藝出版社 2003 年影印本，第 27 頁。

現，中國的政治革命存在很大不足，除了革命的不徹底，也在於「盤踞吾人精神界根深底固之倫理，道德，文學，藝術諸端，莫不黑幕層張，垢污深積，並此虎頭蛇尾之革命而未有焉」。中國已有的「貴族文學」、「古典文學」和「山林文學」，「所謂宇宙，所謂人生，所謂社會，舉非其構思所及」。〔註266〕陳獨秀雖然與胡適關心的重點不同，卻與其殊途同歸。

不過，胡適與陳獨秀的姿態畢竟不同。胡適於1917年4月9日還特地寫了一封長信給陳獨秀，說明自己的白話文學主張「此事之是非，非一朝一夕所能定，亦非一二人所能定。甚願國中人士能平心靜氣與吾輩同力研究此問題。討論既熟，是非自明。吾輩已張革命之旗，雖不容退縮，然亦決不敢以吾輩所主張爲必是，而不容他人之匡正也」。沒想到的是，胡適的態度剛好起了反作用。陳獨秀在回信中斷然拒絕商討：「鄙意容納異議，自由討論，固爲學術發達之原則，獨至改良中國文學當以白話爲正宗之說，其是非甚明，必不容反對者有討論之餘地；必以吾輩所主張者爲絕對之是，而不容他人之匡正也。蓋以吾國倘已至文言一致地步，則以國語爲文，達意狀物，豈非天經地義？尚有何種疑義必待討論乎？」〔註267〕

如果說胡適的努力體現出了營造文學公共領域的可能的話，那麼陳獨秀的態度，卻斷絕了這一可能。這也是一個自由主義知識分子與一位老革命黨的區別：和風細雨的公共討論與狂風暴雨般的革命運動，本難相容。前者期盼公共討論，而後者卻以獨斷的姿態將公共話語變成了自我的聲音。雖說在中國特殊的形勢下，後者往往比前者更有效，但其中的偏激與片面，同樣是毋庸諱言的。在新文化陣營與反對者的論爭中，也可以看到，這樣的論爭很難說是「平心靜氣」的商討，而更多地是纏雜了意氣之爭，至於說錢玄同與劉半農的「雙簧信」，更是違背了公共討論的原則。

到胡適發表《建設的文學革命論》時，他的思考已趨成熟。胡適此文，成爲聯接文學革命和國語運動的紐帶。如果說「文學的國語」是胡適心目中理想的公共話語，那麼，「國語的文學」，則是造就這一理想的公共話語的途徑。按照他的語言工具論和文學工具論，只有實現了語言工具的變革，才能實現文學

〔註266〕陳獨秀：《文學革命論》，胡適編選：《中國新文學大系·建設理論集》，上海文藝出版社2003年影印本，第44～46頁。
〔註267〕胡適：《逼上梁山》，胡適編選：《中國新文學大系·建設理論集》，上海文藝出版社2003年影印本，第27頁。

的革新；只有實現了文學的革新，才能實現思想文化的革新，社會才能呈現出新的面貌。國語（現代白話）就是最理想的工具，而白話文學作品，則爲人們提供了最好的範本。這些論述暗示了每個人在國語面前的平等，這是沒有高低貴賤之分的，這也就意味著每個人都能作爲公衆的一分子，使用公共話語加入到公共討論中，而眞正理想的公共話語，則是言文一致的。其實國語運動的宗旨也是如此，國語運動的初期，打出的口號是「言文一致」（單指語言與文字的一致）、「國語統一」。「官話」逐漸爲「國語」所取代，內在地體現出由「官」到「公」的轉變歷程——王照於 1900 年完成《官話合聲字母》，他強調「官者，公也；官話者，公用之話；自宜擇其占幅員人數多者。」〔註268〕雖然牽強，卻已體現出化「官」爲「公」的努力。1910 年，資政院議員江謙就正式提出將「官話」改稱爲「國語」：「凡百創作，正名爲先，官話之稱，名義無當，話屬於官，則農工商兵，非所宜習，非所以示普及之意，正統一之名，將來奏請頒佈此項課本時，是否須改爲國語讀本，以定名稱？」〔註269〕表面上是名稱的更換，但是意義卻極爲重大，體現出一種「公」的精神。

　　胡適的觀念中所包含的對平民、民衆的認同，顯然體現出了公共知識分子的公共性，這也是「五四」知識分子共有的立場，這已經在很大程度上超越了——至少是力圖超越晚清知識分子的精英立場。但是胡適對語言問題的理解，局限於工具層面，這在很大程度上影響了他對「五四」語言變革意義的理解。與胡適不同，魯迅對於這一問題有著更爲深切的思考。

　　魯迅對於中國語文的認識和理解應該說是達到了相當的深度。他對文言與傳統思想文化二者互爲表裏的關係有著深切的體認，而文言對於處於現代轉型時期的每一個人來說，都是一種先在的「元話語」，因此，破除這種與封建意識形態結爲一體的元話語，使蘊含著民主、平等、科學、理性精神的白話成爲公共話語，就是「五四」知識分子所肩負的歷史使命。

　　魯迅在看到愛羅先珂用日語寫作的童話時，曾極爲感慨：

　　　　他只有著一個幼稚的，然而優美的純潔的心，人間的疆界也不
　　能限制他的夢幻，……他這俄國式的大曠野的精神，在日本是不合

〔註268〕轉引自黎錦熙：《國語運動史綱》，黎澤渝、劉慶俄編：《黎錦熙文集》（下卷），黑龍江教育出版社 2007 年，第 10～11 頁。

〔註269〕江謙：《質問學部分年籌辦國語教育說帖》，文字改革出版社編：《清末文字改革文集》，文字改革出版社 1958 年，第 117 頁。

> 適的，當然要得到打罵的回贈，但他沒有料到，這就足見他只有一
> 個幼稚的然而純潔的心。我掩卷之後，深感謝人類中有這樣的不失
> 赤子之心的人與著作。〔註270〕

然而，但魯迅翻譯這些童話時，又深深感到了語言的痛苦：

> 他（指的是愛羅先珂——引者注）只是夢幻，純白，而有大
> 心，……（我）於是由不得要紹介他的心給中國人看。可惜中國文
> 是急促的文，話也是急促的話，最不宜於譯童話；我又沒有才力，
> 至少也減了原作的從容與美的一半了。〔註271〕

文言與漢字所組成的漢語言文字體系，織成了一張極為嚴密的羅網，成為傳統思想文化和意識形態的最重要的載體。魯迅深刻地感受到了這張羅網對人的天性的束縛，對赤子之心的扼殺，所以他才主張青年人少讀，或者不讀中國書，多次表示支持廢除漢字、改用拼音文字。1935 年 12 月，「中國新文字研究會」在上海成立，魯迅是簽名支持者之一。魯迅先生去世時，喪儀上有四條橫幅很特別，一條是中國左翼世界語者聯盟所送，一條是上海世界語者協會的，一條是中國新文字研究會的，一條是上海新文字研究會的。郭沫若的挽詞是：「曠世名著推阿 Q，畢生傑作尤拉化」〔註272〕。

　　魯迅見出了漢字與大眾之間的對立關係，從而堅定不移地支持漢字改革工作。但是其深刻之處在於，魯迅始終是從思想革命的高度看待這一問題的，因此，他對於漢字改革，態度固然堅決，但也始終謹慎持重，哪怕是對於最為激進的世界語運動，他也表示「學 Esperanto 是一件事，學 Esperanto 的精神，又是一件事。——白話文學也是如此」，「灌輸正當的學術文藝，改良思想，是第一事；討論 Esperanto，尚在其次；至於辨難駁詰，更可一筆勾消」。〔註273〕

　　對於語言變革，魯迅是胡適的白話文學主張最堅定的支持者之一。魯迅在演講中提及打破「無聲的中國」的，是「胡適之先生所提倡的『文學革命』」，

〔註270〕魯迅：《〈狹的籠〉譯者附記》，《魯迅全集》第 10 卷，人民文學出版社 2005
　　　　年，第 217～218 頁。

〔註271〕魯迅：《〈池邊〉譯者附記》，《魯迅全集》第 10 卷，人民文學出版社 2005 年，
　　　　第 220～221 頁。

〔註272〕參見費錦昌主編：《中國語文現代化百年記事》，語文出版社 1997 年，第 69
　　　　～70 頁。

〔註273〕魯迅《渡河與引路》，《魯迅全集》（第七卷），人民文學出版社 2005 年，第
　　　　36～37 頁。

「我們要說現代的，自己的話；用活著的白話，將自己的思想，感情直白地說出來」。因此，古文與白話勢必不能相容：「我們此後實在只有兩條路：一是抱著古文而死掉，一是捨掉古文而生存」〔註274〕。但是，對於白話文建設的艱難，魯迅也是有清醒的認識的。瞿秋白曾經表達了對魯迅翻譯法捷耶夫《毀滅》一書的意見，認為魯迅「做到了『正確』，還沒有做到『絕對的白話』」，魯迅的答覆則是：「我們的譯書，還不能這樣簡單，首先要決定譯給大眾中的怎樣的讀者。將這些大眾，粗粗的分起來：甲，有很受了教育的；乙，有略能識字的；丙，有識字無幾的。而其中的丙，則在『讀者』的範圍之外，……什麼人全都懂得的書，現在是不會有的。」〔註275〕

進一步說，魯迅所支持的，絕非古白話，而是現代的新式白話，即歐化的白話。他強調「歐化文法的侵入中國白話中的大原因，並非因為好奇，乃是為了必要」，「要說得精密，固有的白話不夠用，便只得採些外國的句法。比較的難懂，……但補這缺點的是精密」〔註276〕。

因此，五四知識分子已經認識到，公共話語的創造，並不是撿現成品就可以辦到的，無論是口語還是古白話，都無法成為真正的、現代的公共話語。「國語」作為公共話語，是融合了古白話、文言、方言與外來語匯等因素而成的一種產品。在國語推行的初期，民眾對於這種新的話語不是感到熟悉親切，而是感到更為陌生和疏遠，因而後來「大眾語」運動和民族形式問題的論爭興起，將其作為「新體文言」加以批判。但是「大眾語」運動和民族形式問題的論爭並沒能創造出如瞿秋白所想像的那種「絕對的白話」即絕對口語化的書面語和文字，而恰恰是國語在發展演變的歷程中，逐步融入到現代中國人的生活與思想之中，成為現代思想文化的組成部分。這也印證了「五四」知識分子的公共性，他們正是要打破貴族／平民、文人／民眾之間的鴻溝，如舒衡哲所言，「五四知識分子不是中國歷史上第一次犯『文字罪』的人。然而，他們用語言文字來反對知識分子對文化的優越關係，這卻是前所未有的」。〔註277〕

〔註274〕魯迅：《無聲的中國》，《魯迅全集》（第四卷），人民文學出版社2005年，第13～15頁。

〔註275〕瞿秋白、魯迅：《關於翻譯的通信》，《魯迅全集》（第四卷），人民文學出版社2005年，第382頁、第390～392頁。

〔註276〕魯迅：《玩笑只當它玩笑（上）》，《魯迅全集》（第五卷），人民文學出版社2005年，第548頁。

〔註277〕舒衡哲：《五四兩代知識分子》，許紀霖編：《20世紀中國知識分子史論》，新星出版社2005年，第270頁。

　　需要特別指出的是，晚清和「五四」知識分子創建公共話語的努力，一方面帶有公共領域理論的意識形態批判色彩，雖然他們始終在工具論與本體論之間遊移不定，但是他們畢竟已經揭示出文言及其承載的傳統意識形態的不合理性。晚清知識分子要求打破這種話語壟斷，普及教育、啓蒙民眾；對於「五四」知識分子而言，更是要通過創建公共話語確立現代個體的主體性，對於文言、漢字及其承載的傳統意識形態更是給予了猛烈的抨擊。這樣一種話語首先是在文學公共領域得以確立，進而延伸到政治公共領域。晚清知識分子還只是將公共話語作爲討論的話題，即公共事務，但是「五四」知識分子才眞正將構成公共領域的公共話語都徹底加以改造，從而也完成了重塑公共領域的任務，這也是文學革命能夠取得成功的重要保障。正是在全新的公共領域中，現代意義上的中國文學和作家、讀者群得以產生。

　　另一方面，晚清和「五四」知識分子的這種努力，又有著中國歷史環境的特殊性：既帶有強烈的民族國家認同色彩，又帶有濃厚的世界大同、向西方看齊的意味，即始終在民族國家／世界、本土／西方之間的夾縫中延展。這與西歐（17、18 世紀的英法德等國）早期公共領域的創建是很不一樣的，後者包含的，恰恰是民族國家認同的內涵。但前者也由此而在某種程度上契合了哈貝馬斯自 20 世紀 90 年代以來所思考的「後民族結構」理論，即「在全球化的挑戰下，我們要想超越民族國家，建立一種『沒有世界政府的世界內政』，其關鍵就在於建構起一個能夠包容所有世界公民的『全球政治公共領域』。由此，哈貝馬斯對『公共領域』的關注已經超越了民族國家的語境而步入後民族狀態」〔註 278〕。

〔註 278〕曹衛東：《哈貝馬斯在漢語世界的歷史效果——以〈公共領域的結構轉型〉爲例》，《現代哲學》2005 年第 1 期。

第四章　文體變革、重寫文學史與新文學的經典化

　　無論是語言文字合一還是口語書面語合一，都還只是在理論層面的論證，還沒有落實到實際應用中即以這種合一的形態爲媒介進行言說或寫作，達到應用的目的。從這個意義上講，「言文一致」的文體就是語言文字合一或口語書面語合一的產物了。從晚清與「五四」知識分子的論述可以看出，語言文字合一意味著文字是拼寫口語的；口語書面語合一意味著書面語是合乎口語的，所以「言文一致」從根本上講就是以口語爲指向的。「言文一致」的文體，也就是口語化的文體。只有這種文體被創造出來，「言文一致」才有實際的功效與意義，而非一個遙不可及的「烏托邦」。因此，當黃遵憲提出「言文一致」的目標時，他就已經特別提到了文體問題。這種文體觀念，迥異於中國傳統的以詩文爲正宗而視小說爲小道的觀念，散發出全新的時代氣息，推動了中國文學文體格局的變更，也推動了中國小說由古典向現代的蛻變。可以說，「言文一致」從語言的角度切入，落實到文體，開啓了中國文學的現代歷程。在這一歷史進程中，倡導者們出於深刻的歷史意識，又對這一歷史進程加以總結，經由他們自己的敘述而重建起他們心目中的「中國文學史」圖景，並由此樹立起新文學作家作品不可撼動的經典地位。

第一節　文體格局的重設與「中國文學」設想的提出

　　當黃遵憲首倡「言文一致」時，他就已經提出了文體變革的要求：

　　　　周秦以下文體屢變，逮夫近世章疏移檄，告諭批判，明白曉暢，

> 務期達意，其文體絕爲古人所無。若小說家言，更有直用方言以筆
> 之於書者，則語言、文字幾幾乎復合矣。余又烏知夫他日者不更變
> 一文體，爲適用於今、通行於俗者乎？〔註1〕

這意味著「言文一致」要從已有的文體中尋找突破口，而且「言文一致」的成果也必須落實到「言文一致」的文體上，由此實現啓蒙、救國的目標。黃遵憲是以小說爲典型的，特別是小說「有直用方言以筆之於書者」，更是符合「言文一致」口語化的要求。小說就這樣被推到了風口浪尖上，不自覺地承擔起了這一歷史的重任。但是晚清「言文一致」的倡導者們最初並不是從文學的角度來考察小說並提高其地位，只是因其「俗」，可以用來開啓民智，成爲傳播新思想、救亡圖存的工具；而當小說被提到文學之最上乘之時，它已經被迫承受了救國救民這樣的非文學所能承擔的重任。這一悖論由晚清而發端，一直延伸到「五四」。雖然「五四」知識分子已經自覺地領略西方小說的人文精神、借鑒其技巧、探尋小說的審美意味，但小說的啓蒙功能並未完全被否定，更重要的是，小說本是因「俗」而受到知識分子的注意，被認爲是最符合「言文一致」要求的文體，特別是中國古典白話小說本有說書腔調，但是在經歷了理論闡發與實際創作的洗禮之後，晚清與「五四」小說卻在書面化的進程中不斷雅化。對於民眾而言，現代小說不但沒有變得更通俗易懂，反而變得更晦澀難懂。倒是通俗小說，因其保留了通俗性、故事性、傳奇性，迎合市民的口味而大受歡迎。

筆者在此所討論的文體，側重於文學體裁。文體分類和研究，在中外文論史上早就開始了。在早期階段，中西文體分類都注重語言要素。魏晉南北朝時期的「文筆之辨」，以有韻爲「文」、無韻爲「筆」，這是從語言著眼的。西方的亞里士多德在《詩學》中根據摹仿的媒介、對象和方式，區分出史詩和戲劇兩大類型。當抒情詩興起後，三分法隨之而起，即將文學作品分爲敘事類、抒情類和戲劇類，這是西方通行的分類法。

中國古代的文體論是非常發達的。《詩經》是第一部詩歌總集，《尚書》則是最早的散文總集，已經包含著古人對於詩、文體裁的認識與理解。魏晉南北朝時代，文體分類進一步細化。當然，古漢語中的「體」，可以指體裁，也能指風格。就體裁論，曹丕的《典論・論文》認爲「人善於自見，而文非一體，鮮能備善」，又指出：

〔註1〕黃遵憲：《日本國志・學術志二》，天津人民出版社 2005 年，第 810～811 頁。

　　夫文本同而末異，蓋奏議宜雅，書論宜理，銘誄尚實，詩賦欲
麗。此四科者不同，故能之者偏也；唯通才能備其體。〔註2〕

曹丕的這段論述，對於後世的文體論影響很大。這也體現出魏晉南北朝文體
論的一個顯著特點：對語言因素的高度重視。陸機的《文賦》則作了進一步
的區分：「詩緣情而綺靡，賦體物而瀏亮。碑披文以相質，誄纏綿而悽愴。銘
博約而溫潤，箴頓挫而清壯。頌優游以彬蔚，論精微而朗暢。奏平徹以閒雅，
說煒曄而譎誑。」〔註3〕但是，「對文學體裁專門考察其源流、分析其特徵的，
要推摯虞的《文章流別論》」〔註4〕，此論不僅從總體上論文章之特質、功能，
也對各類文體考鏡源流、細加辨析。

　　劉勰的《文心雕龍》在《體性》中提到「若總其歸塗，則數窮八體：一
曰典雅，二曰遠奧，三曰精約，四曰顯附，五曰繁縟，六曰壯麗，七曰新奇，
八曰輕靡」〔註5〕。這可以說是對文章風格的區分。他也在《文心雕龍》中專
門設立了 20 篇文體論，「原始以表末，釋名以章義，選文以定篇，敷理以舉
統」〔註6〕，體系完備。梁代蕭統的《昭明文選》是中國第一部按文體收錄作
品的詩文總集，但也恰恰因其選文標準而飽受爭議，「事出於沉思，義歸乎瀚
藻」，體現的是自覺的語言追求。這就不難理解千載之後，阮元仍要發動「文
筆之辨」，將這樁千年未了的公案進行到底。而阮元所依據的理論武器，恰恰
就是《文選》序中說的「事出於沉思，義歸乎瀚藻」。

　　此後，唐代的《文苑英華》、宋代姚鉉的《唐文粹》、明代吳訥的《文章
辯體》和徐師曾的《文體明辨》，都在文體研究上取得了重要成就。《文章辨
體》分文體為五十九類，《文體明辨》則分為一百二十七類，「為明代以前文
體分類及文體論的集大成者」〔註7〕。清代姚鼐編《古文辭類纂》，曾國藩的

〔註2〕　曹丕：《典論・論文》，郭紹虞主編：《中國歷代文論選》（第一冊），上海古籍
　　　　出版社 2001 年，第 158 頁。
〔註3〕　陸機：《文賦》，郭紹虞主編：《中國歷代文論選》（第一冊），上海古籍出版社
　　　　2001 年，第 171 頁。
〔註4〕　郭紹虞對《文章流別論》的「說明」，郭紹虞主編：《中國歷代文論選》（第一
　　　　冊），上海古籍出版社 2001 年，第 204 頁。
〔註5〕　劉勰著、范文瀾注：《文心雕龍注》（下），人民文學出版社 1958 年，第 505
　　　　頁。
〔註6〕　劉勰著、范文瀾注：《文心雕龍注》（下），人民文學出版社 1958 年，第 727
　　　　頁。
〔註7〕　褚斌傑：《論中國文體的源流演變與分類》，《職大學報》2004 年第 1 期。

《經史百家雜鈔》對歷代文體加以清理總結，化繁爲簡，推進了文體的研究。

到了晚清之際，中西文化發生碰撞，中國知識界從日本和西方取來了「言文一致」的理想，但是如何才能落實到文體，這是一個棘手的難題。因爲西方的三分法和中國龐雜的文體顯得是那樣的格格不入。事實上，自晚清以來中國知識界所普遍採用的「四分法」即詩歌、散文、小說、戲劇文學的劃分方法，是在借鑒西方文體論的基礎上，結合本土實際而形成的。有學者已經從理論上探討了中國文學「四分法」的出現、發展與合理性〔註8〕，但還有一點值得深思，那就是「四分法」這種方法，固然內在地包含了對何謂「文學」的追問，爲文學劃出了一片獨立的天地，但是這種對文學自身特性的追問，又是在以「文」爲啓蒙途徑、打破傳統雅俗對立的語境下發生的，審美現代性與歷史現代性之間形成了巨大的張力。對於這個問題，可以從以下兩個方面來論述：

首先，對文學的追問，是中國知識分子在中西交匯的大背景下展開的。無論是否帶有直接的功利性，純文學觀念的產生、對文學體裁的劃分，都是知識分子在新的知識結構和學科基礎上進行的。中國傳統的文史哲渾然一體的結構，顯然不能適應現代民族國家和思想文化建構的需要。

因此，晚清知識分子已經開始較爲自覺地探究「美術」、「純文學」等問題，那麼，何種文體可以歸入到文學的範圍之內，成爲一個新的時代課題。在第一章，筆者即已指出，對於文學自身特性的探究、對文學與文章的區分，早在晚清時代即已開始。1893 年前後，金天羽完成了《文學上之美術觀》，體現出當時中國學界的文學觀受西方影響，已經普遍視文學爲「美術」之一種。

王國維則十分重視審美的「無用之用」，他強調「天下有最神聖、最尊貴而無與於當世之用者，哲學與美術是已。……夫哲學與美術之所志者，眞理也。眞理者，天下萬世之眞理，而非一時之眞理也」〔註9〕。王國維指出，正是由於世人狹隘的實用觀念，導致中國學術、藝術的落後，「一切美術皆不能達完全之域」，他沉痛地感歎：「我中國非美術之國也！一切學業，以利用之大宗旨貫注之。……美之爲物，爲世人所不顧久矣！庸詎知無用之用，有勝於有用之用

〔註8〕 參見錢倉水的下列文章：《文學四分法的約定俗成及其原因》，《淮陰師範學院學報》1988 年第 1 期；《論中國文學四分法》，《淮陰師範學院學報》1994 年第 3 期；《回望 20 世紀的文體分類研究》，《淮陰師範學院學報》1999 年第 1 期。

〔註9〕 王國維：《論哲學家與美術家之天職》，姚淦銘、王燕編：《王國維文集》（第三卷），中國文史出版社 1997 年，第 6 頁。

者乎？」〔註10〕因此，他強調文學當有「純粹美術上之目的」，在文中使用了「純文學」一詞：「更轉而觀詩歌之方面，則詠史、懷古、感事、贈人之題目彌滿充塞於詩界，而抒情敘事之作什佰不能得一。其有美術上之價值者，僅其寫自然之美之一方面耳。甚至戲曲小說之純文學亦往往以懲勸爲旨，其有純粹美術上之目的者，世非惟不知貴，且加貶焉。」〔註11〕王國維所提到的「純文學」，包括了詩歌、戲曲、小說這三種體裁。他在《紅樓夢評論》中也說：「美術中以詩歌、戲曲、小說爲其頂點，以其目的在描寫人生故。」〔註12〕

　　1907 年魯迅在《摩羅詩力說》中也明確地提出了「純文學」的概念，歸入無功利的「美術」之中，他強調的是純文學的不用之用。蔡元培的觀念也是如此，他認爲人類研究「有直接有益於人生日用者，有未即有用者」，科學、美術事業是人類爲了尋求精神上的快樂而產生的，因而「美術似無用，非無用也」〔註13〕。

　　晚清知識分子在劃分文學體裁時，是與西方存在一個對接的問題的。由於西方長期流行的是三分法，散文這一門類在西方文體論中難以找到立足的依據，加上中國古代「文」的概念過於寬泛，因而其確立的時間也較晚。但是，中國知識分子畢竟沒有照搬西方的概念，而是根據中國的文體實際加以化用，至少指出了詩歌、戲曲、小說這樣的文學體裁。散文這一文體，是後來加入的。

　　1908 年，周作人撰寫了《論文章之意義暨其使命因及中國近時論文之失》，把文章劃爲「純文章」、「雜文章」兩類：「夫文章一語，雖總括文、詩，而其間實分兩部」，一爲「純文章」，一爲「雜文章」。純文章近於文學，又分爲兩類：一是「吟式詩」（詩賦、詞曲、傳奇等韻文），二是「讀式詩」（說部之類，散文）。「雜文章」則是「其他書記論狀諸屬」。〔註14〕周作人此時提出

〔註10〕王國維：《孔子之美育主義》，姚淦銘、王燕編：《王國維文集》（第三卷），中國文史出版社 1997 年，第 158 頁。

〔註11〕王國維：《論哲學家與美術家之天職》，姚淦銘、王燕編：《王國維文集》（第三卷），中國文史出版社 1997 年，第 7 頁。

〔註12〕王國維：《紅樓夢評論》，姚淦銘、王燕編：《王國維文集》（第一卷），中國文史出版社 1997 年，第 5 頁。

〔註13〕蔡元培：《養成優美高尚思想》，《蔡元培全集》（第 2 卷），浙江教育出版社 1997 年，第 243 頁、第 246 頁。

〔註14〕周作人：《論文章之意義暨其使命因及中國近時論文之失》，鄔國平、黃霖編著：《中國文論選·近代卷》（下冊），江蘇文藝出版社 1996 年，第 710～711 頁。

的文學體裁已經與「四分法」相差無幾了。

　　強調遵循文藝自身的規律，通過審美的無用之用、不用之用達到改造國民性、塑造完善人格的目的，王國維、蔡元培、魯迅等人就是如此。雖然仍是功利性的，但運用的是審美的潛在功利性，沒有違背美的創造與鑒賞的規律。所謂的不用之用、無用之用，前一個「用」都是指實際的、現實的功用，後一個「用」則是更深層意義上的功效，主要是指精神上的、長遠的、潛移默化的影響。從這種立場出發，可以深入到文學體裁的核心問題。

　　《新青年》上所發生的「文學之文」與「應用之文」的論爭，更是能夠說明這一問題。這既是文學與文章的區分，也涉及到散文的歸類。陳獨秀擔心胡適提出的「言之有物」將重回「文以載道」的老路，強調「文學之文」與「應用之文」不同。但是劉半農卻發現以「文學之文」與「應用之文」區分文學與文章是很困難的，而且即使在所謂「文字」（文章）中也很難截然劃分二者，因為文章中同樣有文學之作。故而他提出 Literature（文學）則「惟詩歌戲曲、小說雜文、歷史傳記三種而已」，但是緊接著他又對歷史傳記歸入文學表示懷疑，「進一步言之，凡可視為文學上有永久存在之資格與價值者，只詩歌戲曲、小說雜文二種也」。〔註 15〕

　　應該說，劉半農在此實際上是指出了文學體裁的四大種類，所謂「二種」，實為「四種」：詩歌、戲曲、小說、雜文，而且他接著又提到了「散文」這一概念，並強調他所說的是「文學的散文」〔註 16〕，「四分法」基本成型。但是，由於劉半農在文體分類上的遊移與矛盾，導致陳獨秀仍然認為劉半農的意見與自己相去不遠，他在這篇文章的「附識」中說：「劉君所定文字與文學之界說，似與鄙見不甚相遠。鄙意凡百文字之共名，皆謂之文」，「文」分兩種：一是「應用之文」，即劉半農所言之「文字」，包括「評論文告日記信箚等」；一是「文學之文」，即劉半農所言之「文學」，包括「詩歌戲曲小說等」〔註 17〕。其實陳獨秀與劉半農所論已有區別，即在「文」的問題上，劉半農承認了散文的存在，而陳獨秀卻將散文撇開，將其歸入到了「應用之文」的範圍內。

〔註 15〕　劉半農：《我之文學改良觀》，胡適編選：《中國新文學大系・建設理論集》，
　　　　　上海文藝出版社 2003 年影印本，第 64～65 頁。

〔註 16〕　劉半農：《我之文學改良觀》，胡適編選：《中國新文學大系・建設理論集》，
　　　　　上海文藝出版社 2003 年影印本，第 66 頁。

〔註 17〕　胡適編選：《中國新文學大系・建設理論集》，上海文藝出版社 2003 年影印本，
　　　　　第 73 頁。

這一點在日後依然如此：「鄙意文章分類略爲二種：一曰應用之文，一曰文學之文。應用之文，大別爲評論紀事二類。文學之文只有詩、詞、小說、戲（無韻者）、曲（有韻者，傳奇亦在此中）五種。」〔註18〕

胡適反對「文學之文」與「應用之文」的區分，這是與他的文學工具論密切相關的。但是胡適在論及文學問題時，也仍然注重體裁問題的重要性。1918 年，胡適發表《建設的文學革命論》，批評「中國文學的方法實在不完備，不夠作我們的模範。即以體裁而論，散文只有短篇，沒有布置周密，論理精嚴，首尾不懈的長篇；韻文只有抒情詩，絕少紀事詩，長篇詩更不曾有過；戲本更在幼稚時代，但略能紀事掉文，全不懂結構；小說好的，只不過三四部，這三四部之中，還有許多疵病；至於最精彩的『短篇小說』，『獨幕戲』，更沒有了」，他的目的，「只在約略表示西洋文學方法的完備，因爲西洋文學眞有許多可給我們作模範的好處，所以我說；我們如果眞要研究文學的方法，不可不趕緊翻譯西洋的文學名著做我們的模範」〔註19〕有學者認爲，胡適「最早以文學四分法的體裁視點評論了中國文學，這是有開創價值的」，而且在1922 年，胡適發表《五十年來中國之文學》，「回顧了自 1917 年文學革命以來白話文學的成績，是按照文學的四個部門述說的，這是以四分法的觀點全面評論現代文學之始」。〔註20〕

其次，即使是梁啓超這樣的知識分子，希望以文學啓蒙民眾、救亡圖存，他們在確認相應的文學體裁及對這些文體加以變革時，也是注意到了中西文體之間的對應性的。這或許可以解釋爲什麼自晚清以來，中國學界在文學體裁上流行四分法，而恰恰也是自晚清以來，又正是這四個領域發生了重大的變革，成爲中國現代文學中最爲重要的四種體裁。二者之間恐怕不僅僅是巧合。而且這四種體裁的地位也發生了天翻地覆的變化：小說成爲文學之最上乘，戲曲的地位也大爲提高，詩文反而退居邊緣。這裡面的種種變化，都是與變革的需要密切相關的。

晚清的文體變革並非是在現代獨立的「文學」意識中進行的，但恰恰是這種文體變革，催生了現代意義上的「文學」觀念，而這一點也與「言文一

〔註18〕「通信」，《新青年》3 卷 5 號，1917 年 7 月。
〔註19〕胡適：《建設的文學革命論》，胡適編選：《中國新文學大系・建設理論集》，上海文藝出版社 2003 年影印本，第 138～139 頁。
〔註20〕錢倉水：《文學四分法的約定俗成及其原因》，《淮陰師範學院學報》1988 年第 1 期。

致」命題有著不可分割的關聯。在語言／文字、口語／書面語合一的爭論中，貫穿著雅俗轉換的問題。這些二元對立項中，前一項都意味著俗，後一項都代表著雅。在中國的語境中，也就是漢字與文言文成爲雅的一方，而口語或方言土語爲俗。雅俗對立也不是至晚清時才出現，而是古已有之〔註 21〕，只是在晚清的時代背景中開始具有了現代色彩。文體中的雅俗之分也是自古就有，一直以來，詩文被視爲正統，是雅文學；而小說、戲曲則爲小道，是俗文學。造成這一局面的一個重要原因在於小說戲曲以俗語爲文，而且中國古代白話小說的說書味道濃厚，戲曲的表演性強，它們都比詩文更具口語化色彩。但是到晚清和「五四」時代，這一切都發生了根本性的變化。

最先發生變革的領域是詩歌。據梁啓超回憶，在戊戌變法前一兩年間，他就已經和夏曾佑、譚嗣同等人一起試作「新詩」，但「當時所謂新詩者，頗喜撏扯新名詞以自表異」〔註 22〕，這種嘗試並不成功。到 1899 年，梁啓超在《夏威夷遊記》中提出了「詩界革命」的口號：「要之，支那非有詩界革命，則詩運殆將絕。」〔註 23〕同時他也對此期的「新詩」創作加以反思，提出若想開闢詩界之新大陸，則必須滿足三個條件：「第一要新意境，第二要新語句，而又須以古人之風格入之，然後成其爲詩」，具備這三個條件，「可以爲二十世紀支那之詩王矣」。〔註 24〕然而，在實際操作中，這些條件卻是自相矛盾的。因爲使用「新語句」，不僅意味著引進新語詞，還要引進新的句式、語法、結構規則等，而這些方面又是與新思想、新思維結合在一起的，勢必與中國古典詩歌的風格不相容。梁啓超也發現黃遵憲的詩「純以歐洲意境行之，然新語句尚少，蓋由新語句與古風格，常相背馳」。〔註 25〕由此可能帶來兩種後果：一是只引進新名詞以自表異，炫耀稱奇，骨子裏仍然是古風格。新名詞不過是古體詩歌的一種新鮮的點綴品，與全詩的意境無干。這就是梁啓超等人之前失敗的嘗試；二是徹底改變古典詩歌的語言、結構、韻律等，眞正經由新

〔註 21〕 參見于迎春：《「雅」「俗」觀念自先秦至漢末衍變及其文學意義》，《文學評論》1996 年第 3 期。
〔註 22〕 梁啓超：《飲冰室詩話》，人民文學出版社 1959 年，第 49 頁。
〔註 23〕 梁啓超：《夏威夷遊記》，《飲冰室合集》專集之二十二，中華書局 1989 年，第 190～191 頁。
〔註 24〕 梁啓超：《夏威夷遊記》，《飲冰室合集》專集之二十二，中華書局 1989 年，第 189 頁。
〔註 25〕 梁啓超：《夏威夷遊記》，《飲冰室合集》專集之二十二，中華書局 1989 年，第 189 頁。

語句創造出一種全新的意境，這一點，要留待胡適等人來完成。

梁啓超對於理論與實踐上的矛盾可能有所察覺，因而在後來，他又把自己的主張修改爲「以舊風格含新意境」：

> 過渡時代，必有革命。然革命者，當革其精神，非革其形式。
> 吾黨近好言詩界革命。雖然，若以堆積滿紙新名詞爲革命，是又滿
> 洲政府變法維新之類也。能以舊風格含新意境，斯可以舉革命之實
> 矣。苟能爾爾，則雖間雜一二新名詞，亦不爲病。〔註26〕

然而，引進新名詞卻不引進新語句，不從語言入手實現詩體的解放、實現詩歌意境的革新，則所謂「革其精神」，終歸難以實現。梁啓超盛讚黃遵憲的詩歌：「近世詩人能鎔鑄新理想以入舊風格者，當推黃公度。」〔註27〕但在錢鍾書看來，即使是黃遵憲的詩歌，也存在很大的局限，即過分注重新名詞、典故的堆砌，而未能眞正理解西方詩歌的精髓：「差能說西洋制度名物，掎摭聲光電化諸學，以爲點綴，而於西人風雅之妙、性理之微，實少解會。故其詩有新事物，而無新理致」，「蓋若輩之言詩界維新，僅指驅使西故，亦猶參軍蠻語作詩，仍是用佛典梵語之結習而已」。〔註28〕梁啓超本人也承認：「所謂歐洲意境語句，多物質上瑣碎粗疏者，於精神思想上未有之也。雖然，即以學界論之，歐洲之眞精神、眞思想，尚且未輸入中國，況於詩界乎？」〔註29〕

因此，黃遵憲的詩歌創作，也體現出一種過渡的特點。他注重古人以文爲詩的經驗，「以單行之神運排偶之體」，「用古文家伸縮離合之法以入詩」，〔註30〕開始表現出向宋詩靠攏的跡象。這樣，晚清的詩界革命「最終止步於宋詩派的摹仿風氣中」，而「以胡適爲代表的『五四』新詩運動正是選擇了梁啓超後退之處，作爲理論出發點與進攻方向」。〔註31〕

1915 年，胡適在留學美國期間，當他的關注點從中國文字問題轉到中國文學問題時，他在一首詩中提出了「文學革命」的口號，時爲 1915 年 9 月 17

〔註26〕 梁啓超：《飲冰室詩話》，人民文學出版社 1959 年，第 51 頁。
〔註27〕 梁啓超：《飲冰室詩話》，人民文學出版社 1959 年，第 2 頁。
〔註28〕 錢鍾書：《談藝錄》（補訂本），中華書局 1984 年，第 23～24 頁。
〔註29〕 梁啓超：《夏威夷遊記》，《飲冰室合集》專集之二十二，中華書局 1989 年，第 190 頁。
〔註30〕 黃遵憲：《人境廬詩草自序》，《黃遵憲集》（上卷），天津人民出版社 2003 年，第 79 頁。
〔註31〕 錢理群、溫儒敏、吳福輝：《中國現代文學三十年》（修訂本），北京大學出版社 1998 年，第 119～120 頁。

日。9 月 20 日，他又在另一首詩中提出了「詩國革命」的口號，連帶發表了自己關於詩歌變革的方案：「詩國革命何自始？要須作詩如作文。」胡適對自己的這個口號和方案很重視，接著又做了具體的解釋：

> 我認定了中國詩史上的趨勢，由唐詩變到宋詩，無甚玄妙，只是作詩更近於作文！更近於說話。近世詩人歡喜做宋詩，其實他們不曾明白宋詩的長處在那兒。宋朝的大詩人的絕大貢獻，只在打破了六朝以來的聲律的束縛，努力造成一種近於說話的詩體。我那時的主張頗受了讀宋詩的影響，所以說『要須作詩如作文』，又反對『琢鏤粉飾』的詩。〔註32〕

但是，胡適的一幫朋友們並不理解他，他們強調變革文學，語言形式只是末節。胡適則堅信「『文字形式』往往是可以妨礙束縛文學的本質的」，「文字形式是文學的工具；工具不適用，如何能達意表情？」〔註33〕胡適的觀念是有道理的，他雖然視語言文字爲工具，但是他又認識到語言文字與思想情感的內在關聯。由此，胡適主張以口語入詩、以白話寫詩，才能眞正突破晚清詩界革命的局限，開創中國現代新詩的局面。

1916 年 2 月，胡適初步提出革新的「三事」：「第一，須言之有物，第二，須講求文法，第三，當用『文之文字』時不可故意避之」。〔註34〕這不光是胡適對詩界革命的看法，也已經包含了他對文學革命的總體主張。7 月，胡適決心做白話詩。他之所以選擇詩歌爲突破口，是因爲他發現「白話文學在小說詞曲演說的幾方面，已得梅、任兩君（指梅光迪、任鴻雋——引者注）的承認了。……我深信白話文是不難成立的。現在我們的爭點，只在『白話是否可以作詩』的一個問題了。……所以我當時打定主意，要作先鋒去打這座未投降的壁壘：就是要用全力去試做白話詩」。〔註35〕可見，胡適基本上是按照詩、散文、小說、戲曲的四分法來理解中國文學的，而在他看來，散文、小說、戲曲改爲白話都不成問題，只有詩歌領域還存在爭議，所以他要去攻克

〔註32〕 胡適：《逼上梁山》，胡適編選：《中國新文學大系・建設理論集》，上海文藝出版社 2003 年影印本，第 6～8 頁。

〔註33〕 胡適：《逼上梁山》，胡適編選：《中國新文學大系・建設理論集》，上海文藝出版社 2003 年影印本，第 9 頁。

〔註34〕 胡適：《逼上梁山》，胡適編選：《中國新文學大系・建設理論集》，上海文藝出版社 2003 年影印本，第 8 頁。

〔註35〕 胡適：《逼上梁山》，胡適編選：《中國新文學大系・建設理論集》，上海文藝出版社 2003 年影印本，第 18～19 頁。

這座最後的堡壘。

到了 1918 年 7 月，胡適又指出：「我們做白話詩的大宗旨，在於提倡『詩體的解放』。有什麼材料，做什麼詩；有什麼話，說什麼話；把從前一切束縛詩神的自由的枷鎖鐐銬，攏統推翻：這便是『詩體的解放』。因為如此，故我們極不贊成詩的規則」〔註36〕，「我們現在有什麼詩料，用什麼詩體；有什麼話，說什麼話」〔註37〕。

在為《嘗試集》作的《自序》中，胡適將他在《建設的文學革命論》中提出的「有什麼話，說什麼話；話怎麼說，就怎麼說」的原則用於作詩：

> 若要做眞正的白話詩，若要充分採用白話的字，白話的文法，和白話的自然音節，非做長短不一的白話詩不可。這種主張，可叫做「詩體的大解放」。詩體的大解放就是把從前一切束縛自由的枷鎖鐐銬，一切打破：有什麼話，說什麼話；話怎麼說，就怎麼說。這樣方才可有眞正白話詩，方才可以表現白話的文學可能性。〔註38〕

這是胡適關於詩界革命、詩體解放的宣言，在後來的《論新詩》一文中，胡適更明確地指出他發動的第四次「詩體大解放」是「不但打破五言七言的詩體，並且推翻詞調曲譜的種種束縛；不拘格律，不拘平仄，不拘長短；有什麼題目，做什麼詩；詩該怎樣做，就怎樣做。」在方法上，胡適提出「詩須要用具體的做法，不可用抽象的說法」，要能夠引起「明顯逼人的影像」。〔註39〕朱自清提到，胡適的這些主張差不多成為新詩創作和批評的「金科玉律」了。〔註40〕

但是，20 世紀 20 年代以後，人們也開始對新詩創作和理論進行了反思。梁宗岱認為，「所謂『有什麼話說什麼話』，——不僅是反舊詩的，簡直是反詩的；不僅是對於舊詩和舊詩體底流弊之洗刷和革除，簡直是把一切純粹永

〔註36〕　胡適：《答朱經農》，歐陽哲生編：《胡適文集》（2），北京大學出版社 1998 年，第 71～72 頁。

〔註37〕　胡適：《答任叔永》，歐陽哲生編：《胡適文集》（2），北京大學出版社 1998 年，第 79 頁。

〔註38〕　胡適：《嘗試集・自序》，歐陽哲生編：《胡適文集》（9），北京大學出版社 1998 年，第 81 頁。

〔註39〕　胡適：《談新詩》，胡適編選：《中國新文學大系・建設理論集》，上海文藝出版社 2003 年影印本，第 299 頁、第 308 頁。

〔註40〕　朱自清：《中國新文學大系・詩集導言》，朱自清編選：《中國新文學大系・詩集》，上海文藝出版社 2003 年影印本，第 2 頁。

久的詩底眞元全盤誤解與抹煞了」。〔註41〕梁實秋也談到,「自白話入詩以來,詩人大半走錯了路,只顧白話之爲白話,遂忘了詩之所以爲詩,收入了白話,放走了詩魂」,〔註42〕「新詩運動最早的幾年,大家注意的是『白話』,不是『詩』」。〔註43〕在他看來,癥結就在於

> 經過了許多時間,我們才漸漸覺醒,詩先要是詩,然後才能談到什麼白話不白話,可是什麼是詩?這個問題在七八年前沒有多少人討論。偌大一個新詩運動,詩是什麼的問題竟沒有多少討論,而只見無量數的詩人在報章雜誌上發表不知多少首詩,這不是奇怪麼?這原因在哪裏?我以爲就在:新詩運動的起來,側重白話一方面,而未曾注意到詩的藝術和原理一方面。一般寫詩的人以打破舊詩的範圍爲唯一職志,提起筆來固然無拘無束,但是什麼標準都沒有,結果是散漫無紀。〔註44〕

朱光潛也認爲,「現代人作詩文,不應該學周誥殷盤那樣詰屈聱牙,爲的是傳達的便利。不過提倡白話者所標出的『做詩如說話』的口號也有些危險。……語言是情思的結晶,詩的語言亦應與日常語言有別」。〔註45〕

穆木天乾脆說,「中國的新詩的運動,我以爲胡適是最大的罪人」。〔註46〕這一憤激之語,包含了對新詩命運的焦慮與痛心。

胡適的主張,打破了中國古典詩歌的格律,也實現了用白話來寫詩,從語言、觀念上實現了詩體的解放,這是其貢獻所在。但是,胡適的主張本身就有缺陷,如語言文字工具論、將白話等同於口語。現實中出現的毛病就是,當胡適強調白話對於詩歌創作的重要性時,新詩創作也恰恰因過於注重白話而在詩語的錘鍊、詩意的營造上做得不夠。更大的問題在於,胡適將詩歌等同於說話,是受其「言文一致」理想決定的,即將口語化作爲文學創作和文章寫作的最終追求。但是在現實中,作家們能夠運用的,是白話或國語,而白話或國語雖被胡適理解爲口語,但它們並不等同,國語是古今中外的語言

〔註41〕 梁宗岱:《新詩底紛歧路口》,《詩與眞二集》,外國文學出版社1984年,第167～168頁。
〔註42〕 梁實秋:《讀〈詩底進化的還原論〉》,《時報副刊》,1922年5月29號。
〔註43〕 梁實秋:《新詩的格調及其他》,《詩刊》創刊號,1931年1月。
〔註44〕 梁實秋:《新詩的格調及其他》,《詩刊》創刊號,1931年1月。
〔註45〕 朱光潛:《詩論》,上海古籍出版社2001年,第81頁。
〔註46〕 穆木天:《談詩——寄郭沫若的一封信》,王永生編《中國現代文論選》,貴州人民出版社1982年,第81頁。

因素融合而成的一個混合體，現代白話的產生、發展過程，也就是受西方影響而追求科學化、邏輯化、理性化的過程。這樣的語言，與中國的古代漢語有了根本性的不同，新詩也就與古典詩歌有了天然的區別。〔註47〕中國的新詩發展到今天，走過了近百年的歷程，但是圍繞著新詩而發生的爭議，必然還會持續下去。

這裡之所以要花費大量的篇幅探討晚清至「五四」中國詩歌與詩學的變革，是因爲詩歌爲中國文學中最具有民族特色、與民族語言文字、與傳統文化結合得最爲緊密的一種文體。通過中國詩歌和詩學的變革，可以清楚地看到中國文學與文學觀念現代轉型的艱難，以便於更好地總結其中的經驗與教訓。

在散文領域，變革也從晚清開始醞釀。雖然《文選》派因其對語言的關注而更能注意到文學的審美特性，但是駢文並沒有因此而確立其在文壇的地位，反而走向了衰亡。其中一個重要的原因，即是這種文體本身的古雅色彩使其在白話語境中難以生存。而桐城古文同樣因其「古」而成爲被打倒的對象。代之而起的，是新體散文，特別是報章文體——報刊雜誌這些現代傳媒，對於散文文體變革起到了巨大的作用。近代報章文體可以追溯到馮桂芬與王韜等人的文章，馮桂芬反對桐城古文，他的《校邠廬抗議》的文字淺顯易懂，對報刊政論文字有先導作用。王韜於 1874 年創辦《循環日報》，發表的政論文不拘一格，首開報章文體之風氣。鄭觀應也在《盛世危言》中強調「新聞者，淺近之文」〔註48〕。陳榮袞在《論報章宜改用淺說》中就提出報章文字

〔註47〕有學者認爲，「五四」語言革命重在適應現代科學發展的要求，追求語言的精確性、明快性，這就必然以丟失中國傳統語言方式中固有的隱喻性、模糊性等帶有文學色彩的風格爲其代價；而要保存中國語言方式中的被西方人稱爲「詩的風格」的東西，又難以使中國語言適應科學思維的要求。「五四」語言革命在科學與文學的兩難抉擇中，無疑是傾向科學的。由於「五四」時期過分強調語言的明確性，促進了科學的發展，推動了文化在整體上的轉換，但對文學這一具體領域而言，其損失也是不言自明的。文化的整體性歷史轉換，似乎不得不以犧牲局部的文藝的本體特性爲代價。尤其是最具文學性的文學種類——詩歌，所受的損失就更大一些。相比較而言，小說、雜文等文學種類要幸運一些。語言的精確性、明快性，在某種程度上或許可以說是玉成了以陳述爲主要語言特徵的小說（增加了敘述的清晰度）和以說理爲其語言特徵的雜文（增加了說理的邏輯性）；而以含蓄、寓義、多義、暗示、抒情爲其語言特徵的詩歌，則不能不受到不利的影響。見朱曉進：《從語言的角度談新詩的評價問題》，《文學評論》1992 年第 3 期。

〔註48〕參考袁行霈主編：《中國文學史》（第四卷），，高等教育出版社 1999 年，第 438 頁注釋第 12。

應該以「淺說」「輸入文明」〔註49〕。梁啓超也發現「自報章興，吾國之文體，為之一變，汪洋恣肆，暢所欲言，所謂宗派家法，無復問者」。〔註50〕

1899 年，梁啓超在《夏威夷遊記》中盛讚日本德富蘇峰的文章「善以歐西文思入日本文，實為文界別開一生面者」，「中國若有文界革命，當亦不可不起點於是也」〔註51〕。「文界革命」的口號自此提出。

夏曉虹曾經特別指出德富蘇峰對梁啓超的影響，這一研究成果是十分重要的。〔註52〕馮自由提到，「各書店所刊各類小叢書以民友社為最風行，尤與中國文學之革新大有關係。蓋清季我國文學之革新，世人頗歸功於梁任公（啓超）主編之清議報及新民叢報。而任公之文字則大部得力於蘇峰。……不獨其辭旨多取材於蘇峰，即其筆法亦十九仿傚蘇峰」。〔註53〕

夏曉虹認為，

> 德富蘇峰用這一新創的歐化文體，宣傳以西方基督教為背景的平民主義，取得了很大成效。而論及他對梁啓超的影響，在「文界革命」思想上主要是起了提示作用，並引發了梁啓超對偏於內容改造的「歐西文思」的考慮，因而在文章的語體方面，梁啓超要求的仍是「俗語文體」。〔註54〕

這一說法存在一個問題，即將文章的思想和語言分離了開來。應該說，德富蘇峰的歐化文體，在對日本文章加以改造的過程中，不僅是語體的變革，同時也是思想的變革，即在歐化的同時也接受了「西方基督教為背景的平民主義」，這或許才是其文體風靡一時的根本原因所在。而梁啓超受其影響，「歐西文思」和「俗語文體」是作為一個整體同時起作用的。

事實上，梁啓超對德富蘇峰確實極為推重，他提出「文界革命」的口號，

〔註49〕轉引自袁行霈主編：《中國文學史》（第四卷），高等教育出版社 1999 年，第432 頁。

〔註50〕轉引自袁行霈主編：《中國文學史》（第四卷），高等教育出版社 1999 年，第432 頁。

〔註51〕梁啓超：《夏威夷遊記》，《飲冰室合集》專集之二十二，中華書局 1989 年，第 191 頁。

〔註52〕以下關於德富蘇峰對梁啓超的影響的材料與觀點，均參考了夏曉虹：《覺世與傳世——梁啓超的文學道路》，中華書局 2006 年，第 241～259 頁。

〔註53〕轉引自夏曉虹：《覺世與傳世——梁啓超的文學道路》，中華書局 2006 年，第241 頁。

〔註54〕夏曉虹：《覺世與傳世——梁啓超的文學道路》，中華書局 2006 年，第 246 頁。

就是因見到德富蘇峰的文章「善以歐西文思入日本文」，這就是明治時代日本新興的歐文直譯體。這種文體講究直譯，而直譯恰恰是歐化的最爲重要的途徑之一，這不僅意味著輸入新詞彙、新語句、新語法，更意味著輸入新思想、新意識。後來的日本評論家用「以歐文脈入漢文調」評定德富蘇峰的文體，中國評論家如謝六逸也認識到，德富蘇峰「使用的文字，獨創一格，能將從漢文得來的豐富的文字，巧妙應用，且以西文體爲骨，成爲一種民友社的新文學」。〔註55〕這種混成的文體，恰恰體現出語言和思想上的大解放，因此頗爲梁啓超所喜愛和重視，並在文章寫作中自覺地加以借鑒和採用，逐步形成了一種影響極大的「新文體」。

這種「新文體」之「新」，不僅在於其通俗淺易，更在於語言的變革，即對俚語、韻語和外國語法的吸收，從而在口語化、歐化方面，實際都走在了其他文學體裁的前面。正如夏曉虹所說的，「德富蘇峰的『歐文直譯體』借助梁啓超的移植、創造，在『新文體』中發揚其精神，並影響於中國的文壇，從而爲古文體的解體和歐化的白話文的建立，爲現代散文的發展，切切實實做了必要的預備工作」。〔註56〕

梁啓超的功績也得到了新文化陣營的認可。中國現代散文中率先出現的雜文，恰恰帶有有感而發、針砭時弊的特點，1918 年 4 月《新青年》4 卷 4 號設立的「隨感錄」專欄就帶有這個特點。魯迅曾感慨「散文小品的成功，幾乎在小說戲曲和詩歌之上」〔註 57〕。這在很大程度上與中國散文在現代轉型過程中受西方影響較小有關，恰恰是中國古典散文給予了現代散文源源不斷的滋養，特別是先秦諸子散文、魏晉文與六朝文、明代小品文等，當然其中也少不了晚清散文的影響。〔註 58〕錢玄同就認爲「梁任公實爲創造新文學之一人」。〔註59〕鄭振鐸則認爲，梁啓超的新文體已經「不再受已僵死的散文

〔註55〕夏曉虹：《覺世與傳世——梁啓超的文學道路》，中華書局 2006 年，第 246 頁。
〔註56〕夏曉虹：《覺世與傳世——梁啓超的文學道路》，中華書局 2006 年，第 259 頁。
〔註57〕魯迅：《小品文的危機》，《魯迅全集》（第四卷），人民文學出版社 2005 年，第 592 頁。
〔註58〕關於這一點，參見錢理群、溫儒敏、吳福輝：《中國現代文學三十年》（修訂本），北京大學出版社 1998 年，第 147 頁。陳平原：《中國現代學術之建立——以章太炎、胡適之爲中心》，第八章《現代中國的「魏晉風度」與「六朝散文》》，北京大學出版社 1998 年。
〔註59〕錢玄同：《反對用典及其他》，《錢玄同文集》（第一卷），中國人民大學出版社 1999 年，第 10 頁。

套式與格調的拘束」，堪稱「五四」「文體改革的先導」。〔註60〕

小說領域，1873 年蟻勺居士已經聲稱「誰謂小說爲小道哉」，1885 年黃遵憲在提出「言文一致」目標的時候，就已經將小說作爲代表性文體；1896 年梁啓超在《變法通議》中論及「書經不如八股，八股不如小說」的閱讀情況。次年，康有爲也因小說影響巨大而提出「僅識字之人，有不讀『經』，無有不讀小說者。故『六經』不能教，當以小說教之；正史不能入，當以小說入之；語錄不能喻，當以小說喻之；律例不能治，當以小說治之」。〔註61〕

1897 年嚴復、夏增祐在《國聞報》發表《本館附印說部緣起》，強調小說表現人類的「公性情」：「一曰英雄，一曰男女」〔註62〕。歷來論者肯定該文，也主要是因爲它高度肯定了小說的價值並感歎「說部之興，其入人之深，行事之遠，幾幾鬮於經史上，而天下之人心風俗，遂不免爲說部之所持」〔註63〕。但是有一點多少被忽視了，那就是嚴復和夏增祐特別提到古書以「紀事之書」易傳，但同爲紀事之書，流傳時也有易與不易之分，他們列舉了五點，前三點和語言文字相關，特別是第二點，其實就是在傳達「言文一致」的觀念：

> 即此語言文字爲本種所通行矣，而今世之俗，出於口之語言，與載之紙之語言，其語言大不同。若其書之所陳，與口說之語言相近者，則其書易傳；若其書與口說之語言相遠者，則其書不傳。故書傳之界之大小，即以其與口說之語言相去之遠近爲比例。此二也。

〔註64〕

1898 年，在《譯印政治小說序》中，小說變革的主將——梁啓超進一步大力提高小說的地位，他繼承了乃師康有爲的觀念，提出：「小說學之在中國，殆可增七而爲八，蔚四部而爲五者矣。」但是梁啓超認爲，古今中外的小說要區別對待：中國的傳統小說佳作不多，「述英雄則規畫《水滸》，道男女則

〔註60〕鄭振鐸：《梁任公先生》，《鄭振鐸全集》（第五卷），花山文藝出版社 1998 年，第 405 頁。

〔註61〕康有爲：《〈日本書目志〉識語》，陳平原、夏曉虹編：《二十世紀中國小說理論資料》（第一卷），北京大學出版社 1989 年，第 13 頁。

〔註62〕幾道（嚴復）、別士（夏增祐）：《本館附印說部緣起》，陳平原、夏曉虹編：《二十世紀中國小說理論資料》（第一卷），北京大學出版社 1989 年，第 2 頁。

〔註63〕幾道（嚴復）、別士（夏增祐）：《本館附印說部緣起》，陳平原、夏曉虹編：《二十世紀中國小說理論資料》（第一卷），北京大學出版社 1989 年，第 12 頁。

〔註64〕（幾道）嚴復、（別士）夏增祐：《本館附印說部緣起》，陳平原、夏曉虹編：《二十世紀中國小說理論資料》（第一卷），北京大學出版社 1989 年，第 10 頁。

步武《紅樓》，綜其大較，不出誨盜誨淫兩端」；西方的情況就不同了，梁啓超滿懷激情地為國人描繪了歐洲各國因偉大小說而發生偉大變革的動人圖景：「在昔歐洲各國變革之始，其魁儒碩學，仁人志士，往往以其身之所經歷，及胸中所懷，政治之議論，一寄之於小說。於是彼中綴學之子，黌塾之暇，手之口之，下而兵丁、而市儈、而農氓、而工匠、而車夫馬卒、而婦女、而童孺，靡不手之口之。往往每一書出而全國之議論爲之一變。彼美、英、德、法、奧、意、日本各國政界之日進，則政治小說爲功最高焉。」〔註65〕這種圖景，當然只是梁啓超一廂情願的美好幻想罷了，而對中國小說的評斷，同樣是主觀、武斷的。梁啓超此論的目的，是通過批判中國的「舊」小說，譯介西方的政治小說，造就中國的「新」小說。

可見，晚清知識分子標舉小說，不僅僅是因其俗，爲民眾所喜愛，還在於他們認爲小說是歐美國家變革成功的助力。爲此，中國需要借鑒西方，通過新小說實現啓蒙國民的目的。

1902 年，在《新小說》創刊號上，梁啓超發表了小說界革命的綱領性文獻——《論小說與群治之關係》，響亮地提出了「小說界革命」的口號：「故今日欲改良群治，必自小說界革命始；欲新民，必自新小說始」。梁啓超提出「欲新一國之民，不可不先新一國之小說」，宣佈「小說爲文學之最上乘」。更爲難得的是，梁啓超論證小說具有「薰」、「浸」、「刺」、「提」四種力，在論「刺」力時他提到了語言文字問題，並以此論證文言不如俗語：「此力之爲用者，文字不如語言。然語言力所被，不能廣不能久也，於是不得不乞靈於文字。在文字中，則文言不如其俗語，莊論不如其寓言。故具此力最大者，非小說末由」。〔註66〕這是梁啓超文中的一個閃光點，但基本上爲研究者所忽視。

除了啓蒙思想家外，嚴復翻譯的西學著作和林紓翻譯的西方小說的影響在晚清和「五四」時代的中國是無人能及的。他們的翻譯，不僅從思想上，也同時從語言上推進了中國文學與思想文化的現代化。康有爲詩句云「譯才並世稱嚴林，百部虞初救世心」〔註67〕，《清史稿》載「世謂紓以中文溝通西

〔註65〕梁啓超：《譯印政治小說序》，郭紹虞主編：《中國歷代文論選》（第四冊），上海古籍出版社 2001 年，第 205～206 頁。

〔註66〕梁啓超：《論小說與群治之關係》，郭紹虞主編：《中國歷代文論選》（第四冊），上海古籍出版社 2001 年，第 207～211 頁。

〔註67〕轉引自楊聯芬：《晚清至五四：中國文學現代性的發生》，北京大學出版社 2003 年，第 95 頁。

文，復以西文溝通中文，並稱林、嚴」〔註 68〕。胡適在《五十年來中國之文學》中也承認「嚴復是介紹西洋近世思想的第一人，林紓是介紹西洋近世文學的第一人」，又說「嚴復用古文譯書，正如前清官僚戴著紅頂子演說，很能抬高譯書的身價」，而林譯小說「遂替古文開闢一個新殖民地」，「古文的應用，自司馬遷以來，從沒有這種大的成績」。〔註 69〕

但是林紓與嚴復還是存在很大不同。林紓「認為翻譯小說和『古文』是截然兩回事，『古文』的清規戒律對譯書沒有任何裁判效力或約束作用」，因而林紓所用的語言並非純雅的古文，而是「他心目中認為較通俗、較隨便、富於彈性的文言」〔註 70〕。不僅如此，林紓還不是以中國小說的標準來衡量西方小說，而是以史傳與西方小說對接，以古文義法與小說技巧相連，無意中倒是真的發現了一個新世界。

晚清知識分子標舉小說，其最初的動因並非文學的需要，而是為了開啟民智、傳播新知，因而小說在他們眼中與一般文章並無二致，有所區別的只是民眾嗜讀小說，在民間，小說比經典有著更大的影響力。既然如此，要想民眾接受新思想，小說就是最好的途徑了。啟蒙思想家們於是紛紛論證小說的重要性，將其抬高到移風易俗、有益於世道人心的高度。而這一功能在過去恰恰是由詩文來完成的。因此，本來很「俗」的小說被提到高於詩文的地位之後，實際就意味著它將成為雅文學的代表，而且是以「俗」求「雅」，弔詭意味十足。

因此，晚清知識分子讚賞小說卻並非讚賞所有的中國古典小說，文言小說首先被排除在外，這倒不是因為文言小說不雅，而恰恰是因文言小說使用文言，顯得太雅，不易為民眾所接受。而且晚清知識分子一旦從思想主題的角度去分析作品，對不少古典白話小說也會加以否定。由此也就不難理解，梁啟超雖然推重白話小說，卻又大力抨擊白話小說不出誨淫誨盜二端，甚至將古典白話小說作為中國腐敗落後的總根源。〔註 71〕可見，在晚清知識分子

〔註 68〕趙爾巽等：《清史稿》（第四十四冊），中華書局 1977 年，第 13449 頁。另見王栻主編：《嚴復集》（第五冊），中華書局 1986 年，第 1545 頁引《清史稿》。

〔註 69〕胡適：《五十年來中國之文學》，歐陽哲生編：《胡適文集》（3），北京大學出版社 1998 年，第 211～215 頁。

〔註 70〕錢鍾書：《林紓的翻譯》，《七綴集》，三聯書店 2001 年，第 108～109 頁。

〔註 71〕梁啟超：《變法通議》，《飲冰室合集》文集之一，中華書局 1989 年，第 54 頁。另見《譯印政治小說序》，郭紹虞主編：《中國歷代文論選》（第四冊），上海古籍出版社 2001 年，第 205～206 頁。

那裡，文學的語言與思想是二元的，相互分離。而古文大家林紓能放下身架來翻譯西洋小說，恐怕也是同樣道理。

　　那麼，晚清知識分子心目中理想的小說到底是怎樣的呢？他們不僅在理論上進行了熱烈的探討，也開展了積極的實踐。在這一方面梁啟超是一位代表人物。1902 年他在《論小說與群治之關係》中公開提出了「小說界革命」的口號，成爲近代小說變革的綱領性文件。梁啟超追求的是新小說，即承載了新思想、新意境但又以俗語出之的新式小說。就新思想、新意境而言，梁啟超所言之新小說是以西方小說（包括日本小說）爲典範；就俗語而言，又體現出舊瓶裝新酒的過渡性。梁啟超還親自動筆翻譯《十五小豪傑》，創作了《新中國未來記》等新小說。在這個過程中，他「原擬依《水滸》、《紅樓》等書體裁，純用俗話，但翻譯之時，甚爲困難。參用文言，勞半功倍」。〔註72〕顯然，以文言來思考，而以白話來啓蒙，二者的分離無疑是晚清新小說家們面臨的一個普遍的困境。這已不僅僅是言文分離這麼簡單，更是語言與思想分離的表現：舊語言是難以表達出新思想的。故梁啟超也感歎「新小說之意境，與舊小說之體裁，往往不能相容」〔註73〕，這與詩界革命的困境是一樣的。

　　晚清「新小說」之所以「新」，有論者指出這主要體現在「文字表現內容的新穎、新奇上──即大量未知或未來生活的描繪與想像」〔註74〕。以此衡量新小說固然不錯，但「新小說」之「新」恐怕還不止這一點，至少可以說，「新小說」之「新」還體現在語言形式造就的新文體上。

　　晚清新小說家創作或翻譯小說，所用語言當然不全是宋元以來的古白話，也融入了大量的方言俗語、文言語彙、外來新名詞與文法等，形成了一種新的文體，迥異於中國古典小說，也不同於原汁原味的日本或西方小說。梁啟超就感慨像《新中國未來記》這樣的作品「似說部非說部，似裨（稗）史非裨（稗）史，似論著非論著，不知成何種文體」，「既欲發表政見，商榷國計，則其體自不能不與尋常說部稍殊。編中往往多載法律、章程、演說、

〔註72〕少年中國之少年（梁啟超）：《〈十五小豪傑〉譯後語》，陳平原、夏曉虹編：《二十世紀中國小說理論資料》（第一卷），北京大學出版社 1989 年，第 47 頁。

〔註73〕《新小說》第一號，陳平原、夏曉虹編：《二十世紀中國小說理論資料》（第一卷），北京大學出版社 1989 年，第 39～40 頁。

〔註74〕楊聯芬：《晚清至五四──中國文學現代性的發生》，北京大學出版社 2003 年，第 55 頁。

論文等，連篇累牘，毫無趣味，知無以饜讀者之望矣」。〔註75〕

語言、思想分離的悖論也延伸到了「五四」時代，著眼於白話時，「五四」知識分子對中國古典小說評價也是極高，但一涉及思想內容他們便採取一種決絕的否定姿態。如胡適對待《儒林外史》的態度就很矛盾，在《建設的文學革命論》中，胡適聲明自己並不是說「用白話做的書都是有價值有生命的」，「白話能產出有價值的文學，也能產出沒有價值的文學；可以產出《儒林外史》，也可以產出《肉蒲團》。但是那已死的文言只能產出沒有價值沒有生命的文學，決不能產出有價值有生命的文學」，這個說法本來是有道理的，而且他將《儒林外史》與《肉蒲團》對比，一褒一貶，態度鮮明。但是他一方面稱讚「《水滸傳》、《西遊記》、《儒林外史》、《紅樓夢》可以稱為『活文學』」，「因為他們都是用一種活文字做的」，一方面又批評《儒林外史》的「壞處在於題材結構太不緊嚴，全篇是雜湊起來的。……分出來，可成無數札記小說；接下去，可長至無窮無極。《官場現形記》便是這樣。如今的章回小說，大都犯這個沒有結構，沒有布局的懶病」。〔註76〕胡適之所以批評《儒林外史》，是因為他以西方的結構、布局這些標準來評判，自然會產生這種自相矛盾的現象。

錢玄同也是如此。他一方面標舉「語錄以白話說理，詞曲以白話為美文，此為文章之進化，實今後言文一致之起點」，另一方面卻又說「若論詞曲小說諸著在文學上之價值，竊謂仍當以胡君『情感』、『思想』兩事為標準。無此兩事之詞曲小說，其無價值亦與『桐城派之文』、『江西派之詩』相等」。以此為標準，戲曲如《西廂記》、《長生殿》、《牡丹亭》、《燕子箋》都「無甚意味」；小說則「非誨淫誨盜之作即神怪不經之談，否則以迂謬之見解，造前代之野史，最下者，所謂『小姐後花園贈衣物』、『落難公子中狀元』之類」，被否定的作品包括《七俠五義》、《西遊記》、《封神榜》、《三國演義》、《說岳全傳》〔註77〕。他後來特別提到，「不以《三國演義》為佳著」〔註78〕，他認為《三國演義》之所以受歡迎，「不在乎文筆之優，實緣社會心理迂謬所致。因為社

〔註75〕飲冰室主人（梁啟超）：《〈新中國未來記〉緒言》，陳平原、夏曉虹編：《二十世紀中國小說理論資料》（第一卷），北京大學出版社1989年，第38頁。

〔註76〕胡適：《建設的文學革命論》，胡適編選：《中國新文學大系‧建設理論集》，上海文藝出版社2003年影印本，第129頁、第135頁。

〔註77〕錢玄同：《反對用典及其他》，《錢玄同文集》（第一卷），中國人民大學出版社1999年，第7～8頁。

〔註78〕錢玄同：《論白話小說》，《錢玄同文集》（第一卷），中國人民大學出版社1999年，第46頁。

會上有這種『忠孝節義』『正統』『閏統』的謬見，所以這種書才能迎合社會，乘機而入」〔註79〕。這裡的批評，顯然有不少是極為片面的。

周作人的態度更為鮮明。在他看來，「中國文學中，人的文學，本來極少，從儒教道教出來的文章，幾乎都不合格」，他舉了十類非人的文學：

（一）色情狂的淫書類

（二）迷信的鬼神書類（《封神傳》、《西遊記》等）

（三）神仙書類（《綠野仙蹤》等）

（四）妖怪書類（《聊齋誌異》、《子不語》等）

（五）奴隸書類（甲種主題是皇帝狀元宰相，乙種主題是神聖的父與夫）

（六）強盜書類（《水滸》、《七俠五義》、《施公案》等）

（七）才子佳人書類（《三笑姻緣》等）

（八）下等諧謔書類（《笑林廣記》等）

（九）黑幕類

（十）以上各種思想和合結晶的舊戲〔註80〕

對於大多數「五四」知識分子而言，採用白話不是最重要的事情，重要的是創作出具有獨特藝術價值的作品，這就不能不接受文人文學的傳統，因此，到「五四」之後，「完成敘事模式轉變後的現代小說，不是比古典小說更大眾化，而是更文人化」〔註81〕。

戲劇領域的變革也隨之興起。1902 年梁啓超在《新民叢報》創刊號發表傳奇《劫灰夢》，拉開了戲劇改良的帷幕。此後他又陸續發表了傳奇《新羅馬》、《俠情記》。1904 年中國第一個戲劇雜誌《二十世紀大舞臺》問世，發起人陳去病、汪笑儂等「以改革惡俗，開通民智，提倡民族主義，喚起國家思想為唯一之目的」〔註82〕，以這一刊物為「優伶社會之機關，而實行改良之政策」，

〔註79〕錢玄同：《論小說及白話韻文》，《錢玄同文集》（第一卷），中國人民大學出版社 1999 年，第 52 頁。

〔註80〕周作人：《人的文學》，胡適編選：《中國新文學大系・建設理論集》，上海文藝出版社 2003 年影印本，第 196～197 頁。

〔註81〕陳平原：《中國小說敘事模式的轉變》，北京大學出版社 2003 年，第 247 頁。

〔註82〕轉引自袁行霈主編：《中國文學史》（第四卷），高等教育出版社 1999 年，第 516 頁。

以「翠羽明璫，喚醒鈞天之夢；清歌妙舞，召還祖國之魂」〔註83〕。晚清的戲劇改良，由此具備了濃烈的啓蒙民眾、排滿革命的色彩。

由於啓蒙宣傳的需要，戲劇創作開始突破曲律的束縛，將案頭劇推向舞臺使之更宜於表演，說白增多，戲劇語言通俗化、口語化。更爲重要的是新的劇種——話劇的誕生。1906年，在東京的中國留學生組織了中國第一個戲劇團體——春柳社，次年演出《茶花女》的第三幕。張庚認爲，「這是眞正由中國人用中國話所演出的第一個話劇」〔註84〕。話劇的產生與繁榮不僅顯示出中國戲劇改良者引進西方劇種以啓蒙民眾的考慮，同時體現出他們對語言問題的關注，因爲話劇是以對話和動作爲主要表現手段，「話」正突出了這一劇種對語言特別是口語的藉重。而這些在中國古典戲曲中恰恰是難以做到的。「五四」知識分子對「舊戲」的批判很能說明問題，在他們看來，中國的「舊戲」無非就是臉譜化、大團圓、帝王將相、才子佳人戲，必須加以掃蕩。但是，戲曲改良對於中國古典戲曲的衝擊，遠遠無法與小說、詩歌、散文領域的革命相比。因爲中國古典戲曲在長期的歷史發展中，已經形成了極爲穩定和成熟的舞臺表演體系，「五四」知識分子認識到，只能是在古典戲曲之外再開闢新的劇種。魯迅曾引青木正兒的文章，分析「五四」時代譯介易卜生的熱潮，「如青木教授在後文所說，因爲要建設西洋式的新劇，要高揚戲劇到眞的文學底地位，要以白話來興散文劇」。〔註85〕這是話劇能夠在中國產生、發展和壯大的重要原因。隨著易卜生的《玩偶之家》等劇作的翻譯引進、胡適創作的《終身大事》的發表，中國話劇開始進入到一個全新的階段。

隨著各文體特別是四大體裁變革的展開及深入，到20世紀最初幾年間，以小說爲中心，包括戲曲、詩、文在內的中國文學新格局得以浮出水面，這也是與現代民族國家的建構和認同是融爲一體的。「中國文學」、「中國文學史」等術語和觀念都是此時得以確立的。

在這方面，梁啓超堪稱關鍵人物。他提出「詩界革命」、「文界革命」、「小說界革命」的三界革命，晚年時對文學的研究更爲深入。梁啓超又是以史學

〔註83〕 柳亞子：《二十世紀大舞臺發刊辭》，郭紹虞主編：《中國歷代文論選》（第四冊），上海古籍出版社2001年，第337～339頁。

〔註84〕 轉引自袁行霈主編：《中國文學史》（第四卷），高等教育出版社1999年，第518～519頁。

〔註85〕 魯迅：《〈奔流〉編校後記（三）》，《魯迅全集》（第七卷），人民文學出版社2005年，第171頁。

名世，他倡導的新史學，開啓了中國史學的現代歷程。從這些開創性貢獻可以看出，梁啓超完全能夠寫出一部有分量的中國文學史，但終其一生也未能完成這一心願。凡此種種，引人深思，需要我們從梁啓超的著述中整理出他心目中的「中國文學」與「中國文學史」，並從中探尋他的貢獻與困惑。

1902 年，梁啓超在《十五小豪傑》第四回譯後語中指出：「語言、文字分離，爲中國文學最不便之一端，而文界革命非易言也。」〔註 86〕「中國文學」這一術語的提出，標誌著梁啓超對於中國文學問題的思考進入了新的階段。

值得注意的是，直至晚清時代，「文學」仍然不是一個不證自明的概念，傳統思想與學術使它的內涵具有多重性與複雜性。而梁啓超對文學問題的思考，最初也不是在純文學的框架內展開的，而是從屬於他對整個中國傳統文化的反思與革新要求。特別是流亡日本以後，他的思想發生了重大變化，以《新民議》、《新民說》爲標誌的民族國家思想的確立，以《新史學》創立的全新的史學觀念與方法論原則，都對傳統的文學觀念產生了巨大衝擊。直接的表現就是梁啓超提出的以三界革命爲旗幟的全新的文學觀念與格局。上述因素表明，「中國文學」這一術語產生之初就包含著多重意蘊，是不同思想、學科交融碰撞的結果。具體論述如下：

首先是「中國」這一術語體現出的民族國家觀念。「中國文學」中的「中國」，在梁啓超那裡有著特別的意義。雖然「中國」這一術語古已有之，但主要的指向是文化與地域方面。到晚清時代，隨著列強入侵、西學東漸，中國的有識之士開始爲「中國」賦予民族國家的內涵，梁啓超即是其中之一。

1902 年，梁啓超經過廣泛吸收日本及西方思想學說，發表了大量論述國民、國家問題的著作，「群治」觀念「對他來說已經明確地指民族國家思想」。〔註 87〕在《新民說》中，梁啓超指出：「由部民而進爲國民，此文野所由分也」，「群族而居，自成風俗者，謂之部民；有國家思想能自布政治者，謂之國民。天下未有無國民而可以成國者也」。所謂「國家思想」，包括四個方面：一是「對於一身而知有國家」；二是「對於朝廷而知有國家」；三是「對於外族而

〔註 86〕 少年中國之少年（梁啓超）：《〈十五小豪傑〉譯後語》，陳平原、夏曉虹編：《二十世紀中國小說理論資料》（第一卷），北京大學出版社 1989 年，第 47〜48 頁。

〔註 87〕 〔美〕張灝：《梁啓超與中國思想的過渡》，崔志海、葛夫平譯，江蘇人民出版社 1995 年，第 110 頁。

知有國家」；四是「對於世界而知有國家」。但讓人痛心的是，中國人恰恰就沒有國家思想，原因有兩點：「一曰知有天下而不知有國家，二曰知有一己而不知有國家」〔註88〕。因此，中國仍處於部民時代，只有新民，使中國人成爲國民，具有國家思想，建設民族國家，中國才能自立於世界。

爲達此目的，梁啓超致力於民眾啓蒙，他提出的三界革命即是其革新思想在文學領域的反映，尤其是 1902 年發表的《論小說與群治之關係》，把作爲小道之小說一舉推到文學之最上乘，正是爲了以小說新民。因此，在談到本國文學時，梁啓超極爲強調其中的民族國家意識。特別是他當時流亡日本，在異國的政治與文化氛圍中，這種民族國家意識就更爲自覺而強烈。《中國唯一之文學報〈新小說〉》提醒撰稿者「本報宗旨，專在借小說家言，以發起國民政治思想，激厲其愛國精神」，故要求每篇作品須「精心結構，務求不損中國文學之名譽」〔註89〕。《新小說》第一號同樣強調「今日提倡小說之目的，務以振國民精神，開國民智識，非前此誨盜誨淫諸作可比」，其廣告詞則是「務求不損祖國文學之名譽」〔註90〕，在日本辦報啓蒙中國的民眾，梁啓超等人採用「祖國文學」這一說法，體現的民族情感與認同意識就更爲強烈了。

因此，梁啓超最初提出「中國文學」之時，是從革新中國思想文化的總體需求出發。在他那裡，「中國文學」不僅是一個學理概念，也帶有自覺的民族國家意識。

其次是新的史學觀與文學史觀的萌發。1902 年，梁啓超在《新史學》中抨擊中國舊史學之「四弊」：「知有朝廷而不知有國家」、「知有個人而不知有群體」、「知有陳跡而不知有今務」、「知有事實而不知有理想」。由此又生「二病」：「能鋪敍而不能別裁」，「能因襲而不能創作」。爲此，梁啓超大聲疾呼「史界革命」。從某種意義上講，梁啓超揭露的是中國傳統學術存在的普遍問題，不僅僅限於史學，且又不僅僅限於學術，更是爲「提倡民族主義，使我四萬萬同胞強立於此優勝劣敗之世界」。〔註91〕

〔註88〕 梁啓超：《新民說》，《飲冰室合集》專集之四，中華書局 1989 年，第 16 頁、第 21 頁。

〔註89〕 新小說報社：《中國唯一之文學報〈新小說〉》，陳平原、夏曉虹編：《二十世紀中國小說理論資料》（第一卷），北京大學出版社 1989 年，第 41 頁。

〔註90〕 《〈新小說〉第一號》，陳平原、夏曉虹編：《二十世紀中國小說理論資料》（第一卷），北京大學出版社 1989 年，第 39 頁、第 40 頁。

〔註91〕 梁啓超：《新史學》，《飲冰室合集》文集之九，中華書局 1989 年，第 3～7 頁。

　　新史學的提出，爲歷史研究提供了基本的原則和方法論。其中對民族國家意識的強調、注重主體精神、全局觀念、學科關聯等等，都具有深刻的科學精神。這對於中國文學史的研究，必將起到重要作用。故而梁啓超在盛讚六位史才（司馬遷、杜佑、鄭樵、司馬光、袁樞和黃宗羲）時，特別提到中國自古只有政治史，黃宗羲創造了「學史之格」，照此推演，則「中國文學史可作也，中國種族史可作也，中國財富史可作也，中國宗教史可作也」〔註92〕。

　　可見，梁啓超具備明確的民族國家思想，樹立新型的中國文學格局，建構新型的史學觀念與方法論，都是在 1902 年完成，此時他的「中國文學史」構想就萌生了，並且自一開始就具有鮮明的特色。

　　梁啓超雖然在 1902 年已經萌生了「中國文學史」的構想，卻沒有立即著手編寫文學史。在此前後，海內外學者的相關著述相繼問世。現代意義上的中國文學史，最早是外國學者寫成的。梁啓超也在繪製著自己心目中的中國文學史圖景。作爲最早接受西方進化論的學者之一，梁啓超早年對進化論深信不疑，1903 年他在《新小說》上發起「小說叢話」，宣佈了他的文學進化論：「文學之進化有一人關鍵，即由古語之文學，變爲俗語之文學是也。各國文學史之開展，靡不循此軌道。中國先秦之文，殆皆用俗語，……故先秦文界之光明，數千年稱最焉。……自宋以後，實爲祖國文學之進化。何以故？俗語文學大發達故。宋後俗語文學有兩大派，其一則儒家、禪家之語錄，其二則小說也。小說者，決非以古語之文體而能工者也。本朝以來，考據學盛，俗語文體，生一頓挫，第一派又中絕矣。」〔註93〕

　　梁啓超的這段話意味深長。首先，他認爲古語文學變爲俗語文學是世界各國文學進化的共同模式，中國文學也必然走這樣一條進化之路；其次，他認爲先秦之文用俗語，達到很高成就，此後則陷入困境，至宋代才實現進化，至清代又遭頓挫。可見他所說的進化，是曲折前進的。由此既不違背他心目中理想的上古之世，又依據進化論對文學史作了解釋，其中包含著明顯的價值評判。如此一來，他所設想的中國文學史，就不是一代有一代之文學，而是在曲折中進化，朝著俗語文學的理想前行。進化的結果是小說以及戲曲佔據文學的中心位置，詩文則逐步邊緣化。一部中國文學史，就是俗語文學取

〔註92〕梁啓超：《新史學》，《飲冰室合集》文集之九，中華書局 1989 年，第 5～6 頁。
〔註93〕飲冰等：《小說叢話》，陳平原、夏曉虹編：《二十世紀中國小說理論資料》（第一卷），北京大學出版社 1989 年，第 65～66 頁。

代古語文學的歷史，圖示爲：先秦（文）→秦漢至唐（六朝文、韓柳古文）
→宋元明（語錄、小說）→清代（小說）。

以上是就中國文學發展的總體態勢而言，對於各類文學體裁的歷史，梁
啓超也作了論述。論及韻文時，梁啓超指出：「凡一切事物，其程度愈低級者
則愈簡單，愈高等者則愈複雜，此公例也。故我之詩界，濫觴於三百篇，限
以四言，其體裁爲最簡單；漸進爲五言，漸進爲七言，稍複雜矣，漸進爲長
短句，愈複雜矣，長短句而有一定之腔一定之譜，若宋人之詞者，則愈複雜
矣；由宋詞而更進爲元曲，其複雜乃達於極點。」〔註 94〕在梁啓超這裡，融
詩、詞、曲爲一體的韻文，其發展的內在依據仍然是進化論，所以他認爲「中
國韻文，其後乎今日者，進化之運，未知何如；其前乎今日者，則吾必以曲
本爲巨擘矣」〔註95〕。

梁啓超在進化論指導下所設想的中國文學史，既體現了民族國家意識，
又努力推進文學以及文學研究的獨立發展，與他的新史學觀念也是一致的。
他尋求文學史的內在規律，以一種現代意識、科學眼光來評判歷史。可以說，
梁啓超的文學史構想在當時已經達到了較高水平。相比之下，許多業已問世
的中國文學史著作，較多地受到傳統思想與學術的束縛。如林傳甲的著作是
仿照日本學者的思路、構架來撰述的，日本人寫的《支那文學史》基本上是
以文言爲主要對象的歷代文學史，對小說基本上持貶斥態度，或是僅有零星、
片斷的論述，與推舉小說爲文學之最上乘的梁啓超的態度截然相反。

但是，這也並非意味著梁啓超的中國文學史構想就完美無缺。以進化論
來衡量文學史本來就存在問題，梁啓超對中國古典詩、詞、文的貶低，對文
言小說的摒棄，都顯露出他的片面化與簡單化傾向。爲啓蒙民眾而過於誇大
小說的功用，從語言入手尋找文學進化的線索，這些也是大可質疑的。一直
到 20 世紀 20 年代，他的中國文學史構想才開始發生很大的變化。

晚清知識分子搭建的中國文學格局，基本上爲「五四」知識分子所繼承，
但他們擺脫了晚清的新舊雜糅痕跡，不是將俗語作爲啓蒙工具，而是借助現
代漢語建設現代文學，使中國文學徹底走上了現代的歷程。

〔註94〕 梁啓超：《小說叢話》，梁啓超著、夏曉虹輯：《〈飲冰室合集〉集外文》（上冊），
北京大學出版社 2005 年，第 150 頁。

〔註95〕 梁啓超：《小說叢話》，梁啓超著、夏曉虹輯：《〈飲冰室合集〉集外文》（上冊），
北京大學出版社 2005 年，第 150 頁。

　　晚清的文體變革最初缺乏一種自覺的文學觀念作爲指導，以俗語、白話入文的「言文一致」運動是爲開啓民智，但這樣的文體變革終於整合出了全新的中國文學格局，現代意義上的中國文學也由此生發。「五四」知識分子在某種程度上順應了這一潮流，只是其思路與晚清知識分子恰好相反，是在自覺的文學觀念指引下，按照小說、戲曲、詩、文這樣的文學格局而將白話引入文體變革，將白話文學的確立作爲其目標。這方面的研究成果已有很多，茲不贅述。

第二節　重寫文學史的話語權力意識

　　在中國，現代意義上的「文學」觀念的確立離不開日本與西方的影響。中國文學史這一領域的情況同樣如此。中國古代不乏文章流別與文體源流的梳理，如劉勰的《文心雕龍》有文體論 20 篇，不僅系統而完整地分析了各類文體的特徵，且溯其源頭，考其流變，堪稱完備；《時序》篇則從總體上闡述了文章與時代之間的關聯。鍾嶸《詩品》則是專從詩這一文體入手加以考察。但是從國外傳入的「文學史」則與之不同，正如陳平原所論，京師大學堂的「中國文學門」「此前之『考究歷代文章源流』，乃『練習各體文字的輔助』；而今則以『文學史』取代『源流』，以『文學研究法』包容『文體』。這就使得史家觀察的角度，由『文體』轉爲『時代』。講『文體』，注重的是體制的統一與時間的連續；講『時代』，關注的則是空間的展開與風格的多樣」〔註96〕。近現代以來日本與西方的「文學史」書寫，顯然更強調對民族國家文學的時代考察。早期的中國文學史，恰恰是由日本與西方學者寫就。

　　據學者考證，早在 1880 年就有俄國人瓦西里耶夫的《中國文學簡史綱要》問世，1897 年日本的古城貞吉出版了《支那文學史》，同年英國人翟理斯（Giles）《中國文學史》在英國出版。1898 年日本的笹川種郎完成了《支那歷朝文學史》，1902 年德國人葛魯貝（Grube）的《中國文學史》在萊比錫出版。〔註97〕

〔註96〕陳平原：《中國現代學術之建立》，北京大學出版社 1998 年，第 387 頁。

〔註97〕最早的中國文學史著作到底是哪一部，學界目前尚無定論。參見郭豫適：《〈中國小說史略〉導讀》，魯迅撰、郭豫適導讀：《中國小說史略》，上海古籍出版社 1998 年，第 3 頁；〔日〕齋藤希史：《近代文學觀念形成期的梁啓超》，〔日〕狹間直樹編：《梁啓超·明治日本·西方——日本京都大學人文科學研究所共同研究報告》，社會科學文獻出版社 2001 年，第 307 頁；郭延禮：《19 世紀末 20 世紀初東西洋〈中國文學史〉的撰寫》，《中華讀書報》2001 年 9 月 19 日等。

　　在此背景下，中國學界也開始了對中國文學史問題的思考，在學科體制的設計上體現得尤為明顯，這與京師大學堂有密切的關聯。晚清的學制改革，將「中國文學」列入各級課程，但是其內容依然駁雜。《奏定高等小學堂章程》規定「中國文學」「其要義在使通四民常用之文理，解四民常用之詞句，以備應世達意之用」。具體說來，教學內容包括「讀古文」、「作短篇記事文」、「以俗話翻文話」、習字、「習官話」；《奏定中學堂章程》中「中國文學」的教學內容一是作文，二是「講中國古今文章流別、文風盛衰之要略，及文章於政事身世關係處」，前四年是「讀文」、「作文」、「習字」，第五年是「讀文」、「作文」，「兼講中國歷代文章名家大略」。這一學制雖然有著濃厚的傳統教育的氣息，但是在教學內容、教學方法、課程安排上卻不乏創新之舉。此外，「中小學堂讀古詩法」把詩歌引入課堂，更是為文學教育奠定了基礎。〔註98〕1902年的《欽定京師大學堂章程》，稱為「壬寅學制」，仿照日本學制，列「文學」為七科之一，「文學科」課程為：

　　　　一曰經學，二曰史學，三曰理學，四曰諸子學，五曰掌故學，

　　六曰詞章學，七曰外國語言文字學。〔註99〕

從以上科目來看，「文學科」成為「整個課程的『致用』結構中『中學』所能退守的最後堡壘」。〔註100〕「詞章學」無疑是「中國語言文學」課程的前身。張之洞主持的《奏定大學堂章程》（1904年）在《欽定京師大學堂章程》的基礎上，增加了「經學」一科，其中有「文學科大學」。《奏定章程》在高等小學堂、中學堂、高等學堂中設「中國文學」一科，大學堂中「文學科大學」分九門，「中國文學門」為其中之一。「中國文學門」中的課程包括「文學研究法」、「歷代文章流別」、「周秦至今文章名家」等，已經有著「中國文學史」課程的意味了。有學者對此進行了深入的研究，認為「中國文學門」的課程包含了「文學本體」、「文學史」、「文學批評」的研究架構。〔註101〕

　　也是在1904年左右，林傳甲和黃人也開始了《中國文學史》的寫作，他們的寫作，也是為了大學授課的需要：林著是京師大學堂的授課講義，黃著

〔註98〕 參見課程教材研究所編：《20世紀中國中小學課程標準·教學大綱彙編：語文卷》，人民教育出版社2001年，第9～10頁、第268～269頁。

〔註99〕 璩鑫圭、唐良炎：《中國近代教育史資料彙編·學制演變》，上海教育出版社1991年，第237頁。

〔註100〕 陳國球：《文學史書寫形態與文化政治》，北京大學出版社2004年，第17頁。

〔註101〕 陳國球：《文學史書寫形態與文化政治》，北京大學出版社2004年，第25頁。

是東吳大學的授課講義。這是中國學者所撰寫的最早的具有現代學術意義的中國文學史著作，已為中國學界所公認。〔註102〕

當中國學者開始獨立思考並撰著中國文學史之時，他們已有的「文學」觀念必然相應地起作用，甚至可以說在晚清與「五四」知識分子那裡，現代「文學」觀念的確立與中國文學史的書寫本就是一體兩面，因為當他們認定了文學的本質之時，也就依此來梳理出一條他們自己心目中的「中國文學史」線索。但是對於晚清與「五四」知識分子而言，他們的文學史書寫是現代的，因為他們是以進化論為依據，從情感、語言等方面設定文學的範圍，並將「中國文學」作為世界民族國家文學之一種，認為世界各國的文學史是遵循相似的軌道向著同一目標進化的歷史，中國文學史自然也是如此。就語言方面而言，他們強調「言文一致」是世界各國文學趨向的總體目標，因而從古語文學到俗語文學，就是中外文學進化的共同歷程。

當晚清與「五四」知識分子以「言文一致」為目標，大力提倡白話文學並由此梳理白話文學的歷史並以白話文學史為中國文學的歷史時，他們實際已經體現出一種強烈的權力意識，即將他們自己推崇的文學理念、白話文學的權威樹立為「現代」的典範並從文學史中尋找例證。不僅如此，「五四」知識分子還將他們自己創作的文學作品劃入到這一歷史進程中並賦予其「現代」和「典範」意義，自己將自己置於「經典」的地位，十卷本的《中國新文學大系》就是最主要的證明。因此，這樣的「中國文學史」，顯然是被建構和被敘述出來的文學史，其中對文學標準、理想的描述，對文學現象的分析、評價，都打上了敘述者自身的鮮明印記，連反對者的言論都是被他們敘述出來的，體現了強烈的話語權力意識。對此可以從以下幾個方面論證：

首先是「言文一致」與中國古典文學史的建構。當晚清知識分子以進化論為依據，以「言文一致」為文學進化的目標時，由白話承載的俗語文學便成為其關注的中心。照此思路，他們對於中國文學的發展演變就能提出新的

〔註102〕有些學者也提供了一些新材料，提出了新看法。如周興陸認為，國人自著的中國文學史著作，以竇警凡的《歷朝文學史》為最早。該書完成於1897年，1906年出版鉛印本。見周興陸：《竇警凡〈歷朝文學史〉——國人自著的第一部中國文學史》，《古典文學知識》，2003年第6期。陳平原也提出，吳梅在北京大學授課時的《中國文學史》講義，也是早期中國文學史著作之一種。見陳平原：《不該被遺忘的「文學史」——關於法蘭西學院漢學研究所藏吳梅〈中國文學史〉》，《北京大學學報》2005年第1期。

見解，而這一見解又與他們開啓民智的啓蒙立場是一致的。

因此，晚清的「言文一致」運動雖然深受日本影響，卻又與日本不同。「日本的國民文學論，總算蘊含著『什麼是日本文學』這一尋根問題，是在日本文學史的成立這一基礎上得以形成的。在近代日本，以『小說』爲中心重建文學，排除漢文、以假名爲中心構築文學史，這兩件事是互相連動的。對於『國民文學』來說，『文學史』是必要的論據」〔註103〕。但是對於中國而言，「言文一致」的變革要求既沒能廢除漢字，也沒有廢除漢語，更加「不存在用『民族語言』（『民間語言』）取代帝國語言的問題，白話文運動並不是在本土語言／帝國語言的對峙關係中提出問題，而是在貧民／貴族、俗／雅的對峙關係中建立自己的價值取向」〔註104〕。日本、韓國本處於漢字文化圈之內，所以它們需要通過樹立本土語言文字（民族語言文字）的地位來擺脫漢字的影響。而這一點也與文藝復興時期歐洲各民族國家用本國語言文字來對抗拉丁文有著一定的相似性。因此，日本與西方的「中國文學史」書寫更多地是展現古典中國的文學，這與晚清知識分子強調啓蒙、破舊立新，以全新尺度書寫中國文學史的設想並不一致。關於這一點，日本學者齋藤希史有過詳細的闡述：

> 日本的「支那文學史」並沒有立即被梁啓超取爲借鑒，這一點在此應給予確認。日本人寫的《支那文學史》基本上是以文言爲主要對象的歷代文學史，與成爲梁啓超《新小說》支柱的「中國文學史」不同。古城的文學史〈序論〉中寫到「支那國民」「其作爲一國之民雖頗欠統一，但個人逐利計富卻活潑慧敏」，「這種先天的營利的國民性是淵源於以被後世視爲天國的堯舜時代的人民的」，從這種對國民性的規定開始寫成的「文學史」，明顯與揚言「吾中國此前尚未出現於世界，今乃始萌芽耳」的梁啓超的立場不同。《支那文學史》歸根結底是要通過舊「支那」來瞭解中國，而梁啓超的新「中國」的「文學史」是必須重寫的。〔註105〕

〔註103〕〔日〕齋藤希史：《近代文學觀念形成期的梁啓超》，〔日〕狹間直樹編：《梁啓超・明治日本・西方——日本京都大學人文科學研究所共同研究報告》，社會科學文獻出版社2001年，第303頁。

〔註104〕汪暉：《現代中國思想的興起》（下卷第二部），三聯書店 2004 年，第 1511頁。

〔註105〕〔日〕齋藤希史：《近代文學觀念形成期的梁啓超》，〔日〕狹間直樹編：《梁啓超・明治日本・西方——日本京都大學人文科學研究所共同研究報告》，社會科學文獻出版社2001年，第307頁。

從語言入手建構中國文學史，在晚清時代當屬梁啓超影響最大。他強調「文學之進化有一大關鍵，即由古語之文學，變爲俗語之文學是也。各國文學史之開展，靡不循此軌道。」〔註106〕梁啓超此論是以進化論爲依據，批駁了文學後不如前的說法，這對於傳統的是古非今觀念是一個有力的反撥，肯定了文學的傳承創新，有利於當下文學的發展。在這一點上王國維的思考倒是更爲細密深入。他並不贊同文學後不如前的觀念，但又認爲文體代遷，確實是後不如前：

> 四言敝而有《楚辭》，《楚辭》敝而有五言，五言敝而有七言，古詩敝而有律絕，律絕敝而有詞。蓋文體通行既久，染指遂多，自成習套。豪傑之士，亦難於其中自出新意，故遁而作他體，以自解脫。一切文體所以始盛終衰者，皆由於此。故謂文學後不如前，余未敢信。但就一體論，則此說固無以易也。〔註107〕

其次，既然從古語到俗語是文學進化的必然趨勢，那麼小說、戲曲這些俗語文體的地位就需要大力提升，梁啓超甚至將它們推到文壇的中心地位，這對於傳統的視小說戲曲爲小道的觀念是個巨大的衝擊，奠定了中國文學的新格局。對這種開一代新風的決心與勇氣，作出何等高度的評價都不爲過。事實上，現代的中國文學史著作或教材，都是將小說戲曲納入到純文學的框架中加以描述的，更不用說王國維與吳梅的戲曲史研究、魯迅的小說史撰述、劉師培的中古文學史研究，都是在全新的文學史觀中展開的。需要強調的是，斷代文學史的研究以劉師培的成就最高。劉師培從他的「文」論出發，區分文筆，強調「文」的美飾之義，並從漢語漢字的特點突出漢語文學的聲韻比偶之美，以六朝文學爲中國文學發展的頂峰。他同樣突破了傳統的貶斥六朝的觀念，從語言的角度肯定了六朝文學的成就。不僅如此，劉師培還從進化論出發，認爲文學演進必經俗語入文之一環節。這與梁啓超的觀念不謀而合：「英儒斯賓塞耳有言：世界愈進化，則文字愈退化。夫所謂退化者，乃由文趨質，由深趨淺耳」，就中國文學而言，文辭之變化「皆語言文字合一之漸也。故小說之體，即由是而興，……故就文字之進化之公理言之，則中國自近代

〔註106〕飲冰等：《小說叢話》，陳平原、夏曉虹編：《二十世紀中國小說理論資料》（第一卷），北京大學出版社 1989 年，第 65 頁。

〔註107〕王國維：《人間詞話》，姚淦銘、王燕編：《王國維文集》（第一卷），中國文史出版社 1997 年，第 154 頁。

以來，必經俗語入文之一級」。〔註108〕

再次，在梁啓超看來，從古語到俗語的進化是世界各民族國家文學共同遵循的規律，這就決定了中國文學的進化必然如此。而且歐美與日本已率先完成這一進化歷程，成爲現代民族國家的典範，中國就應效法日本與歐美，學習和借鑒國外小說特別是政治小說，以此作爲中國文學變革的方向。

「五四」時代的知識分子對梁啓超的這一思路有所繼承，其中最爲突出的就是胡適。胡適表示自己在留學美國期間，思想上發生了重大的轉變，將幾千年來的中國文學史看作是一部文學工具代嬗的歷史，即文言逐漸消亡、白話佔據正宗地位的歷史。由此胡適作出了著名的宣判：文言文學是死文學，而白話文學符合進化原則，是活文學且是唯一合理的文學。胡適始終將白話文的確立作爲自己最大的功績，在這一點上終生不曾動搖過。雖然他的《文學改良芻議》已經盡力掩蓋「革命」的鋒芒，但從進化論出發將「言文一致」的白話文學作爲文學正宗的原則卻十分堅定：元代「中國之文學最近言文合一。白話幾成文學語言矣」，只是在明清遭受了挫折。如今則又是確立白話文學的千載良機，胡適以「但丁、路德之偉業」相比附〔註109〕。胡適此文雖未正式提出「文藝復興」，但受其影響則是毫無疑問。果然，1917 年 6 月 19 日，他在歸國途中讀薛謝兒女士（Edith Sichel）的《再生時代》（Renaissance），立即有所感觸，只是他此時還覺得「文藝復興」這一術語還不足以傳遞出其中的精神與理想，故而他對此書的舊譯名「文藝復興時代」不滿意，「不如直譯原意也」〔註110〕（即譯爲「再生時代」更好）。胡適又指出，「書中述歐洲各國國語之興起」，各國國語「其作始皆極微細，而其結果皆廣大無量。今之提倡白話文學者，觀於此，可以興矣。」〔註111〕

1933 年，胡適在芝加哥大學作「中國文化的趨勢」演講，後由芝加哥大學出版社以《中國的文藝復興》（The Chinese Renaissance：The Haskell Lectures for the Summer of 1933）爲題出版。多年以後，胡適在回憶當年的往事時，仍強調那是一個「從文學革命到文藝復興」的歷程，而稱「五四運動」爲「一

〔註108〕劉師培：《論文雜記》，《劉師培辛亥前文選》，三聯書店 1998 年，第 319 頁。

〔註109〕胡適：《文學改良芻議》，胡適編選：《中國新文學大系·建設理論集》，上海文藝出版社 2003 年影印本，第 42 頁。

〔註110〕胡適：《胡適留學日記》（下），安徽教育出版社 2006 年，第 367 頁。

〔註111〕胡適：《胡適留學日記》（下），安徽教育出版社 2006 年，第 367 頁、第 373 頁。

場不幸的政治干擾」。〔註112〕他對自己一手促成的「中國的文藝復興」念念不忘，以此自豪，甚至進一步把中國文藝復興追溯到 11 世紀，理由是宋人就已經在反抗「中古的宗教」，獲得格物致知的「新的科學方法」〔註113〕。

　　陳獨秀的《文學革命論》雖是爲聲援胡適而發，其立意與重心卻與胡適有所不同。作爲一個老革命黨，陳獨秀嚮往的是歐洲大革命而非文藝復興，他認爲中國思想文化上的革命當以倫理道德革命爲核心，以「倫理的覺悟」爲「吾人最後覺悟之最後覺悟」〔註114〕。因而他的文學革命論的落腳點就在內容、主題和思想方面而非語言與結構，陳獨秀的三大革命論正是從內容著眼而提出的主張，他認爲所謂的「貴族文學、古典文學、山林文學」，都缺乏對宇宙、人生、社會的思考。

　　當然，「國民文學、寫實文學、社會文學」三大主義也涉及到語言通俗平易的問題，故陳獨秀也對漢賦、駢文、律詩大力抨擊，將明代的前七子、後七子及歸有光、方苞、劉大櫆、姚鼐打爲「十八妖魔」。他同樣視上古爲理想之世，認爲《詩經》、楚辭皆「斐然可觀」，一個重要原因就是它們採用「里巷猥辭」、「土語方物」，是俗語文學。漢代變爲雕琢陳腐，幾經變遷，宋元爲國民通俗文學時代，韓、柳則爲開風氣的關鍵人物。但陳獨秀也批評韓愈的「師古」、「載道」。在這個意義上，他肯定「元明劇本，明清小說，乃近代文學之粲然可觀者」，他所稱許的國外作家則爲雨果、左拉、歌德、霍普特曼、狄更斯、王爾德，顯然與胡適對宋元文學、對但丁、路德之偉業的認可存在著一定的差異。〔註115〕

　　據錢玄同所言，陳獨秀曾擬就大學文科中國文學門課程表，「以魏晉至唐宋爲第二期，元明清爲第三期」。錢玄同不同意此種分期，他認爲「宋世文學，實爲啓後，非是承前。詞開曲先，固不待言，即歐、蘇之文，實啓歸、方，其與昌黎、柳州，諒爲貌同而心異。又如說理之文，以語錄爲大宗，以白話說理，尤前此所無。小說是近世文學中之傑構，亦自宋始」。他建議修改課程

〔註112〕胡適：《胡適口述自傳》，唐德剛譯注，歐陽哲生編：《胡適文集》（1），北京大學出版社 1998 年，第 330 頁，第 352 頁。

〔註113〕胡適：《胡適口述自傳》，唐德剛譯注，歐陽哲生編：《胡適文集》（1），北京大學出版社 1998 年，第 431～432 頁。

〔註114〕陳獨秀：《吾人最後之覺悟》，《陳獨秀著作選》（第一卷），上海人民出版社 1984 年，第 179 頁。

〔註115〕陳獨秀：《文學革命論》，胡適編選：《中國新文學大系·建設理論集》，上海文藝出版社 2003 年影印本，第 44～47 頁。

表，以魏至唐爲一期，自宋至清爲一期。〔註116〕陳獨秀則表示已有更改，與
錢玄同的意見大致相合。〔註117〕不僅如此，錢玄同還高度評價梁啓超的貢獻：
「梁任公實爲創造新文學之一人」〔註118〕，這也是從白話文學的角度著眼的，
且將晚清與「五四」連接了起來。

　　還需指出的是，胡適的《文學改良芻議》剛發表，錢玄同就寫信給陳獨
秀，認爲該文「斥駢文不通之句，及主張白話體文學說最精闢」〔註119〕。以
白話文學爲正宗，錢玄同與胡適可謂不謀而合，而錢玄同更進一步將之提升
爲「八事」中最重要的一項，統率其它各項。胡適對不用典一事還有所保留，
錢玄同則掃蕩一切典故：「凡用典者，無論工拙，皆爲行文之疵病」，且「爲
驅除用典計，亦以用白話爲宜」。〔註120〕後來，胡適對錢玄同的意見也表示了
認同：「凡向來舊文學的一切弊病——如駢偶，如用典，如爛調套語，如摹倣
古人，——都可以用一個新工具掃的乾乾淨淨。……例如我們那時談到『不
用典』一項，我自己費了大勁，說來說去總說不圓滿；後來玄同指出用白話
就可以『驅除用典』了，正是一針見血的話。」〔註121〕直至1952年，胡適還
特意提到「八項中最重要的是『用白話』，有了這一項，另一項的『不用典』，
便不成問題，能用道地的，地道的白話，便用不著用『典』」〔註122〕。

　　對「五四」知識分子而言，樹立白話文學的正宗地位還只是第一步的工
作，還需要從文學史上追溯其源流，爲白話文學提供歷史的依據。對於有考
據癖的胡適而言，這一任務尤其重要。但是，對於中國現代知識分子而言，
中國文學史的寫作從一開始就不是一項單純的學術工作，而是與中國思想文

〔註116〕錢玄同：《贊文藝改良附論中國文學之分期》，《錢玄同文集》第一卷，中國人
　　　　民大學出版社1999年，第1～2頁。

〔註117〕陳獨秀回信，附於《錢玄同文集》第一卷，中國人民大學出版社1999年，第
　　　　2頁。

〔註118〕錢玄同：《反對用典及其他》，《錢玄同文集》第一卷，中國人民大學出版社
　　　　1999年，第10頁。

〔註119〕錢玄同：《贊文藝改良附論中國文學之分期》，《錢玄同文集》第一卷，中國人
　　　　民大學出版社1999年，第1頁。

〔註120〕錢玄同：《反對用典及其他》，《錢玄同文集》第一卷，中國人民大學出版社
　　　　1999年，第4～5頁。

〔註121〕胡適：《中國新文學大系·建設理論集導言》，胡適編選：《中國新文學大系·
　　　　建設理論集》，上海文藝出版社2003年影印本，第19頁。

〔註122〕胡適：《什麼是『國語的文學』、『文學的國語』》，歐陽哲生編：《胡適文集》
　　　　（12），北京大學出版社1998年，第53頁。

化的現代轉型以及民族國家的認同緊密聯繫在一起的大工程，也與新知識的生產、傳播密切結合。林傳甲和黃人所著《中國文學史》已經顯示出這一問題。林氏著作是他任京師大學堂教員時的講義，黃氏的同名著作則是黃人執教於蘇州大學時所作。因此，中國文學史著作的出現，首先是與「文學」在現代學術分科體系中佔據獨立的地位聯繫在一起的。而編撰者對「文學」、「中國文學」的認識，則直接關係到中國文學史著作的整體風貌與指向。但究竟何種著作能夠脫穎而出、流傳久遠，卻與時代心理和思潮有著莫大的關聯。

　　由此來看，雖然林傳甲與黃人的《中國文學史》都遠遠早於胡適的文學史著作，卻都沒能成為這一領域的典範之作。林傳甲的《中國文學史》廣為人知，與京師大學堂之聲譽有很大關聯，加上作者又明確表示「仿笹川種郎之意而成焉」，似乎也格外具有新潮的意味。但是林著長期以來卻又恰恰是以反面教材的身份而屢屢被提及，其中尤以鄭振鐸的批評最為尖銳。1934 年發表的《我的一個要求》中列出了九本中國文學史著作，即謝無量《中國大文學史》、曾毅《中國文學史》、朱希祖《中國文學史要略》、王燦譯古城貞吉《中國五千年文學史》、林傳甲《中國文學史》、王夢曾《中國文學史》、張之純《中國文學史》、葛祖蘭《中國文學史》、劉師培《中國中古文學史》。鄭振鐸又舉了翟理斯《中國文學史》作為國外的例子，認為「此書誤解之處極多」，「極可笑」；至於那九本著作，他都加以否定，感歎竟然沒有一部完備的中國文學史：他批評王夢曾、張之純、葛祖蘭的書「淺陋得很」，只是中學師範用書，王燦只是「翻譯日本人的」，朱希祖的「太簡略」，謝無量和曾毅尚可，但「二書俱不完備」，劉師培的只是斷代文學史，「且也沒有新的見解」。他對林傳甲的批評最為尖銳：

　　　　林傳甲著的，名目雖是「中國文學史」，內容卻不知道是些什麼東西！有人說，他都是鈔《四庫提要》上的話，其實，他是最奇怪——連文學史是什麼體裁，他也不曾懂得呢！[註123]

黃人的著作則因未曾公開出版、流傳範圍極其有限，自然難以引起廣泛反響。因此，「五四」知識分子就從批判「舊」的文學史觀與文學史著作中開創了文學史研究的新範式，這一開創之功則被歸於胡適的《國語文學史》（後增訂為《白話文學史》，1927 年完成，1928 年由新月書店出版）。儘管這部

[註123] 鄭振鐸：《我的一個要求》，《鄭振鐸全集》（第六卷），花山文藝出版社 1998年，第 56～57 頁。

著作還有諸多不足，即使是《白話文學史》，也只有上部，但卻因其典範意義而被後來學者紛紛倣仿，其影響力也就遠大於林傳甲與黃人的著作，開創了文學史著述的新範式。而且胡適的文學史著述，借用西方的科學方法，爲自己的文學研究披上了「科學」的外衣，這是胡適範式更深層的意義所在，如鄭振鐸所言，文學研究是「文學之科學的研究」。〔註124〕

　　胡適正式開始中國文學史的撰述，當以《國語文學史》的寫作爲標誌。但是胡適對於中國文學史的理解卻早已開始。在《逼上梁山》中，胡適提到，他在 1916 年二三月間，思想上起了一個根本的新覺悟，即認識到「一部中國文學史只是一部文字形式（工具）新陳代謝的歷史，只是『活文學』隨時起來替代了『死文學』的歷史」，「歷史的『文學革命』全是文學工具的革命。……歐洲各國的文學革命只是文學工具的革命。中國文學史上幾番革命也都是文學工具的革命」〔註125〕。到 4 月 5 日，胡適梳理出了韻文、散文兩個領域的革命史，首先是韻文：

　　　　即以韻文而論：三百篇變而爲騷，一大革命也。又變爲五言七言之詩，二大革命也。賦之變爲無韻之駢文，三大革命也。古詩之變爲律詩，四大革命也。詩之變爲詞，五大革命也。詞之變爲曲，爲劇本，六大革命也。〔註126〕

其次是散文：

　　　　文亦幾遭革命矣。孔子至於秦漢，中國文體始臻完備。……六朝文體亦有絕妙之作。然其時駢儷之體大盛，文以工巧雕琢見長，文法遂衰。韓退之之「文起八代之衰」，其功在於恢復散文，講求文法，此亦一革命也。唐代文學革命家，不僅韓氏一人：初唐之小說家皆革命功臣也。「古文」一派，至今爲散文正宗，然宋人談哲理者，似悟古文之不適於用，於是語錄體興焉。語錄體者，以俚語說理記事。……此亦一大革命也。……至元人之小說，此體臻極盛。……總之，文學革命至元代而登峰造極。其時詞也，曲也，劇本也，小

〔註124〕鄭振鐸：《研究中國文學的新途徑》，《鄭振鐸全集》（第五卷），花山文藝出版社 1998 年，第 285 頁。

〔註125〕胡適：《逼上梁山》，胡適編選：《中國新文學大系‧建設理論集》，上海文藝出版社 2003 年影印本，第 9～10 頁。

〔註126〕胡適：《逼上梁山》，胡適編選：《中國新文學大系‧建設理論集》，上海文藝出版社 2003 年影印本，第 10 頁。

説也，皆第一流之文學，而皆以俚語爲之。其時吾國眞可謂有一種「活文學」出世。倘此革命潮流不遭明代八股之劫，不受諸文人復古之劫，則吾國之文學必已爲俚語的文學，而吾國之語言早成爲言文一致之語言，可無疑也。〔註127〕

之所以大段引錄，是因爲這兩段文字，體現出胡適對於中國文學史的理解，正如他自己所言，「我已從中國文學演變的歷史上尋得了中國文學問題的解決方案」。〔註128〕當然，胡適的梳理，還是非常粗糙的，各種文體混雜在一起，邏輯也較爲混亂。關鍵是胡適此舉，固然是爲他的文學革命尋找歷史的依據，但也可以看作是他對中國文學史的理解，而且他是將這種理解貫穿於中國文學史的寫作中。正如朱自清所評論的，「早期的中國文學史大概不免直接間接的以日本人的著述爲樣本，後來是自行編纂了，可是還不免早期的影響。……這二十多年來，從胡適之先生的著作開始，我們有了幾部有獨見的《中國文學史》」。〔註129〕

與梁啓超一樣，胡適也抱有文學進化史觀。他稱爲「歷史進化的文學觀」，就是在《文學改良芻議》中提出的，「文學者，隨時代而變遷者也。一時代有一時代之文學，……各因時勢風會而變，各有其特長……今日之中國，當造今日之文學」，後來在《歷史的文學觀念論》中又得到申說。胡適承認自己是受到達爾文和公安三袁、袁枚等人的影響。但是，胡適的重點顯然不在每一時代之文學「各因時勢風會而變，各有其特長」，而是在「今日之中國，當造今日之文學」。他只是看到了進化論與中國古代文學變遷論表面上的相似，而眞正影響他的，是達爾文的進化論。這是文學觀念上前所未有的大變革，故而胡適稱之爲「哥白尼革命」，因爲「這是推翻向來的正統，重新建立中國文學史上的正統」即白話文學的正宗地位。〔註130〕他的這些觀念都直接影響到日後《國語文學史》的寫作。

《國語文學史》的出現，也是源於教學的需要。胡適在教育部主辦的

〔註127〕胡適：《逼上梁山》，胡適編選：《中國新文學大系・建設理論集》，上海文藝出版社 2003 年影印本，第 11 頁。

〔註128〕胡適：《逼上梁山》，胡適編選：《中國新文學大系・建設理論集》，上海文藝出版社 2003 年影印本，第 11 頁。

〔註129〕朱自清爲林庚《中國文學史》所作序言，林庚：《中國文學史》，清華大學出版社 2009 年，第 1 頁。

〔註130〕胡適：《中國新文學大系・建設理論集導言》，胡適編選：《中國新文學大系・建設理論集》，上海文藝出版社 2003 年影印本，第 19～22 頁。

第 3 屆國語講習所主講「國語文學史」，於是動手編寫講義。寫作時間爲 1921 年 11 月至次年 1 月間，講義共分 15 講約 8 萬字，剛開始還只是一個石印本。1922 年 3 月，在天津的直隸國語講習所，胡適主講同一課程，對之前的講義進行了刪改。同年暑期，他到南開學校講學，於是把此前的刪改本印成了油印本。12 月，胡適在第 4 屆國語講習所講課，以前一油印本爲底本略作修改，另行印成改訂的油印本。1927 年，北京文化學社正式出版了《國語文學史》。〔註 131〕胡適曾表示這是一部「見解不成熟、材料不完備、匆匆趕成的草稿」〔註 132〕。

由以上歷程可以見出，胡適編寫《國語文學史》，既是在強化文學革命的主張，又是爲傳播、推廣白話文學主張而採取的重要策略。不僅如此，如果再往前追溯到 1918 年，胡適發表《建設的文學革命論》，提出「國語的文學，文學的國語」十字綱領，指出了白話文學的發展方向，也成爲國語運動與文學革命聯合的標誌，因而《國語文學史》無疑也呼應了「國語文學」的主張。

胡適從理論上倡導白話文學，追求「言文一致」的目標，自然能夠獲得新文化陣營的認同。然而落實到文學史的層面，分析具體的文學現象時，理論與實際之間的裂痕就立刻出現了。胡適爲了證明白話文學古已有之且是「中國文學史的中心部分」〔註 133〕，就將「白話」的範圍放得極寬：

> 我把「白話文學」的範圍放的很大，故包括舊文學中那些明白
> 清楚近於說話的作品。〔註 134〕

按照這種標準來衡量文學作品，胡適筆下文言／白話的界限就極其含混模糊，不僅包括打油詩，也包括不少舊體詩在內。鄭振鐸後來指出「胡適的《白話文學史》，乃捨文學的本質上的發展，而追逐於文學所使用的語言的那個狹窄異常的一方面的發展之後，以爲中國文學的發展，只是『白話文學』的發

〔註 131〕《國語文學史‧出版說明》，胡適：《國語文學史》，安徽教育出版社 1999 年，第 1 頁。另見《國語文學史》第 1 頁頁下注，姜義華主編：《胡適學術文集‧中國文學史》（上冊），中華書局 1998 年，第 1 頁。

〔註 132〕胡適：《白話文學史‧自序》，姜義華主編：《胡適學術文集‧中國文學史》（上冊），中華書局 1998 年，第 139 頁。

〔註 133〕胡適：《白話文學史‧引子》，姜義華主編：《胡適學術文集‧中國文學史》（上冊），中華書局 1998 年，第 145 頁。

〔註 134〕胡適：《白話文學史‧自序》，姜義華主編：《胡適學術文集‧中國文學史》（上冊），中華書局 1998 年，第 142 頁。

展。執持著這樣的『魔障』，難怪他不得不捨棄了許多不是用白話寫的偉大的作品，而只是在『發掘』著許多不太重要的古典著作」〔註135〕。這一意見也的確指出了胡適的不足。

　　胡適不僅是在「白話文學」的解釋上不能令人滿意，他對古代文學「言文一致」問題的態度也引起了極大的爭議，這直接關係到「中國文學史」從哪裏開頭的問題，這從黎錦熙爲胡適《國語文學史》所寫的序言即可看出。黎錦熙在北京師範學校等校授課時，曾對胡適改訂後的油印本又進行了改訂增補（包括割截湊闔第1次石印本的部分內容），印成臨時的講義。1927年，北京師範學校的部分學生想把這一臨時講義作爲參考講義加以重印，由北京文化學社於同年 4 月印成鉛印本，以黎錦熙的《致張陳卿李時張希賢等書》代作序言。在序言中，黎錦熙提到了反對者的聲音：「這講義不從秦以前編起，卻把漢魏六朝標作第一編，當時沈兼士先生在《晨報副刊》上曾經提出抗議；後來淩先生（淩獨見——引者注）的《新著國語文學史・自序》中也要說，他和胡先生的意見大不相同，他是主張從唐虞編起的。」〔註136〕

　　錢玄同也不同意胡適對先秦文學的處理，他認爲國語文學「應該從《詩經》的《國風》講起」，理由是「《國風》是的的確確千眞萬眞的白話詩，而且很眞很美」，「我們有這樣很古很美的白話文學，是想應該大大地表章它的」。〔註137〕

　　強調國語文學（白話文學）肇始於先秦，體現出這樣一種信念：先秦時代言文一致。這種信念並非始於錢玄同，早在明代時，公安三袁之一的袁宗道便已指出：「夫時有古今 ，語言亦有古今，今人所詫謂奇字奧句，安知非古之街談巷語耶？」〔註138〕梁啓超也相信上古之時言文一致，「古代之言即文也，文即言也，自後世語言文字分，始有離言而以文稱者，然必言之能達，而後文之能成。」〔註139〕「古人文字與語言合，今人文字與語言離，其利病既縷言之矣。

〔註135〕鄭振鐸：《中國文學史的分期問題》，《鄭振鐸全集》（第六卷），花山文藝出版社 1998 年，第 84 頁。

〔註136〕黎錦熙的《代序——致張陳卿李時張希賢等書》，姜義華主編：《胡適學術文集・中國文學史》（上冊），中華書局 1998 年，第 3 頁。

〔註137〕錢玄同：《錢玄同文集》（第六卷），中國人民大學出版社 1999 年，第 103 頁。

〔註138〕袁宗道：《論文・上》，郭紹虞主編：《中國歷代文論選》（第三冊），上海古籍出版社 2001 年，第 196 頁。

〔註139〕梁啓超：《變法通議》，《飲冰室文集》之一，中華書局 1989 年，第 48 頁。

今人出話，皆用今語。而下筆必效古言，故婦孺農氓，靡不以讀書爲難事」〔註140〕。章太炎則有「古今一體、言文一致」論。章太炎的這一觀念對錢玄同影響很深。不僅如此，作爲一位聲韻訓詁學大家，錢玄同還從語言學、文字學的角度，專門論證古代存在言文一致的時期，那就是漢代之前。錢玄同明確提出「古人造字的時候，語言和文字，必定完全一致」〔註141〕，「弟以爲古代文學，最爲樸實眞摯。始壞於東漢，以其浮詞多而眞意少」〔註142〕。錢玄同由此認爲「中華的字形，無論虛字實字，都跟著字音轉變，便該永遠是『言文一致』的了」，但是從西漢開始卻出現言文分離的情況，他認爲這是給「獨夫民賊」和「文妖」弄壞的〔註143〕，實際揭示出了言文分離現象中蘊含的階級對立及崇古心理。後來學生輩的傅斯年也相信「中國在周秦時代，本是文言一致的」〔註144〕。

錢玄同是在語言文字的領域論證「言文一致」在中國古代就已存在過，這與他在《漢字革命》中的觀點是完全一致的。他不同意「歐洲文字是拼音文字，中國文字是象形文字」的說法，從「六書」的梳理中得出這樣的結論：「漢字在三千年以前早已有離形就音的趨勢了。」〔註145〕

錢玄同批駁以漢字爲象形文字的觀點，本是極有道理的，但他顯然又是以拼音化爲文字進化的方向，潛在地是以拼音文字爲典範。不僅如此，從文字的角度論證「言文一致」的歷史存在，也使得錢玄同把言／文關係中包含的語言／文字的關係與口語／書面語的關係混到了一起。

那麼，胡適本人的意見又是怎樣的呢？黎錦熙在代序中作了大膽的揣測：胡適不從先秦講起，有他自己的考慮。但更重要的是，黎錦熙指出胡適作《國語文學史》，是爲文學革命尋找歷史的根據，含有「託古改制」的意味。〔註146〕

〔註140〕梁啓超：《變法通議》，《飲冰室文集》之一，中華書局 1989 年，第 54 頁。
〔註141〕錢玄同：《〈嘗試集〉序》，《錢玄同文集》（第一卷），中國人民大學出版社 1999 年，第 85 頁。
〔註142〕錢玄同：《反對用典及其他》，《錢玄同文集》（第一卷），中國人民大學出版社 1999 年，第 5 頁。
〔註143〕錢玄同：《〈嘗試集〉序》，《錢玄同文集》（第一卷），中國人民大學出版社 1999 年，第 86 頁。
〔註144〕傅斯年：《怎樣做白話文》，胡適編選：《中國新文學大系·建設理論集》，上海文藝出版社 2003 年影印本，第 219 頁。
〔註145〕錢玄同：《漢字革命》，《錢玄同文集》（第三卷），中國人民大學出版社 1999 年，第 65 頁。
〔註146〕黎錦熙的《代序——致張陳卿李時張希賢等書》，姜義華主編：《胡適學術文集·中國文學史》（上冊），中華書局 1998 年，第 3 頁。

　　據胡適後來回憶，《國語文學史》只是一部「見解不成熟、材料不完備、匆匆趕成的草稿」〔註147〕。從這個意義上講，他的《國語文學史》與林傳甲的《中國文學史》相似，都是爲了應付教學需要的急就章：胡適在國語講習所講授這一課程，八周之內就編了三編十五章講義，第一編爲「漢魏六朝的平民文學」，第二編爲「唐代文學的白話化」，第三編爲「兩宋的白話文學」，其中第三編第七章「南宋以後國語文學的概論」實際延伸到了清代，而作爲附錄的《五十年來中國之文學》則有對 1872～1922 年即晚清至「五四」五十年間國語文學史的梳理。〔註148〕時間跨度達兩千多年，而且胡適在缺乏可借鑒成果及文獻資料的情況下完成這一具有開創性意義的成果，其倉促可想而知，眞有點但開風氣不爲師的意味。特別是「南宋以後國語文學的概論」，基本上是草草收尾。

　　從這部講義中可以看到，胡適是從漢魏六朝講起，第一編第一章即「古文是何時死的」，在其擬就的子目中還專門以此論題爲第二講，置於漢代三國六朝之前〔註149〕，頗有以此爲總綱的意味，可見黎錦熙的分析是很切合胡適的想法的。對於先秦文學，胡適其實並沒有忽視，但是始終沒有展開來講，即使是後來著《白話文學史》，也依循《國語文學史》而沒有涉及先秦文學。胡適自述原因是剛「從外國回來，手頭沒有書籍，不敢做這一段很難做的研究」〔註150〕。即便如此，從片段性的說明與文獻資料中，我們還是可以發現胡適心目中白話文學史的總體輪廓。

　　胡適對《國語文學史》有過多次修訂，特別是在 1922 年 3 月 24 日，他定出了一個《國語文學史》的新綱目，以《國風》爲白話文學的開端，連接起漢魏六朝、唐、宋、金、元、明、清，至於國語文學的運動則與以上諸部分併列，打算專門論述。〔註151〕1924 年 9 月，胡適發表《國語文學史大要》的講演，以先秦漢魏南北朝爲第一個時代，先秦部分不僅列出《詩經》，還增

〔註147〕胡適：《白話文學史・自序》，姜義華主編：《胡適學術文集・中國文學史》（上冊），中華書局 1998 年，第 139 頁。

〔註148〕胡適：《國語文學史》，姜義華主編：《胡適學術文集・中國文學史》（上），中華書局 1998 年，第 16～17 頁。

〔註149〕胡適：《白話文學史・自序》，姜義華主編：《胡適學術文集・中國文學史》（上冊），中華書局 1998 年，第 136 頁。

〔註150〕胡適：《白話文學史・自序》，姜義華主編：《胡適學術文集・中國文學史》（上冊），中華書局 1998 年，第 143 頁。

〔註151〕胡適：《白話文學史・自序》，姜義華主編：《胡適學術文集・中國文學史》（上冊），中華書局 1998 年，第 137～138 頁。

加了楚辭。第二個時代由唐至北宋，第三個時代是從南宋到金元，第四個時代由明至清。〔註152〕這與胡適所列《國語文學史》新綱目可以互相印證，他依然強調「國語文學史，就是中國的文學史」，此外就是貴族的文學，這種文學「都是死的，沒有價值的文學」〔註153〕。

　　1927年，胡適完成了《白話文學史》，他的觀念又發生了一定的變化，最顯著的是對唐宋文學的理解有所不同。胡適原本將宋代分爲北宋、南宋來談，但他對此並不是很滿意〔註154〕，注重考據的胡適根據新材料意識到兩宋不應截然分開，它們在文化史上是一致的。但更重要的是胡適對白話文學史的總體把握有所變化：重心由唐以後轉到唐以前。這與他對俗文學的重視有關。此前，無論是梁啓超還是錢玄同，他們都以宋代爲白話文學進程中最重要的階段，胡適起初也持這一觀念，但他後來卻從俗文學、民間文學的史料中重新「發現」「白話化的趨勢比我六年前所懸想的還更早幾百年」〔註155〕，於是他大大增加了《白話文學史》中唐代及以前的篇幅。

　　以白話的進化爲主線，胡適對於文學史的梳理與描述一直力圖擺脫政治王朝等因素，因而他在《國語文學史》中就已提出了一些較爲獨特的見解，如以唐代文學爲中國文學「白話化」的時期，推翻一般的唐詩分期，從白話文學發展的角度，認定初唐爲「貴族文學的時期」，盛唐爲「文學開始白話化的時期」，中唐爲「白話文學風行的時期」，晚唐至五代則爲「白話文學大盛的時期」。〔註156〕到撰述《白話文學史》，他仍以白話進化這一條線索，不斷修改、訂正自己的觀點。

〔註152〕胡適：《國語文學史大要》，姜義華主編：《胡適學術文集·中國文學史》（上冊），中華書局1998年，第438～440頁。

〔註153〕胡適：《國語文學史大要》，姜義華主編：《胡適學術文集·中國文學史》（上冊），中華書局1998年，第436頁。

〔註154〕胡適在《白話文學史》的「自序」中說，他於1922年3月23日到南開學校去檢驗，當晚就把《國語文學史》講義刪、改了一番，將兩宋合到了一起，日記中說：「原書分兩期的計劃，至此一齊打破。原書分北宋歸上期，南宋歸下期，尤無理。禪宗白話文的發現，與宋《京本小說》的發現，是我這一次改革的大原因。」胡適：《白話文學史·自序》，姜義華主編：《胡適學術文集·中國文學史》（上冊），中華書局1998年，第137頁。

〔註155〕胡適：《白話文學史·自序》，姜義華主編：《胡適學術文集·中國文學史》（上冊），中華書局1998年，第141頁。

〔註156〕見胡適：《國語文學史》，姜義華主編：《胡適學術文集·中國文學史》（上冊），中華書局1998年，第37～39頁。

胡適描繪的白話文學史圖景至此已較爲清晰，即以唐爲界，唐以後爲白話文學的大發展時期。胡適後來把他的文學史觀概括爲「雙線文學的新觀念」：自漢代開始，一條線的作家是「御用詩人、散文家；太學裏的祭酒、教授，和翰林學士、編修等人」，他們的作品是「做古的文學，那半僵半死的古文文學」；另一條線是由「職業講古說書人」、「無名藝人、作家、主婦、鄉土歌唱家」等創作的「民間文學」和後來的「短篇小說、歷史評話」、「長篇章回小說」等，這些作品是「活文學」〔註 157〕。但是，這一「雙線文學觀念」仍不過是他早年觀念的總結，即以民間的、白話的作品爲活文學，以文人的、文言的作品爲死文學，認爲一部中國文學史就是活文學替代死文學的歷史，就是白話文學的發展史。

胡適對自己的這一觀念很是得意：「這一個由民間興起的生動的活文學，和一個僵化了的死文學，雙線平行發展，這一在文學史上有其革命性的理論實是我首先倡導的；也是我個人〔對研究中國文學史〕的新貢獻。」〔註 158〕但仍然模糊的是他對先秦文學的看法。以「難做」爲理由加以推脫顯然沒有說服力。其實這裡是涉及到一個重要的問題：先秦文學是否言文一致？

胡適的兩部文學史對這個問題一直避而不談，始終堅持的是「戰國的時候中國的文體已不能與語體一致了」〔註 159〕，即戰國時代言文（書面語與口語）已然分離。他雖然肯定了《詩經》、楚辭爲白話文學，卻又拋出這樣的觀點：楚辭到漢代已成了「古典文學」〔註 160〕。之所以如此，恐怕還是胡適的進化文學史觀在作祟。因爲一旦承認先秦時言文一致，那麼此後幾千年的文學史又該如何評價？可是問題還不止於此，胡適論楚辭在漢代已成古文學，顯然是後來者的眼光衡量前代，依此推測，自漢至清的所謂白話文學又何嘗不是古文學？進化史觀的悖論由此可見。正因如此，錢玄同才用「古今一體，言文一致」來彌合。

〔註 157〕胡適：《胡適口述自傳》，唐德剛譯注，歐陽哲生編：《胡適文集》（1），北京大學出版社 1998 年，第 424 頁。

〔註 158〕胡適：《胡適口述自傳》，唐德剛譯注，歐陽哲生編：《胡適文集》（1），北京大學出版社 1998 年，第 424 頁。

〔註 159〕分別見胡適《國語文學史》、《白話文學史》第一編第一章的開頭一段。姜義華主編：《胡適學術文集・中國文學史》（上），中華書局 1998 年，第 17 頁、第 148 頁。

〔註 160〕胡適：《國語文學史大要》，姜義華主編：《胡適學術文集・中國文學史》（上冊），中華書局 1998 年，第 438 頁。

然而，與錢玄同同爲語言學家的黎錦熙卻提出了不同意見。就在代序中，他明確提出，「戰國以前，語文不但夠不上說合一，而且夠不上說分歧；後之所謂古文，在當時當然不以爲『古』，但也說不上『活』——不是已『死』，乃是並不曾『活』」〔註161〕。黎錦熙的理由主要有兩點：一是文字與口語之間存在矛盾，二是書寫工具不便利。黎氏此論，實際深刻地意識到了言說／書寫之間的內在矛盾，是很有見地的。

魯迅也就此問題發表過自己的看法：「中國的言文，一向就並不一致的，大原因便是字難寫，只好節省些。當時的口語的摘要，是古人的文；古代的口語的摘要，是後人的古文」〔註162〕。這與黎錦熙的觀點是一致的。可見，以上古時代的文學爲言文一致的典範，只能說是後人一廂情願的美好幻想罷了。言文完全合一是不可能實現的烏托邦，哪怕是中國現代文學，情形也依然如此。

如果說胡適的《白話文學史》是託古改制，是爲了替白話文學尋找歷史的根據而再造出的一個文學史，主觀色彩過於濃厚；那麼魯迅和郭紹虞的文學史研究，則更多地是從語言文字的自身特性出發，從而更切近學理的脈絡。

魯迅的文學史研究，同樣是不容忽視的。鄭振鐸對已有的中國文學史著作的批評意見十分尖刻，但他卻對魯迅的文學史研究給予了極高的讚譽：

> 魯迅先生編的《漢文學史》，雖然只寫了古代到西漢的一部分，卻是傑出的。首先，他是第一個人在文學史上關懷到國內少數民族文學的發展的。他沒有像所有以前寫中國文學史的人那樣，把漢語文學的發展史稱爲「中國文學史」。在「漢文學史」這個名稱上，就知道這是一個「劃時代」的著作。其次，他包羅的範圍很廣，決不忽視眞正的偉大作品，不管它是用古文寫的或是白話文寫的，不管它是用古代的文體寫的，還是用當時流行的文體寫的。這就同胡適和陸侃如的所作，有本質上的區別了。這是第五種，也是解放前最好的一種。〔註163〕

同樣是關注語言文字問題，魯迅的眼界無疑比胡適寬廣得多，故而他能

〔註161〕黎錦熙：《國語文學史·代序》，姜義華主編：《胡適學術文集·中國文學史》（上），中華書局 1998 年，第 1 頁。

〔註162〕魯迅：《門外文談》，《魯迅全集》（第六卷），人民文學出版社 2005 年，第 93 頁。

〔註163〕鄭振鐸：《中國文學史的分期問題》，《鄭振鐸全集》（第六卷），花山文藝出版社 1998 年，第 85 頁。

夠「說出一點別人沒有見到的話來」〔註164〕。然而，和梁啓超、胡適一樣，魯迅也沒有寫出一部完整的《中國文學史》，這也是一件遺憾的事情。就已完成的成果來看，魯迅的文學史著述有《中國小說史略》、《中國小說的歷史的變遷》、《漢文學史綱要》〔註165〕、《魏晉風度及文章與藥及酒之關係》、《中國新文學大系‧小說二集導言》等，包括搜集輯校古籍文獻。其中《中國小說史略》尤其具有重要的意義，胡適曾評價這部「開山的創作」「搜集甚勤，取材甚精，斷制也甚謹嚴」。〔註166〕但是胡適主要是從自身對「科學」的興趣來評判，這部著作的價值和意義顯然決不限於此。

陳平原認為，「就已有的學術成果而言，魯迅的貢獻仍以文學史研究為主」，而且就魯迅本人的設計、打算而言，「文學史研究無疑始終是魯迅學術興趣的重點」。〔註167〕1933年6月，魯迅在致曹聚仁的信中，還念念不忘「數年前，曾擬編中國字體變遷史及文學史稿各一部」，而要完成這樣的大工程，則「先從作長編入手」。〔註168〕

魯迅的文學史研究成就卓著，這裡只想就其與語言批評相關之處加以分析。魯迅研究「傳奇」時特別指出其「大歸則究在文采與意想」〔註169〕，陳平原則指出，「在同時代的文學史家中，魯迅是最注重作品的『文采與意想』的」〔註170〕。這一點主要體現在三個方面：

一是對具體文學現象的評價。魯迅以文采為衡量作品藝術水準的重要標

〔註164〕魯迅：《兩地書》，《魯迅全集》（第十一卷），人民文學出版社2005年，第187頁。
〔註165〕魯迅的《漢文學史綱要》是他1926年在廈門大學講授中國文學史課程時所編講義，書名刻在每頁的中縫，前三篇為「中國文學史略」（或簡稱「文學史」），第四至十篇為「漢文學史綱要」，收入《魯迅全集》（1938年）時以後者為書名。見魯迅：《漢文學史綱要》，《魯迅全集》（第九卷），人民文學出版社2005年，第372頁。
〔註166〕胡適：《白話文學史‧自序》，姜義華主編：《胡適學術文集‧中國文學史》（上冊），中華書局1998年，第140頁。
〔註167〕陳平原：《作為文學史家的魯迅》，王瑤主編：《中國文學研究現代化進程》，北京大學出版社1998年，第72～73頁。本節關於魯迅的文學史研究，對陳先生此文多有參考。
〔註168〕魯迅：《致曹聚仁》，《魯迅全集》（第十二卷），人民文學出版社2005年，第404頁。
〔註169〕魯迅：《中國小說史略》，《魯迅全集》（第九卷），人民文學出版社2005年，第73頁。
〔註170〕陳平原：《作為文學史家的魯迅》，王瑤主編：《中國文學研究現代化進程》，北京大學出版社1998年，第82頁。

尺：「《詩經》是經，也是偉大的文學作品；屈原宋玉，在文學史上還是重要的作家。為什麼呢？——就因為他究竟有文采」。司馬相如、南朝文人也因有文采，所以在文學史上能占一席之地。〔註171〕評先秦諸子，「儒家崇實，墨家尚質，故《論語》《墨子》，其文辭皆略無華飾，取足達意而已」，「然文辭之美富者，實惟道家」，特別是《莊子》「其文則汪洋闢闔，儀態萬方，晚周諸子之作，莫能先也」〔註172〕。

　　魯迅欣賞《世說新語》，因其「記言則玄遠冷俊，記行則高簡瑰奇」〔註173〕，唐傳奇則「敘述宛轉，文辭華豔」，有「幻設」與「藻繪」，歸於「文采與意想」。〔註174〕宋傳奇「講古事」、「多教訓」，「但文藝之所以為文藝，並不貴在教訓，若把小說變成修身教科書，還說什麼文藝」，所以他判定到宋代「傳奇是絕了」。而另起的「平民底小說」，因體裁不同，又用了白話，「所以實在是小說史上的一大變遷」。〔註175〕

　　魯迅稱魏晉時代為「文學的自覺時代」、「為藝術而藝術（Art for Art's Sake）」的時代〔註176〕，也是因魏晉風度與魏晉文章之妙。

　　以「文采與意想」衡文，魯迅往往能夠打破成說，別出新論。如黃省曾批評《西京雜記》「猥瑣可略」、「閒漫無歸」、「杳昧而難憑」、「觸忌而須諱」，魯迅卻認為「此乃判以史裁，若論文學，則此在古小說中，固亦意緒秀異，文筆可觀者也」〔註177〕。再如《儒林外史》，胡適批評它「題材結構太不緊嚴，全篇是雜湊起來的」、「沒有結構，沒有布局」。〔註178〕魯迅卻認為《儒林外史》

〔註171〕魯迅：《從幫忙到扯淡》，《魯迅全集》（第六卷），人民文學出版社2005年，第356～357頁。

〔註172〕魯迅：《漢文學史綱要》，《魯迅全集》（第九卷），人民文學出版社2005年，第375頁。

〔註173〕魯迅：《中國小說史略》，《魯迅全集》（第九卷），人民文學出版社2005年，第63頁。

〔註174〕魯迅：《中國小說史略》，《魯迅全集》（第九卷），人民文學出版社2005年，第73頁。

〔註175〕魯迅：《中國小說的歷史的變遷》，《魯迅全集》（第九卷），人民文學出版社2005年，第329頁。

〔註176〕魯迅：《魏晉風度及文章與藥及酒之關係》，《魯迅全集》（第三卷），人民文學出版社2005年，第526頁。

〔註177〕魯迅：《中國小說史略》，《魯迅全集》（第九卷），人民文學出版社2005年，第40頁。

〔註178〕胡適：《建設的文學革命論》，胡適編選：《中國新文學大系·建設理論集》，上海文藝出版社2003年影印本，第135頁。

「雖云長篇，頗同短製；但如集諸碎錦，合爲帖子，雖非巨幅，而時見珍異，因亦娛心，使人刮目矣」。〔註179〕

　　二是對文學史的總體把握。魯迅強調，文學史著作當以時代來區分，「『什麼是文學』之類，那是文學概論的範圍，萬不能牽進去，如果連這些也講，那麼，連文法也可以講進去了」，文學史「以時代爲經」，「大抵以文章的形式爲緯」〔註180〕，體現出魯迅對文學作品形式問題的重視。但他又不局限於形式，而是將時代與形式、作家與作品、文學與文化打通來研究。

　　三是學術與文化取向。魯迅一直想撰寫中國字體變遷史和中國文學史，這兩項工程之間應該是有內在聯繫的，甚至可以從中見出章太炎的影響。章太炎強調「小學」爲治國學之根基所在，其「文學」觀即是從「文字」立論。魯迅早年求教於章氏門下，章太炎的影響不可謂不深。魯迅的「清儒家法」固然有助於文學研究〔註181〕，但他又超越了「清儒家法」而求「通」——「通古今、通中外、通子史、通語言與文學、通詩文與書畫、通書籍與實物」，到達對歷史人生的深刻洞察。〔註182〕

　　因此，《漢文學史綱要》開篇就是「從文字至文章」，先談語言與文藝之關聯，進而論文字之興。書名定爲「漢文學史綱要」，談的是漢字與漢文學的關聯，書名就已經包含了魯迅的良苦用心。魯迅在此談及他對漢字的理解，極見功力：「意者文字初作，首必象形」，進而爲「會意指事」，後來文字「形聲轉多，而察其締構，什九以形象爲本柢」，故而

　　　　誦習一字，當識形音義三：口誦耳聞其音，目察其形，心通其義，三識並用，一字之功乃全。其在文章，則寫山曰崚嶒嵯峨，狀水曰汪洋澎湃，蔽芾蔥蘢，恍逢豐木，鱒魴鰻鯉，如見多魚。故其所函，遂具三美：意美以感心，一也；音美以感耳，二也；形美以感目，三也。〔註183〕

〔註179〕魯迅：《中國小說史略》，《魯迅全集》（第九卷），人民文學出版社2005年，第229頁。

〔註180〕魯迅：《致王冶秋》，《魯迅全集》（第十三卷），人民文學出版社2005年，第576頁。

〔註181〕參見陳平原：《作爲文學史家的魯迅》，王瑤主編：《中國文學研究現代化進程》，北京大學出版社1998年，第74～80頁。

〔註182〕陳平原：《作爲文學史家的魯迅》，王瑤主編：《中國文學研究現代化進程》，北京大學出版社1998年，第88頁。

〔註183〕魯迅：《漢文學史綱要》，《魯迅全集》（第九卷），人民文學出版社2005年，第354～355頁。

從字之形音義見出其「形美」、「音美」、「意美」，強調從三者的結合來理解漢字，魯迅見解的深刻，甚至超越了一般的語言文字學家。魯迅進而考察「文」之演進，提出「文」之興盛，與巫史有關。巫史「其職雖止於傳事，然厥初亦憑口耳，慮有愆誤，則鍊句協音，以便記誦」。文字出現後，「簡策繁重，書削爲勞，故復當儉約其文，以省物力，或因舊習，仍作韻言」。此處的觀點，與阮元、黎錦熙是非常一致的。而且魯迅認爲「初始之文，殆本與語言稍異，當有藻韻，以便傳誦」，與直言之「言」、論難之「語」還是有區別的。〔註184〕這也是魯迅一直堅持的「中國的言文，一向就並不一致的」觀點，「當時的口語的摘要，是古人的文；古代的口語的摘要，是後人的古文」〔註185〕。

在引用了《周易》、《說文解字》、《釋名》後，魯迅提出「文章之事，當具辭義，且有華飾，如文繡矣」，又重提南朝的文筆之辨和阮元的《文言說》，對宋元之後混用文筆，以文載道，「提挈經訓，誅鋤美辭」的傾向表示了不滿。〔註186〕魯迅的文學觀念在此得到了清晰的展示，對文辭之美的重視，對文學獨立性的強調，於此可見這與他早年堅持的文學「不用之用」〔註187〕是一致的。

進一步來看，魯迅的觀念在他所用的語體上也能見出。魯迅在面向公眾演講、撰寫雜文之時必用白話，體現出對打破「無聲的中國」、打破文言與漢字結合的傳統文化體系與社會秩序的決心。故而魯迅一再抨擊和批判漢字，提倡大眾語、新文字。但是在學術著述中，魯迅卻多用文言，早年的《摩羅詩力說》不用說，即使是後來的《中國小說史略》、《漢文學史綱要》等，也以文言著成。這當然不能僅僅理解爲魯迅「慮鈔者之勞」〔註188〕，眞正的原因，恐怕還是在於魯迅對漢語漢字與漢文學、漢文化之間緊密聯繫的深切體認。

〔註184〕魯迅：《漢文學史綱要》，《魯迅全集》（第九卷），人民文學出版社2005年，第355頁。

〔註185〕魯迅：《門外文談》，《魯迅全集》（第六卷），人民文學出版社2005年，第93頁。

〔註186〕魯迅：《漢文學史綱要》，《魯迅全集》（第九卷），人民文學出版社2005年，第355～356頁。

〔註187〕魯迅：《摩羅詩力說》，《魯迅全集》（第一卷），人民文學出版社2005年，第73頁。

〔註188〕魯迅：《中國小說史略·序言》，《中國小說史略》，《魯迅全集》（第九卷），人民文學出版社2005年，第4頁。

　　郭紹虞是以中國文學批評史的研究而享譽學界，但是他最初的興趣，卻是在文學史上：「五四時期，我就開始研究中國古代文學了。我當時的想法，是要寫一部中國文學史。」〔註189〕1934年，郭紹虞完成了《中國文學批評史》上冊，在該書的《自序》中，他也表示自己「屢次想嘗試編著一部中國文學史，也曾努力搜集資料，也曾努力著手整理，而且有時也還自覺有些見解，差能滿意；然而終於知難而退，終沒有更大的勇氣以從事於這巨大的工作」，因而「只想從文學批評史以印證文學史，以解決文學史上的許多問題」〔註190〕，畢竟「中國文學批評史的講述，其效用最少足以解決中國文學史上問題的一部分」〔註191〕。因此，郭紹虞是將文學批評史和文學史打通來研究的，他的許多文學觀念，也包含了他對中國文學史問題的看法。

　　郭紹虞始終關注漢語言、漢字與中國文學和文學批評之間的關係。他在《中國語言與文字之分歧在文學史上的演變現象》一文中提及，1939年，他在《新文藝運動應走的新途徑》中將中國文學分為「文字型」、「語言型」、「文字化的語言型」三種類型：「中國的文學正因語言與文字之專有特性造成了語言與文字之分歧，造成了文字型，語言型，與文字化的語言型三種典型之文學。」〔註192〕而這一看法早在13年前即已萌發。1926年，郭紹虞在《小說月報》十七卷號外《中國文學演進的趨勢》一文中提到了他對中國文學史的劃分，除了「太古的風謠」以外，分為「詩歌」（春秋以前）、「辭賦」（戰國至兩漢）、「駢文」（魏晉南北朝）、「古文」（隋唐至北宋）、「語體」（南宋至現代）五個時代，如此劃分，意在「說明文字型與語言型的文學之演變現象」。〔註193〕不僅如此，他還認為，「無論何種文體都有幾種共同的傾向，即是（一）自由化，（二）語體化」、「（三）散文化」〔註194〕。

〔註189〕郭紹虞：《建立具有中國民族特點的馬克思主義文藝理論》，《照隅室古典文學論集》（下編），上海古籍出版社2009年，第530頁。

〔註190〕郭紹虞：《中國文學批評史·自序》，《中國文學批評史》，百花文藝出版社2008年，第1頁。

〔註191〕郭紹虞：《中國文學批評史》，百花文藝出版社2008年，第3頁。

〔註192〕郭紹虞：《中國語言與文字之分歧在文學史上的演變現象》，《照隅室古典文學論集》（上編），上海古籍出版社2009年，第489頁。

〔註193〕郭紹虞：《中國語言與文字之分歧在文學史上的演變現象》，《照隅室古典文學論集》（上編），上海古籍出版社2009年，第489頁。

〔註194〕郭紹虞：《試從文體的演變說明中國文學之演變趨勢》，《照隅室古典文學論集》（上編），上海古籍出版社2009年，第30頁。

　　1941 年，郭紹虞的《中國語言與文字之分歧在文學史上的演變現象》登載在《學林》第九輯。他特別提到自己之所以以語言文字爲準加以分期的理由：一是立足「文學的立場以說明文學本身之演變，所以不妨以體制爲分期」，而要「說明文學本身之演變，便只有重在形式方面」；二是在體制上，「爲求其具體，所以不如重在構成體制之工具」。「形式」、「工具」指的就是語言和文字。郭紹虞對自己以前的文學史分期略作調整，同時加以詳細的說明。他把第一期稱爲「詩樂時代」，認爲這是「語言與文字比較接近的時代。語文合一，聲音與文字語在此時代中猶沒有什麼分別」。郭紹虞雖然引用了阮元《文言說》上古時代文飾其言的說法，但是他認爲這裡的「寡其詞，協其音，以文其言」，已是經過改造的口語，「論其組織不必盡同於口頭的語言」；另一方面，由於書寫不便，所以「言之有文者」也能「適用此種經過改造的口語」〔註 195〕。可見，郭紹虞心目中的上古時代是言文一致，但不是一般意義上的口語與書面語的一致，而是經過改造的口語與經過改造的書面語的一致。即口語是「言之有文」（近於文）的言，講究文采；書面語是近於言之文，講究音韻。於是字音和語音達到了和諧一致，口語與書面語才能較爲接近。更何況郭紹虞也只是說「此時代的語言與文字最相接近，最不分離」，也並沒有認爲二者就是合一的。〔註 196〕後人從文字和語言兩方面分別加以發展，於是分別形成了駢文和散文。

　　辭賦時代則是離開語言型而向文字型演進，這一時期也是言文開始分離的時代。郭紹虞指出，「這是中國文學史上一個極重要的時代，因爲是語文變化最顯著的時代」，這種變化體現在兩個方面：一方面在文學中發揮文字單音的特長，使得文學走上文字型的途徑，完成了辭賦的體制；另一方面靠統一文字來統一語言，即「靠古語以統一今語，以古人的文學語言作爲寫文的標準」，這就是文言，它「與當時的口頭語言還有相當大的距離」。郭紹虞具體解釋說，秦朝實現了書同文，文字統一，但是口語是無法統一的。不過，「根據古人的書面語，以古人的文學語言爲標準，那麼彼此間都可以通情達意，也就不覺口語之分歧了」，所以文字統一，又借古代書面語即文言，實現了語言（書面語）的統一。因此，郭紹虞認爲書同文「其作用猶不僅在文字；其

〔註 195〕郭紹虞：《中國語言與文字之分歧在文學史上的演變現象》，《照隅室古典文學論集》（上編），上海古籍出版社 2009 年，第 491 頁。

〔註 196〕郭紹虞：《中國語言與文字之分歧在文學史上的演變現象》，《照隅室古典文學論集》（上編），上海古籍出版社 2009 年，第 491 頁。

所同的乃是文字語」。﹝註197﹞這一見地是很深刻的。

此後再演進到駢文時代，這是「充分發揮文字特點的時代」：「利用字形之無語尾變化，於是可講對偶；利用字音之一形一音，有時一音一義，於是可講聲律」。文字型的文學至此而達極端，於是走向了反面即進入古文時代。古文家使用文言，「仍與口語不同，然而卻是文字化的語言型」，「古文古詩是準語體的文學」。再前進一步，則進入語體的時代，這是「應用當時的聲音語以充分發揮語言的特點」，此時的文學語言是「以口頭語言爲標準的文學語言」。﹝註198﹞

郭紹虞的這種文學史觀，格外新穎，有其價值與意義，如他所言，「有些文學史之重在文言文方面者，每忽視小說與戲曲的地位，而其偏重在白話文方面者，又抹煞了辭賦與駢文的價值。前者之誤，在以文言的餘波爲主潮；後者之誤，又在強以白話的伏流爲主潮」。這是當時已有的文學史著作的通病，特別是胡適的《白話文學史》，其實就屬於郭紹虞所說的後一種情況。因此，郭紹虞強調自己堅持的是「文學的基礎總是建築在語言文字的特性上的」，進一步說，他是將自己的中國文學研究，建立在漢語漢字的特性之上﹝註199﹞，他的研究，是對中國語言批評的重大貢獻。

當然，對於中國文學史的這種設計，不能只限於學者的研究，它要化爲各級各類學校語文教育的一部分，爲廣大青少年學生所接受，才能眞正站穩腳跟，這同樣可以視爲話語權力的爭奪。哪怕同屬於新文化陣營，同樣是從語言文字入手梳理出中國文學史，胡適的影響力之所以遠超過郭紹虞，一個重要的原因就在於胡適將自己的觀念和主張，利用自己在學界和教育界的優勢地位推廣了開去。

在白話文取得徹底勝利之後，新文化陣營開始對文言的意義和作用進行一定的反思，不再將文言一棍子打死。如作爲文學家和教育家的葉聖陶，始終支持白話文，他自己也身體力行，創作了大量的白話作品，表現出一名新文化人的堅定立場。葉聖陶認爲，「自由發表思想和感情究竟偏重在使用語體」

﹝註197﹞郭紹虞：《中國語言與文字之分歧在文學史上的演變現象》，《照隅室古典文學論集》（上編），上海古籍出版社 2009 年，第 492～494 頁。

﹝註198﹞郭紹虞：《中國語言與文字之分歧在文學史上的演變現象》，《照隅室古典文學論集》（上編），上海古籍出版社 2009 年，第 494～496 頁。

﹝註199﹞郭紹虞：《中國語言與文字之分歧在文學史上的演變現象》，《照隅室古典文學論集》（上編），上海古籍出版社 2009 年，第 496～497 頁。

〔註 200〕，破除形式的桎梏才能自由地展現個人的思想情感。這是從創造新文化的立場而言。同時，爲了傳承固有文化，葉聖陶認爲需要學習文言，只不過再沒有必要使用文言文。故而葉聖陶在編選課本時，兼採文言文和白話文〔註 201〕。

葉聖陶反對使用文言，卻又爲文言文留有餘地，看似矛盾，其實問題並不簡單。一方面固然是堅持創造新文化與傳承固有文化的辯證統一，另一方面則反映出「五四」一代學者在語言問題上的困惑：他們既以語言爲工具，又朦朧地意識到語言的文化意義。梁啓超認爲，「文章但看內容，只要能達，不拘文言白話，萬不可有主奴之見」〔註 202〕。葉聖陶也認爲文言白話並無優劣之分，在這一點上主要還是著眼於語言的工具意義。但是葉聖陶認爲只有白話才能傳達現代人的思想情感，顯然又觸及到了語言的思想文化意義，正如他指出的：「文言並不是純工具，你要運用它，就不能不多少受它的影響，……白話也不是純工具，新的文體必然帶來一種新的精神。」〔註 203〕白話與文言其實各自代表了不同的思想文化體系。

1920 年，胡適在北京高等師範附中國文研究部作了《中學國文的教授》的演講，依據「五四」的科學精神與個性自由的理想，他認可「自由發表思想」的理想。同時，胡適強調學生的自主性，認爲可以「由學生自己預備」，「上課時教員指導學生討論」，注重「演講與辯論」〔註 204〕，體現出教育觀念由傳統的教師本位向學生本位的轉變。胡適爲白話文與文言文所定的比例爲國語文占四分之一，古文占四分之三，這是因爲在他看來學生在小學時代即已熟悉並掌握了國語文。寫作上則兼顧國語文與古文。到 1922 年，胡適又作了《再論中學的國文教學》的講演，除了仍然強調「人人能以國語自由發表思想」，他也對自己的觀點作了修正，大大增加了國語文的比重，並提出「作

〔註 200〕葉聖陶：《關於〈初中國語教科書〉的陳述》，《葉聖陶集》（第 16 卷），江蘇教育出版社 1993 年，第 9 頁。

〔註 201〕葉聖陶：《關於〈初中國語教科書〉的陳述》，《葉聖陶集》（第 16 卷），江蘇教育出版社 1993 年，第 9 頁。

〔註 202〕梁啓超：《中學以上作文教學法》，梁啓超著、夏曉虹輯：《〈飲冰室合集〉集外文》（中冊），北京大學出版社 2005 年，第 899 頁。

〔註 203〕葉聖陶：《「五四」文藝節》，《葉聖陶集》（第 6 卷），江蘇教育出版社 1989 年，第 128～129 頁。

〔註 204〕胡適：《中學國文的教授》，歐陽哲生編：《胡適文集》（第 2 冊），北京大學出版社 1998 年，第 153～156 頁。

古體文但看作實習文法的工具，不看作中學國文的目的」〔註205〕。這些都是他根據中學生實際並為推進新文化運動而作出的調整。在胡適看來，新文化運動要真正取得成功，就必須經由國語的文學創造出文學的國語，這也就是他「國語的文學，文學的國語」主張的由來。胡適認為，首先在大學中進行改革是不切實際的，「要先造成一些有價值的國語文學，養成一種信仰新文學的國民心理，然後可望改革的普及。」〔註206〕從學校教育來說，「似乎還該從低級學校做起」〔註207〕，這不僅可以推廣國語，而且可以將新文學的精神傳遞給青少年，為新文化培養後續人才。葉聖陶所擬的《初中國語課程綱要》，從根本上講就體現了胡適的這樣一條設計思路：在胡適看來，鞏固新文化運動成果是當務之急，中學國文教育則是達到這一目標的重要手段。

　　梁啟超對胡適這一方案發表了不同意見。1922年，梁啟超作了《中學以上作文教學法》的講演〔註208〕。他同樣贊成發揮學生的自主性，提倡討論式的講授，也並不反對白話文。但是，作為新文化陣營之外的人物，梁啟超更為關心的是如何根據中學生實際開展國文教學而不是應對新舊思想文化的衝突。梁啟超主張「高小以下講白話文，中學以上講文言文，有時參講白話文。做的時候文言白話隨意。因為辭達而已，文之好壞，和白話文言無關。現在南北二大學（指東南大學與北京大學——引者注），為文言白話生意見；我以為文章但看內容，只要能達，不拘文言白話，萬不可有主奴之見」〔註209〕。這一主張看似持平，實際體現出他對白話文運動的不滿。梁啟超在東南大學

〔註205〕胡適：《再論中學的國文教學》，歐陽哲生編：《胡適文集》（第2冊），北京大學出版社1998年，第602頁。

〔註206〕胡適：《論文學改革的進行程序——答盛兆雄書》，姜義華主編：《胡適學術文集·新文學運動》，中華書局1993年，第55頁。

〔註207〕胡適：《論文學改革的進行程序——答盛兆雄書》，姜義華主編：《胡適學術文集·新文學運動》，中華書局1993年，第56頁。

〔註208〕1922年暑期梁啟超在南開大學與東南大學以「中學以上作文教學法」為題做演講，在南開大學的講稿在《改造》第4卷第9期發表，在東南大學的講演記錄稿以《梁任公先生講中學以上作文教學法》為題於1925年7月由中華書局出版單行本，後仍以《中學以上作文教學法》為名收入《〈飲冰室合集〉集外文》，北京大學出版社2005年出版。此外，1936年上海中華書局出版的《飲冰室合集·專集》第十五冊也收入了《作文教學法》，1989年收入《飲冰室合集·專集》之七十。這幾個版本內容大致相同，但也略有出入。

〔註209〕梁啟超：《中學以上作文教學法》，梁啟超著、夏曉虹輯：《〈飲冰室合集〉集外文》（中冊），北京大學出版社2005年，第899頁。

講演，而東南大學當時正是《學衡》派的大本營，正與北大處於對立狀態。這次講演由衛士生、束世澂筆錄，當記錄稿刊行之際，他們在序言中回憶道，束世澂曾向梁啓超請教中學國文教學問題，梁啓超回答說：「中學作文，文言白話都可；至於教授國文，我主張仍教文言文。因爲文言文有幾千年的歷史，有許多很多的文字，教的人很容易選得。白話文還沒有試驗的十分完好。」〔註210〕在《中學國文教材不宜採用小說》中，梁啓超就認爲，近人白話文最少也有三個缺點：「第一，敘事文太少，有價值的殆絕無。第二，議論文或解釋文中雖不少佳作，但題目太窄，太專門，不甚適於中學生的頭腦。第三，大抵刺激性太劇，不是中學校布帛菽粟的榮養資料。」他的結論是：「希望十年以後白話作品可以充中學教材者漸多，今日恐還不到成熟時期」，「國內白話文做得最好的幾個人，哪一個不是文言文功底用得很深的？」〔註211〕正是在對待白話與文言的問題上，梁啓超與胡適發生了根本的牴觸。

對於這一點，我們不能簡單地理解爲僅是守舊陣營與新文化陣營之間的衝突，這種矛盾在新文化陣營內部也是存在的。1933 年發生的魯迅與施蟄存之間關於《莊子》與《文選》的爭論，就是一個典型的例證。在論爭中，施蟄存強調「沒有經過古文學的修養，魯迅先生的新文章決不會寫到現在那樣好」〔註212〕。魯迅對此反駁說從古書裏「去找活字彙，簡直是糊塗蟲，恐怕施先生自己也未必」。〔註213〕不僅如此，魯迅還繼續發表文章，對這種復古主張的流行加以深刻的反思：新文化陣營是從舊文化中殺出重圍的，深受其侵染，魯迅自己也是如此，他一直爲自己深受古文侵染而痛苦，不僅是語言的，更是思想的。但他一直在努力加以抗爭。這一點並不可怕，最可怕的是新文化陣營的某些人出現的復古倒退傾向：

> 當時的白話運動是勝利了，有些戰士，還因此爬了上去，但也因爲爬了上去，就不但不再爲白話戰鬥，並且將它踏在腳下，拿出古字來嘲笑後進的青年了。因爲還正在用古書古字來笑人，有些青

〔註210〕衛士生、束世澂：《〈中學以上作文教學法〉序言一》，梁啓超著、夏曉虹輯：《〈飲冰室合集〉集外文》（中冊），北京大學出版社 2005 年，第 899 頁。

〔註211〕梁啓超：《中學國文教材不宜採用小說》，這份手稿轉載於 2002 年 8 月 7 日的《中華讀書報》。

〔註212〕施蟄存：《〈莊子〉與〈文選〉》，附《魯迅全集》（第五卷），人民文學出版社 2005 年，第 349 頁。

〔註213〕魯迅：《「感舊」以後（上）》，《魯迅全集》（第五卷），人民文學出版社 2005 年，第 348 頁。

年便又以看古書爲必不可省的工夫，以常用文言的作者爲應該模仿
的格式，不再從新的道路上去企圖發展，打出新的局面來了。〔註214〕
這一現狀正是魯迅深感痛心的，從反駁施蟄存到此處諷刺劉半農，正體現出
對「五四」白話文運動現代意義的深刻理解，對於炫耀古文古字實則崇古復
古的思潮有著高度的警覺。

　　進而在教材選文問題上，梁啓超認爲中學國文教材不宜採用小說，直接
針對胡適的觀點。梁啓超的理由主要有這麼幾點：首先，學生可以在課外看
小說，不必佔用正課時間；其次，他承認中學生須有欣賞美文的能力，但「中
學目的在養成常識，不在養成專門文學家，所以他的國文教材，當以應用文
爲主而美文爲附。……小說所能占者計最多不過百分之五六而止」〔註215〕；
再次，梁啓超主張，學文當從敘事文入手，但小說偏於想像力，幻想及刺激
性太重。此外，當時作文偏向於議論文更是遭到梁啓超的批判，認爲這是八
股遺風的表現。在教學與寫作問題上，胡適強調的是文法，梁啓超則認爲能
達便是文章，「教人作文當以結構爲主」〔註216〕。梁啓超並不是一味與胡適唱
反調，他的這些見解也確實挑出了當時國文教學的一些弊端。

　　梁啓超的這些觀點與胡適可謂是針鋒相對，當時的胡適恰恰是鼓勵中小
學生讀小說，而且他還強調，「三四年前普通見解總是愁白話文沒有材料可
教；現在我們才知道白話文還有一些材料可用，倒是古文竟沒有相當的教材
可用」，胡適由此發出了「整理古書」的倡議。〔註217〕胡適與梁啓超之間的分
歧折射出了當時思想界論爭的激烈。但這種論爭還是學術的爭辯，從實際觀
點來看二者都有各自的合理之處。

　　在這個問題上，蔡元培的觀點，可以說是兼采二者，採取了一種較爲寬容
的態度。與其他新文化人物的過激主義相比，蔡元培對傳統道德與文化的抨擊
還是相對溫和的。對於孔子，他主張要認識孔子的思想本身。更爲重要的是，
在如何建設中國新文化的問題上，新文化陣營內部的主張是不一致的：對於陳

〔註214〕魯迅：《「感舊」以後（下）》，《魯迅全集》（第五卷），人民文學出版社 2005
　　　　年，第 352 頁。
〔註215〕梁啓超：《中學國文教材不宜採用小說》，《中華讀書報》2002 年 8 月 7 日。
〔註216〕梁啓超：《中學以上作文教學法》，梁啓超著、夏曉虹輯：《〈飲冰室合集〉集
　　　　外文》（中冊），北京大學出版社 2005 年，第 899 頁。
〔註217〕胡適：《再論中學的國文教學》，歐陽哲生編：《胡適文集》（第 2 冊），北京大
　　　　學出版社 1998 年，第 605 頁、第 607 頁。

獨秀來說，科學是最爲有力的武器；對於魯迅來說，首先是要以文學爲利器，無情地解剖國民的劣根性，喚起國民的覺醒，對傳統思想文化的弊端發起最猛烈的攻擊；對於胡適來說，要以文學革命爲契機，全盤西化。蔡元培也提出了自己的主張，他並不認爲新與舊就一定水火不容：「鑒舊學之疏，而以新學進之，則可謂既有新學，而一切舊日之經驗皆得以吐棄之，則不可。」〔註218〕他歡迎新的，是看中「其中的求眞不止的熱烈精神，和產生正義人道的主義。舊學說與我們的主張相合的東西，也要歡迎，決不反對」〔註219〕。蔡元培表示「吾頗注意於新舊畫法之調和，中西畫理之溝通，博綜究精，以發揮美育」〔註220〕，他其實是希望通過古與今的調和、中與西的調和、新與舊的調和、科學與美術的調和創造出一種新文化。因此，在胡適等人完全否定文言文的時候，他在支持白話文的同時，仍然從美術的角度爲文言文留下了一席之地：「文言是否絕對的被排斥，尙是一個問題。照我的觀察，將來應用文，一定全用白話。但美術文，或者有一部分仍用文言。」〔註221〕蔡元培特別提到「美術文」（其實就是純文學），不僅是爲文言文辯護，更體現出對於文學自身特性的思考。

　　1923 年，中華民國教育部召開新學制研討會，起草中小學課程綱要。這項工作由胡適主持，葉聖陶草擬初中課程綱要。這部綱要明確提出：「使學生發生研究中國文學的興趣。」〔註222〕整部綱要體現出文學革命的設計思路：將新文學引進中小學課堂，使之得到廣大青少年的接受，鞏固新文學的成果，實現教育革命。因此，文學教育在其中占著極大的比重，「選文注重傳記、小說、詩歌」〔註223〕。此後課程綱要與標準雖然歷經修改，但是文學教育在國文科中始終佔有一定的地位，「五四」知識分子對中國文學史的設計，由此在學校教育中立住了腳跟。

〔註218〕蔡元培：《〈醫學叢書〉序》，《蔡元培全集》（第 3 卷），浙江教育出版社 1997 年，第 112 頁。

〔註219〕蔡元培：《對中日問題的感想》，《蔡元培全集》（第 4 卷），浙江教育出版社 1997 年，第 7 頁。

〔註220〕蔡元培：《在北京大學畫法研究會秋季始業式演說詞》，《蔡元培全集》（第 3 卷），浙江教育出版社 1997 年，第 707 頁。

〔註221〕蔡元培：《國文之將來》，《蔡元培全集》（第 3 卷），浙江教育出版社 1997 年，第 732 頁。

〔註222〕葉聖陶：《初級中學國語課程綱要》，《葉聖陶集》（第 16 卷），江蘇教育出版社 1993 年，第 3 頁。

〔註223〕葉聖陶：《初級中學國語課程綱要》，《葉聖陶集》（第 16 卷），江蘇教育出版社 1993 年，第 6 頁。

第三節　《中國新文學大系》與新文學「經典」地位的確立

　　文學史寫作只是意味著「五四」知識分子在爲自身主張「尋找」（實際是建構）歷史的依據，體現出自覺的話語權力意識。但對他們而言，更重要的恐怕還是確立新文學作家作品的經典地位，或許這才是與他們關係最爲密切的文化工程，《中國新文學大系》的推出就是一個典型的例證，它已然成爲中國「新文學開創史的自我證明」。〔註224〕1935年，《中國新文學大系》尚在陸續出版之中，傅東華編的《文學》刊物上就登載了姚琪的《最近兩大工程》，將它與鄭振鐸主編的《世界文庫》列爲出版界的兩大工程：「《大系》固然一方面要造成一部最大的『選集』，但另一方面卻有保存『文獻』的用意。《新文學大系》雖是一種選集的形式，可是它的計劃要每一冊都有一篇長序（二萬字左右的長序），那就兼有文學史的性質了。這個用意是很對的。……《新文學大系》的編輯計劃也是近年來少有的偉大企圖」；冰心說：「這是自有新文學以來最有系統、最巨大的整理工作。」〔註225〕《中國新文學大系》不僅將自身化爲文學史的一部分，同時也有意使自己成爲文學史中最突出的部分。不僅如此，編撰者們還力圖通過這一工程，使「新文學」直接成爲中國「現代文學」的起點。正如羅崗所分析的：「它那精心撰寫的『導言』，細緻編排的作品、史料，以及頗具權威性的編選者，共同彙聚成一股解釋歷史的力量，描繪出一幅影響至今的『現代中國文學』發生的圖景。」〔註226〕從這個意義上講，《中國新文學大系》的出版，就是中國新文學—現代文學「自我經典化」的過程。

　　1935～1936年出版的《中國新文學大系》，是中國最早的最大規模的現代文學選集，它的誕生，是中國文學史、出版史和文化史上的一大盛事。它不僅在當時就引起了巨大的轟動，而且其影響力持續至今，它所確立的文學觀念、文學類型、文學史觀、編選原則等，對後來的文學研究產生了異常深遠的影響。

〔註224〕楊義：《新文學開創史的自我證明——爲〈中國新文學大系導言集〉所作導言》，《文藝研究》1995年第5期。
〔註225〕轉引自趙家璧：《話說中國新文學大系》，《新文學史料》1984年第1期。
〔註226〕羅崗指出，他的這一觀點是在《「現代文學」與「現代文學觀念」》一文中提出來的，文章發表於《文學評論》1999年「青年學者專號」。見羅崗：《「分期」的意識形態——再論現代「文學」的確立與〈中國新文學大系（1917～1927）〉的出版》，《華東師範大學學報》2001年第2期。

不僅如此，在當時趙家璧就打算編出續集，只是後來由於戰事等原因而擱淺。
〔註227〕「文革」之後，《中國新文學大系》的續編工作得以開展，迄今為止已
經完成了第五輯，共有 100 卷，涵蓋了 20 世紀中國文學〔註228〕。《中國近代
文學大系》也已編纂完成〔註229〕。值得關注的是，春風文藝出版社已然啓動
了「21 世紀中國文學大系」的工程，這顯然是前輩工作的薪火承傳。

關於《中國新文學大系》特別是其第一輯（1917～1927）的研究成果已有
許多，學界從不同角度、不同方面探討了它的緣起、特色、意義與局限。〔註230〕

〔註227〕1935 年秋，蔡元培在《中國新文學大系》剛出版時，就向他建議可以續編第
　　　　二期，但更好是編一套翻譯作品集，趙家璧採納了這一意見。他決定從短篇
　　　　小說著手，將這套叢書命名為「世界短篇小說大系」，作為「中國新文學大系」
　　　　的姊妹篇。他列出了十位候選者，從各人負責的部分看，涵蓋了歐美、日本、
　　　　蘇聯及其他一些國家：傅東華（英國集）、黎烈文（法國集）、鄭伯奇（日本
　　　　集）、趙家璧（美國集）、郭沫若（德國集）、郁達夫（斯堪的納維亞部分，包
　　　　括瑞典、挪威、芬蘭、丹麥等國）、戴望舒（南歐集，主要是意大利和西班牙
　　　　文學）、魯彥（「新興國」集，主要是一戰後巴爾幹半島上的新興國家，包括
　　　　波蘭、匈牙利、羅馬尼亞、保加利亞、南斯拉夫、愛沙尼亞、立陶宛等）、耿
　　　　濟之（俄國集）、曹靖華（蘇聯集）。只是後來因種種原因特別是日軍入侵而
　　　　無法實現。見趙家璧：《編輯憶舊》，《新文學史料》1978 年第 1 期、1979 年
　　　　第 3 期。

〔註228〕《中國新文學大系》第一輯（1917～1927），趙家璧策劃，上海良友圖書公司
　　　　1935～1936 年出版。《中國新文學大系》第二輯（1927～1937）20 卷於 1989
　　　　年出齊，第三輯（1937～1949）20 卷於 1991 年出版，第四輯（1949～1976）
　　　　20 卷於 1997 年出版。第五輯（1976～2000）30 卷，由王蒙、王元化任總主
　　　　編，2009 年 7 月出版。至此，《中國新文學大系》完成了百卷工程。

〔註229〕《中國近代文學大系》（1840～1919）由范泉任總編纂，分為《文學理論集》
　　　　《小說集》《散文集》《詩詞集》《戲劇集》《筆記文學集》《俗文學集》《民間
　　　　文學集》《書信日記集》《少數民族文學集》《翻譯文學集》《史料索引集》12
　　　　個專集，30 冊，2000 萬字。1996 年由上海書店完成整套叢書的出版，被譽
　　　　為「集近代文學精萃，是現代文學橋樑」。

〔註230〕對《中國新文學大系》（1917～1927）的研究，既有文學角度，也有傳播、出
　　　　版角度，既有肯定，也有反思、質疑。如楊義：《新文學開創史的自我證明——
　　　　——為〈中國新文學大系導言集〉所作導言》，《文藝研究》1999 年第 5 期；溫
　　　　儒敏：《論〈中國新文學大系〉的學科史價值》，《文學評論》2001 年第 3 期；
　　　　羅崗：《「分期」的意識形態——再論現代「文學」的確立與〈中國新文學大
　　　　系（1917～1927）〉的出版》，《華東師範大學學報》2001 年第 2 期；岳凱華：
　　　　《知識分子與中國現代文學經典的建構——由〈中國新文學大系〉（1917～
　　　　1927）引發的思考》，《中國文學研究》2002 年第 3 期；趙修慧：《一個年青
　　　　編輯的夢想——紀念〈中國新文學大系〉出版七十週年》，《出版史料》2005
　　　　年第 3 期；鄭瑜：《〈中國新文學大系〉之傳播學研究》，《南方文壇》2008 年

本文在借鑒已有成果的基礎上，力圖分析其中的語言批評到底有著怎樣的表現及意義，它是如何介入和影響到文學史的敘述的，在新文學經典化的過程中又起到了怎樣的作用。

首先來看它的緣起。這套叢書的出現，其創意來自良友公司一個僅有二十多歲的年輕編輯——趙家璧。據他後來的回憶，當初之所以對新文學萌生編纂大型文學選集的念頭，是因他於 1933 年到內山書店，見到日本文學文庫而觸發的：

> 有一次，內山先生送了我幾本日本的新書目錄。目錄中有一套日本創作文學的文庫，按時代先後編成完整的一套。當時正值國民黨提倡復古運動，叫青年學生尊孔讀經；進步的文化人都認爲應當繼承和發揚「五四」運動的革命傳統，才能拯救中國。「五四」運動離開那時不過十多年，但是許多代表作品已不見流傳，文學青年要找這些材料同古書一樣要跑舊書攤。日本的文庫計劃就觸動了我要出版一個「五四以來文學名著百種」的念頭。〔註231〕

「五四以來文學名著百種」雖沒有編成，但趙家璧在這裡提到了編纂《中國新文學大系》的重要背景：國民黨的復古運動，在社會上掀起尊孔讀經的逆流，包括後來圖書雜誌審查委員會的成立，構成了對「五四」新文學的否定和文化圍剿。尊孔讀經，文言與白話論爭再起，對於現代白話文學而言，顯

第 3 期：趙學勇：《〈中國新文學大系（1917～1927）〉研究述評》，《中國現代文學研究叢刊》 2008 年第 5 期；林丹燕：《關心書的命運——從〈中國新文學大系〉看趙家璧的圖書營銷》，《中國科教創新導刊》2009 年第 1 期；邱煥星：《〈中國新文學大系〉的「新文學」本位觀質疑——以學衡派的定位爲例》，《東方論壇》2009 年第 1 期等。

另外，還有不少博碩士學位論文也以《中國新文學大系》（1917～1927）爲研究對象，如朱智秀：《〈中國新文學大系（1917～1927）·小說選集·導言〉研究》，蘭州大學中國現當代文學專業博士學位論文，2008 年；李廣：《現代文學研究視野中的〈中國新文學大系〉》，青島大學中國現當代文學專業碩士學位論文，2005 年；覃寶鳳：《論〈中國新文學大系〉（第一個十年：1917～1927）的編纂》，華中師範大學中國現當代文學專業碩士學位論文，2007 年；石中華：《論〈中國新文學大系〉導言中的批評思想》，華中師範大學文藝學專業碩士學位論文， 2008；盛映紅：《〈中國新文學大系〉初探》，廈門大學文藝學專業碩士學位論文，2009 年；吳曉琛：《五四時期小說中的母親形象——以〈中國新文學大系〉（1917～1927）中的小說爲考察中心》，華東師範大學中國現當代文學專業碩士學位論文，2010 年等。

〔註231〕趙家璧：《編輯憶舊》，《新文學史料》1979 年第 3 期。

然是一種挑釁。但是除了這樣的外部因素之外，新文學也面臨著內部的危機：在「大眾語運動討論中，在反擊『文言復興』的理論文章裏，也暴露了少數新文學工作者否定五四文學革命，否定白話文成就的過『左』言論」〔註232〕。其實內部危機早已發生：20 年代「革命文學」的興起，恰恰是以否定「文學革命」為重要標誌；此後 30 年代的「大眾語」運動，倡議者們以大眾的代言人身份出現，批判「五四」新文學的不徹底性，其中一個理由就是認為「五四」白話文仍然是資產階級的工具，脫離人民大眾。魯迅還發現象劉半農這樣的人物，都早已是「對於那時的白話，尤其是歐化式的白話的偉大的『迎頭痛擊』者」，終於成為「《論語》社的同人」〔註233〕；而「別一枝討伐白話的生力軍，是林語堂先生」，提倡的是語錄體的文言。〔註234〕

更值得注意的是，當年的親歷者至此時，大多都已放棄了激進的態度，轉而對「五四」、對中國傳統文學採取了更為理性的態度，研究上也走向深入，但這對於「五四」新文學絕對權威地位的樹立，卻未必是一件好事。例如，1932 年周作人應邀到輔仁大學講學，後出版了《中國新文學的源流》一書。周作人將新文學追溯到晚明，並將文學發展歸為「言志」派與「載道」派的此消彼長。他並沒有否定「五四」新文學，而是強調了「五四」新文學與中國傳統文學的內在關聯。但是編者「平白」選擇周作人的《論八股文》和沈啓無編的《近代散文鈔篇目》作為「附錄」收入該書，特別是《論八股文》實際「是在揭示『新文學』與『八股文』之間通過『駢文』和『古文』（桐城派）在『內容』與『形式』兩個方面具有的環環相扣而難以剝離的因緣關係」，因而「平白」就據此附上了《近代散文鈔篇目》，認為「『文學革命』散文方面之新文學，搜羅幾備矣」。這「適應了同時也影響了 30 年代文壇在對文學的遊戲性、裝飾性、享樂性追求中的『復舊』趨向，是對『五四』以白話文取代文言文的叛離，同時這也成為商家的一個文化賣點，京派以至海派文人趨之若鶩」。《現代》的主編施蟄存，就在此時推出《莊子》與《文選》為青年文學讀物，正是這一趨勢的產物。對此，魯迅的《重三感舊──一九三三年憶光緒朝末》，再次拿出當年錢玄同的「桐城謬種」、「選學妖孽」口號，包

〔註232〕趙家璧：《話說中國新文學大系》，《新文學史料》1984 年第 1 期。

〔註233〕魯迅：《玩笑只當它玩笑（上）》，《魯迅全集》（第五卷），人民文學出版社 2005 年，第 547 頁。

〔註234〕魯迅：《玩笑只當它玩笑（下）》，《魯迅全集》（第五卷），人民文學出版社 2005 年，第 553 頁。

含了魯迅對現代白話文學成長艱辛的獨特體會與思考。〔註235〕

　　面對這樣的困境，新文學陣營自然也不會束手待斃，對「五四」新文學的整理工作其實在《中國新文學大系》出版之前就已開始。1934 年，阿英編選出版了《中國新文學運動史資料》。對新文學資料的搶救、整理，是趙家璧和新文化人共同的心願。特別是阿英提到劉半農的《初期白話詩稿》，對趙家璧觸動極大。《初期白話詩稿》是劉半農編選，1933 年由北平星平堂書店出版，收錄了 1917 到 1919 年間，李大釗、沈尹默、沈兼士、周作人、胡適、陳衡哲、陳獨秀、魯迅 8 人的 26 首白話詩。此書的目的是「用以紀念白話詩十五週年」，編者本是「為著好玩，並沒有什麼目的，更沒有想到過：若干年後可以變成古董」。劉半農向陳衡哲說到要印這本書時，陳衡哲說：「那已是三代以上的事，我們都是三代以上的人了。」劉半農也感到「當初努力於文藝革新的人，一擠擠成了三代以上的古人」。〔註236〕如此的感慨，自然顯示出搶救「五四」新文學成果的重要性。

　　而就當時已有的成果來看，新文化陣營很不滿意。阿英就提到，自 1915 年到 1936 年，二十多年來「我們竟還不能有一部較好的中國新文學史」。所能找到的書籍只有王哲甫《中國新文學運動史》（1933）和他自己編的《中國新文學運動史資料》（1934），「後者只是史料的輯集，前者事實上是不能使人認為滿意的史書」，此外則不過是一些斷簡殘章。〔註237〕這與新文化運動的輝煌成就與巨大影響太不相稱。

　　再來看《中國新文學大系》自身的特點。在時間分期上，採用的是茅盾的意見。阿英提出以「五四」運動到「五卅」運動為限：「從『五四』到『五卅』，在時間上，大約是九年的光景，這一個時期，可說是文學革命期」。但是茅盾的看法不同，他的意見是從 1917 年到 1927 年，而 1919 到 1925 年

　　　　這六年雖然在新文學史上好像熱鬧得很，其實作品並不多。弟
　　以為不如定自「五四」到「北伐」，即一九一九年──一九二七年，
　　如此則把現代中國文學分為兩個時期，即「五四」到「北伐」，「北
　　伐」到現在。……本來「五四」到「五卅」不過表示了「里程碑」，

〔註235〕參見陳方競：《多重對話：中國新文學的發生》，人民文學出版社 2003 年，第398～399 頁。
〔註236〕趙家璧：《話說中國新文學大系》，《新文學史料》1984 年第 1 期。
〔註237〕阿英：《中國新文學大系·史料·索引序例》，阿英編選：《中國新文學大系·史料·索引》，上海文藝出版社 2003 年影印本，第 1～2 頁。

事實上，第一本的「建設的文學理論」，就有許多重要文章是發表在「五四」以前。從 1917 到 1927，十年斷代是並沒有毛病的。〔註238〕良友公司在出版《中國新文學大系》時特意提出這是「現代文學運動第一個十年（1917～1927）的再現」。將時間範圍限定在 1917～1927 年，有著格外重要的意義：不僅劃定了中國新文學的起始，將此前的文學特別是晚清文學統統打入「舊」文學的範圍，而且這個「新文學」同時還是「現代文學」，此前的文學及新文學陣營之外的文學則都是非「現代」的。這實際是爲「五四」新文學奪得了話語權力。

在內容編排上，《中國新文學大系》這部十卷本的煌煌巨著由親歷「五四」的權威人士來撰寫導言、編選作品，提供了「五四」文學主張的合法性：

《建設理論集》，胡適編選並撰寫導言；

《文學論爭集》，鄭振鐸編選並撰寫導言；

《小説一集》，茅盾編選並撰寫導言；

《小説二集》，魯迅編選並撰寫導言；

《小説三集》，鄭伯奇編選並撰寫導言；

《散文一集》，周作人編選並撰寫導言；

《散文二集》，郁達夫編選並撰寫導言；

《詩集》，朱自清編選並撰寫導言；

《戲劇集》，洪深編選並撰寫導言；

《史料・索引》，阿英編選。

這一做法，實際就是一個自我經典化的過程，但它同時又是以西方爲參照、以西方在中國的代言人自居、顛覆傳統中國文學經典而重塑經典的過程，因而劉禾認爲，《中國新文學大系》不僅意味著「五四」知識分子自我合法化的努力，也是「一個自我殖民的規劃，西方成爲人們賴以重新確定中國文學的意義的終極權威」〔註239〕。劉禾舉出的例子就是蔡元培爲《中國新文學大系》撰寫的總序，以西方的文化史來比附中國的文化史，特別是以西方文藝復興來比附中國的文學革命；此外則是《中國新文學大系》的編選者們把文類確

〔註238〕見趙家璧：《話説中國新文學大系》，《新文學史料》1984 年第 1 期。

〔註239〕劉禾：《跨語際實踐——文學，民族文化與被譯介的現代性（中國，1900～1937）》，宋偉傑等譯，三聯書店 2002 年，第 332 頁。

定爲小說、詩歌、戲劇和散文四種。〔註240〕值得注意的是，趙家璧在爲《中國新文學大系》寫的「前言」中，同樣認爲新文學運動「對於未來中國文化史上的使命，正像歐洲的文藝復興一樣，是一切新的開始」〔註241〕。

　　同樣不可忽視的是，《中國新文學大系》中的語言批評，有著舉足輕重的地位。這表現在兩個方面：一是《中國新文學大系》的所有編選者都將「新文學」之「新」理解爲至少包括形式（白話）和內容或觀念（現代思想）兩部分，因而文言作品哪怕是新文學作家自己創作的文言作品也被排除在外；二是《中國新文學大系》的理論部分格外突出。正如劉禾所說，「理論起著合法化作用，同時它自己也有了合法性地位。」〔註242〕

　　這裡所講的理論的突出，首先表現爲理論部分所佔的篇幅很大，光是獨立成書的就有兩卷：一卷是胡適編選的《建設理論集》，一卷是鄭振鐸編選的《文學論爭集》，此外還有蔡元培爲整套叢書撰寫的總序、各編選者爲每一集撰寫的長篇導言，共同構成了一個相當可觀的規模，目的是「使這部《大系》不單是舊材料的整理，而且成爲歷史上的評述工作」。〔註243〕不僅如此，上海良友復興圖書印刷公司還在 1940 年專門出版了《中國新文學大系導論集》，理論的突出可見一斑。

　　除此之外，理論意識其實還貫穿在人選的敲定、資料的選擇等方方面面，《中國新文學大系》實際建立起了一個嚴密的話語體系，即將它自身確證爲「新」的、「現代」的、「進步」的文學的代表。楊義認爲，「整部《大系》始於理論而終於資料，以理論爲首而張揚精神，以資料爲足而站穩腳根，中間以流派創作爲體而顯示實績，從而形成一個嚴密而富有變化的結構完整的有機體」〔註244〕。

　　也正因爲這樣，《中國新文學大系》就超出了單純的文學選本的意義，而成爲新文學第一個十年的成果展示，成爲中國現代文學第一個十年的發展

〔註240〕劉禾：《跨語際實踐——文學，民族文化與被譯介的現代性（中國，1900～1937）》，宋偉傑等譯，三聯書店 2002 年，第 331～332 頁。

〔註241〕趙家璧：《前言》，胡適編選：《中國新文學大系·建設理論集》，上海文藝出版社 2003 年影印本，第 1 頁。

〔註242〕劉禾：《跨語際實踐——文學，民族文化與被譯介的現代性（中國，1900～1937）》，宋偉傑等譯，三聯書店 2002 年，第 330 頁。

〔註243〕趙家璧：《話說中國新文學大系》，《新文學史料》1984 年第 1 期。

〔註244〕楊義：《新文學開創史的自我證明——爲〈中國新文學大系導言集〉所作導言》，《文藝研究》1999 年第 5 期。

史，具有了文學史的意義。而那些與新文學陣營持有不同意見的聲音就都被排斥在外，成爲「他者」。但是「他者」又並非是沉默的，他們的聲音也出現在了《中國新文學大系》之中，只是這些聲音實際也是被建構起來的，是被他們的「反對者」——新文化陣營表述出來的，而非他們自身原有的聲音。在這個篩選、過濾、表述的過程中，反對者的觀念無疑變形、扭曲，甚至直接就成了證明其自身「反動」和新文化陣營「正義」的證據。

因此，劉禾認爲新文化陣營正是憑藉理論「這種象徵權威而自命爲現代文學的先行者，同時把其對手打入傳統陣營」，這種「自我合法化」「不得不同時消解他者的合法性，這常常需要用自己的措辭來虛構他者的語言，而不是對他者的聲音進行實際的壓抑」〔註245〕。可見新文化陣營在確立自身地位過程中，實際採用了非此即彼的二元對立式策略，凸顯自身的正義性。

《中國新文學大系》在這一點上體現得很明顯。如胡適在《建設理論集》中以「逼上梁山」爲題回顧了自己一步步被逼上白話文學創作的過程，實際是向世人展示自己的白話文學觀念一步步成熟、白話文學的主張一步步勝利的歷程，在此基礎上還切斷了與晚清的關聯，從而將文學革命的「革命」意義推到了極致。

尤其是在導言中，胡適強調白話作爲文學的惟一合法工具的重要性並以此來整理文學史，以西方的文藝復興比附中國的文學革命，認爲文藝復興實現了「言文一致」，要在中國實現這一目標，就必須依靠白話文學。胡適的這一觀念，與蔡元培的《總序》也是一致的。因此，「言文一致」的觀念及探討「言文一致」的變革，自然就進入了胡適的視野，獲得了它的合法地位。於是，中國／西方、古典／現代、文言／白話、死文字／活文字、死文學／活文學等一系列二元對立在胡適的文中就建立了起來。

在鄭振鐸編選的《文學論爭集》中，這一點體現得更爲鮮明。該卷收入了王敬軒、劉半農的通信，這正是新文化陣營爲倡導白話文學、打倒反對派，由錢玄同、劉半農自編自導的雙簧戲，林紓就上了當。楊聯芬認爲，這件事是「典型的爲求『實質正義』而犧牲程序正義的實例」，「以五四激進主義爲視角的文學史，由於『省略』了一些偶然事件和細節，一方面使得這個過程被簡化，另一方面這場帶有很強策略表演的論戰，在歷史主義的梳理下，帶

〔註245〕劉禾：《跨語際實踐——文學，民族文化與被譯介的現代性（中國，1900～1937）》，宋偉傑等譯，三聯書店 2002 年，第 330 頁。

上某種虛假的崇高色彩；在這種色彩中，林紓的形象是扭曲的」。〔註 246〕因此，在《建設理論集》和《文學論爭集》中收入的林紓致蔡元培信、小說《妖夢》及《論古文白話之相消長》，就是林紓「反動」的證據。

　　《文學論爭集》名義上收入了反對派的聲音，但在這裡正如劉禾所言，「新文化人士和『保守派』之間的所有論爭的安排和設置都有助於前者按照自己的理論來合法化自己的立場」。〔註 247〕「理論在一個話語領域裏扮演了合法性角色，在這個話語領域長期的象徵資本是一種比金錢更好的投資」，「理論起著合法化作用，同時它自己也具有了合法性地位，它以其命名能力、引證能力、召喚和從事修辭活動的能力使象徵財富和權力得以複製、增值和擴散。五四作家和批評家憑藉這種象徵權威而自名爲現代文學的先行者，同時把其對手打入傳統陣營，從而取得爲遊戲雙方命名和發言的有利地位」。〔註 248〕

　　當「五四」新文學要表現出與傳統的決裂時，它需要借助的最主要資源自然是西方。在爲《中國新文學大系》作的「總序」中，蔡元培就是高屋建瓴地將新文學運動與歐洲的文藝復興相比附：「五四運動的新文學運動，就是復興的開始。」〔註 249〕雖然此前將二者聯繫在一起的做法早已有之，如胡適就是一個最熱心的人士，但是蔡元培此舉也是他自身思考的結果，他實際上也認可文學革命爲中國的文藝復興，〔註 250〕而且此舉更重要的意義在於，它

〔註 246〕楊聯芬：《晚清至五四：中國文學現代性的發生》，北京大學出版社 2003 年，第 125 頁。

〔註 247〕劉禾：《跨語際實踐──文學，民族文化與被譯介的現代性（中國，1900～1937）》，宋偉傑等譯，三聯書店 2002 年，第 331 頁。

〔註 248〕劉禾：《跨語際實踐──文學，民族文化與被譯介的現代性（中國，1900～1937）》，宋偉傑等譯，三聯書店 2002 年，第 330 頁。

〔註 249〕蔡元培：《總序》，胡適編選：《中國新文學大系·建設理論集》，上海文藝出版社 2003 年影印本，第 3 頁。

〔註 250〕蔡元培對於中國的文藝復興説法不一，但主要是認爲以文學革命爲起點的新文化運動是中國文藝復興的初期。他很注重把中國古代文藝與西方文藝復興進行比照，早在 1920 年，他就指出文言的「句讀、音調，是與人類審美的性情相投的，所以愈演愈精，一直到六朝人駢文，算是登峰造極了。物極必反，有韓昌黎、柳柳州等提倡古文，這也算文學上一次革命，與歐洲的文藝中興一樣」。見《在國語講習所演說詞》，《蔡元培全集》（第 4 卷），浙江教育出版社 1997 年，第 153 頁。1921 年，蔡元培從文化的視野提出了「中國文藝中興」的命題：中國「西曆紀元前六世紀至前三世紀間，學術發展，與希臘時代相等。自紀元前二世紀至紀元後七世紀，均爲煩瑣哲學時代，與歐洲十六世紀以前相等。自十八世紀以至今日，始爲文藝中興時代起點」，「考歐洲文藝中興之起點，均歸功於意大利詩人但丁之文學。今中國之新文化運動，

再次賦予了「五四」新文學無可置疑的權威地位。不僅如此，蔡元培也進一步強化了提倡白話文的文學革命所獨具的「現代」意義，認爲這是晚清難以企及的：「那時候（指晚清——引者注）作白話文的緣故，是專爲通俗易解，可以普及常識，並非取文言而代之。主張以白話代文言，而高揭文學革命的氣質，這是從《新青年》時代開始的。」〔註 251〕語言變革的意義及其先導作用，又一次被提到了突出的位置。這一意義在蔡元培看來，一方面是其具有與歐洲文藝復興的人文主義精神相一致的內涵：「歐洲復興時期以人文主義爲標榜，由神的世界而渡到人的世界。……我國近代本目文言文爲古文，而歐

亦先從文學革命入手。……吾敢斷言爲中國文藝中興之起點」。見《在舊金山中國國民黨招待會上的演說詞》，《蔡元培全集》（第 4 卷），浙江教育出版社 1997 年，第 365 頁、第 367 頁。1923 年，蔡元培在比利時發表了題爲「中國的文藝中興」的演講，認爲「中國和歐洲，只表面上有不同的地方，而文明的根本是差不多的。倘再加留意，並可以察出兩方文明進步的程序，也是互相彷彿的」，「十八世紀起，有許多學者專門研究言語學、歷史學、考古學，他們所用的方法，與歐洲科學家一樣，這是中國文藝中興的開端。……直到最近三十年，在國內受高等教育與曾經在歐美留學的學者，才把歐洲的眞正文化輸入中國，中國才大受影響，……這是中國文藝中興發展的初期」。見《中國的文藝中興》《蔡元培全集》（第 5 卷），浙江教育出版社 1997 年，第 85 頁、第 87 頁。1934 年，蔡元培又提出，「觀察我國的文化運動，也可用歐洲的文藝復興作一種參證。我國當戰國時代，諸子百家，同時並起，可以當歐洲的希臘。後來，漢武帝用董仲舒議罷黜百家，儒家言儼然有國教的資格，與歐洲中古時代的基督教相當。此後，由印度輸入佛教，民間的多神信仰，又彷佛教而編爲道教，然亦不能奪儒家之席，而漸被其同化。到宋、明時代，儒者又把佛、道兩家抽象的理論，融合到儒家學說裏面去，就叫理學。這正與歐洲中古時代的煩瑣哲學相當。直至清代，學者始漸悟空談理義之無謂，乃用歸納法，治詁訓考訂，名曰漢學，即含有復古的意義；而經、子並治，恢復到董仲舒以前的狀況了。到戊戌政變時代，有昌言改制、利用西學的運動，但仍依託孔教，正如文藝復興時代，美術的形式，雖融入希臘風，但所取材料，還不脫基督教經典，也是過渡時期所不能免的現象」。見《吾國文化運動之過去與將來》，《蔡元培全集》（第 7 卷），浙江教育出版社 1997 年，第 592～593 頁。1935 年 8 月，在爲《中國新文學大系》寫總序之時，蔡元培高度評價了新文學運動，他認爲「歐洲近代文化，都從復興時代演出；而這時代所復興的，爲希臘、羅馬的文化，是人人所公認的。我國周季文化，可與希臘、羅馬比擬，也經過一種煩瑣哲學時期，與歐洲中古時代相進行教坼，非有一種復興運動，不能振發起衰。五四運動的新文學運動，就是復興的開始」。這是他一貫的主張。見蔡元培：《〈中國新文學大系〉總序》，《蔡元培全集》（第 8 卷），浙江教育出版社 1997 年，第 109 頁。

〔註 251〕蔡元培：《總序》，胡適編選：《中國新文學大系‧建設理論集》，上海文藝出版社 2003 年影印本，第 10 頁。

洲人目不通行的語言爲死語，劉大白參用他們的語意，譯古文爲鬼話；所以反對文言提倡白話的運動，可以說是棄鬼話而取人話了」；另一方面，文學革命與歐洲國語文學的興起具有同樣的意義：「歐洲中古時代，以一種變相的拉丁文爲通行文字，復興以後，雖以研求羅馬時代的拉丁文與希臘文，爲復興古學的工具，而別一方面，卻把各民族的方言利用爲新文學的工具。……遂產生各國語的新文學。我們的復興，以白話文爲文學革命的條件，正與但丁等同一見解。」〔註252〕因此，「這場鬥爭成敗的關鍵完全在於誰能夠掌握代表中國和西方發言的權力」。〔註253〕

　　前面已經提到，良友公司在出版《中國新文學大系》時特意提出這是「現代文學運動第一個十年（1917～1927）的再現」。但是，純客觀地再現歷史是不可能的。對於《中國新文學大系》的編選者們而言，當他們聚合爲一個編選集體，共同回顧「五四」新文學時，在確立文學革命特別是其號召以白話代文言的里程碑意義上，他們的確在總體上有著態度的同一性。但是深入探究可以發現，在總體的同一性下，個人的觀念、態度還是有差別的。畢竟，在文學革命發生之時，新文化陣營內部的聲音就不是完全相同的。雖然他們在反對舊文學、提倡新文學這一點上態度一致，但在具體問題和應對策略上，如怎樣處理文言與白話的關係、什麼是文學、文學之文與應用之文的關係、如何建設新文學，各家往往有自己獨立的思考，這才形成了「五四」眾聲喧嘩的局面，也才使「五四」變得豐富多彩。更何況在二三十年代他們又經歷了「五四」退潮的彷徨、文學思潮與流派的論爭、「革命文學」的論爭、大眾語與大眾文藝的討論，新文化人在反思、論爭、重組中經歷著洗禮，更不可能重現當年的「五四」心態與觀念了。而且這一次的編選群體，也並非全部都是當年的《新青年》同人。除蔡元培、胡適、魯迅、周作人外，鄭振鐸、茅盾、郁達夫、鄭伯奇、洪深、朱自清、阿英都只能算是「五四」的晚輩人物了，加上各人的成長背景、知識結構、政治立場不盡相同，這就導致他們對「五四」新文學的敘述，必然呈現出外在和內在的差異。

　　首先，由於各人關注的重點不同，所以論述上也有差別。茅盾和鄭伯奇

〔註252〕蔡元培：《總序》，胡適編選：《中國新文學大系·建設理論集》，上海文藝出版社 2003 年影印本，第 10 頁。

〔註253〕劉禾：《跨語際實踐——文學，民族文化與被譯介的現代性（中國，1900～1937）》，宋偉傑等譯，三聯書店 2002 年，第 331 頁。

更關心文學對社會生活的反映、文學思潮的演變，因而他們的導言也集中在這些方面。但大多數編選者還是著重強調了文學革命的歷程及其意義。

其次，在注重文學革命意義的編選者那裡，他們的態度也有所不同。胡適的《導言》和《逼上梁山》無疑過於凸顯了自己的作用和地位，鄭振鐸則更注重新文化陣營群體的功勞。他回顧了自《新青年》創刊到胡適發表《文學改良芻議》到陳獨秀發表《文學革命論》的歷程，特別稱讚陳獨秀在白話文學問題上不容許討論的強硬態度：「他是這樣的具著烈火般的熊熊的熱誠，在做著打先鋒的事業。他是不動搖，不退縮，也不容別人的動搖與退縮的！」鄭振鐸認爲，「革命事業乃在這樣的澈頭澈尾的不妥協的態度裏告了成功」〔註254〕。他的《文學論爭集》正是要凸顯出新文化陣營的「不妥協」態度及其鬥爭歷程，他用充滿激情的語言描繪道：

> 在那樣的黑暗的環境裏，由寂寞的呼號，到猛烈的迫害的到來，幾乎無時無刻不在興奮與苦鬥之中生活著。他們的言論和主張，是一步步的隨了反對者們的突起而更爲進步，更爲堅定；他們紮硬寨，打死戰，一點也不肯表示退讓。他們是不妥協的！
>
> 這樣的先驅者們的勇敢與堅定，正象徵了一個時代的「前夜」的光景。〔註255〕

這樣的描述，其傾向性和立場異常明確，反對者的眞實聲音和觀念，又怎麼可能得到客觀的呈現呢？

周作人也強調「新文學的散文可以說是始於文學革命」〔註256〕，他重提自己對晚清白話文與「五四」白話文所作的區分，以此展現新文學中白話散文的現代意義。但是經歷了對新文學的反思之後，周作人論述的重點並不在此。他首先強調了個性的因素，認爲「小品文是文學發達的極致，他的興盛必須在王綱解紐的時代」，「在未脫離集團的精神之時代，硬想打破他的傳統，又不能建立個性，其結果往往青黃不接，呈出醜態」。周作人進而強調了現代散文與傳統的關聯：「現今的散文小品並非五四以後的新出產品，實在是『古

〔註254〕鄭振鐸：《中國新文學大系・文學論爭集導言》，鄭振鐸編選：《中國新文學大系・文學論爭集》，上海文藝出版社2003年影印本，第3頁。

〔註255〕鄭振鐸：《中國新文學大系・文學論爭集導言》，鄭振鐸編選：《中國新文學大系・文學論爭集》，上海文藝出版社2003年影印本，第1頁。

〔註256〕周作人：《中國新文學大系・散文一集導言》，周作人編選：《中國新文學大系・散文一集》，上海文藝出版社2003年影印本，第1頁。

已有之』，不過現今重新發達起來罷了。」〔註257〕由此周作人也提到了文藝復興，但是他講到文藝復興與胡適不同：胡適顯然更強調西方的影響，而周作人卻更多地是從中國傳統自身來發掘資源：

> 我常這樣想，現代的散文在新文學中受外國的影響最少，這與其說是文學革命的，還不如說是文藝復興的產物，雖然在文學發達的程途上復興與革命是同一樣的進展。〔註258〕

這一段話本出自周作人1926年5月爲俞平伯《陶庵夢憶》所作的序，時隔九年，周作人仍將其用在導言中，可見他對20年代以來反思心得的堅持。1928年5月他在《雜拌兒》的跋文中又說：「現代的散文好像是一條湮沒在沙土下的河水，多少年後又在下游被掘了出來，這是一條古河，卻又是新的」，「這風致是屬於中國文學的，是那樣地舊而又這樣地新」。〔註259〕

　　周作人並不否認西方文學對中國現代散文的影響，他認爲後者恰恰是在傳統與西方的合力作用下才產生的：「中國新散文的源流我看是公安派與英國的小品文兩者所合成，而現在中國情形又似乎正是明季的樣子，手挈不動竹竿的文人只好避難到藝術世界裏去，這原是無足怪的。」〔註260〕只是在西方的作用已無需再強調的時候，周作人更看重現代散文與傳統的聯繫。他明確地將重點放在晚明文學，而他在輔仁大學講學的成果——《中國新文學的源流》，對公安派與新文學的內在聯繫作了進一步的展開。這些論述，也都收入了他所撰寫的導言。只是周作人眞正的興趣，其實在六朝文章，這一點他在導言中略有提及：「三代以後的文人裏我所喜歡的有陶淵明顏之推兩位先生，恰巧都是六朝人物。」〔註261〕

　　針對一些「純粹口語體的文章」，周作人委婉地表達了自己的意見。在他

〔註257〕周作人：《中國新文學大系‧散文一集導言》，周作人編選：《中國新文學大系‧散文一集》，上海文藝出版社2003年影印本，第6～7頁。

〔註258〕周作人：《中國新文學大系‧散文一集導言》，周作人編選：《中國新文學大系‧散文一集》，上海文藝出版社2003年影印本，第7頁。

〔註259〕周作人：《中國新文學大系‧散文一集導言》，周作人編選：《中國新文學大系‧散文一集》，上海文藝出版社2003年影印本，第8頁。

〔註260〕周作人：《中國新文學大系‧散文一集導言》，周作人編選：《中國新文學大系‧散文一集》，上海文藝出版社2003年影印本，第9頁。

〔註261〕周作人：《中國新文學大系‧散文一集導言》，周作人編選：《中國新文學大系‧散文一集》，上海文藝出版社2003年影印本，第9頁。關於周作人與六朝文章之間的關聯，陳平原：《中國現代學術之建立》第八章《現代中國的「魏晉風度」與「六朝散文」》有詳細論述，可參看。

看來，這樣的文章「有造成新文體的可能，使小說戲劇有一種新發展」，但是在小品文中，「必須有澀味與簡單味，這才耐讀，所以他的文詞還得變化一點」，具體說來就是「以口語爲基本，再加上歐化語，古文，方言等分子，雜糅調和，適宜地或吝嗇地安排起來，有知識與趣味的兩重的統制，才可以造出有雅致的俗語文來」。〔註262〕可見他並不欣賞純粹口語體的文章，至少不把它當做文章的極致。

同樣是編選散文，郁達夫在周作人的基礎上將「個性」因素提到了至高無上的地位，他雖然承認「自從五四運動起後，破壞的工作就開始了。最顯而易見的，就是文字的桎梏打破運動，……第二步運動，是那一層硬殼（郁達夫是指中國古代的國體組織、社會因襲以及宗族思想等──引者注）的打破工作」，但他強調「五四運動的最大的成功，第一要算『個人』的發現」，「以這一種覺醒的思想爲中心，更以打破了桎梏之後的文字爲體用，現代的散文，就滋長起來了」〔註263〕。因此，他發表了與胡適不同的意見。胡適在《五十年來中國之文學》中以白話散文的成功論證「美文」也可用白話：「散文方面最可注意的發展乃是周作人等提倡的『小品散文』。……這一類的作品的成功，就可徹底打破那『美文不能用白話』的迷信了」〔註264〕。郁達夫則認爲，最重要的是「個性」，語言形式還在其次，「一篇沒有作意沒有個性的散文，即使文言到了不可以再文，也決不能算是一篇文字的，美不美更加談不上了」。〔註265〕

朱自清在回顧新詩歷程時，注意到講求詩體解放的胡適的《談新詩》「差不多成爲詩的創造和批評的金科玉律了」〔註266〕，但是新詩創作的艱難是更大的問題，胡適強調以口語入詩，認爲「有什麼話，說什麼話；話怎麼說，就怎麼說。這樣方才可以有眞正的白話詩」。〔註267〕

〔註262〕周作人：《中國新文學大系·散文一集導言》，周作人編選：《中國新文學大系·散文一集》，上海文藝出版社 2003 年影印本，第 8 頁。

〔註263〕郁達夫：《中國新文學大系·散文二集導言》，郁達夫編選：《中國新文學大系·散文二集》，上海文藝出版社 2003 年影印本，第 5 頁。

〔註264〕胡適：《五十年來中國之文學》，歐陽哲生編：《胡適文集》（3），北京大學出版社 1998 年，第 263 頁。

〔註265〕郁達夫：《中國新文學大系·散文二集導言》，郁達夫編選：《中國新文學大系·散文二集》，上海文藝出版社 2003 年影印本，第 6 頁。

〔註266〕朱自清：《中國新文學大系·詩集導言》，朱自清編選：《中國新文學大系·詩集》，上海文藝出版社 2003 年影印本，第 2 頁。

〔註267〕胡適：《嘗試集·自序》，歐陽哲生編：《胡適文集》（9），北京大學出版社 1998 年，第 81 頁。

　　但是朱自清認爲，「給詩找一種新語言，決非容易」，只有周氏兄弟「全然擺脫了舊鐐銬」，「他們另走上歐化一路。走歐化一路的後來越過越多。──這說的歐化，是在文法上」〔註268〕。正如他自己所說的，白話並非口語，口語也不等於詩歌，「新詩的白話跟白話文的白話一樣，並不全合於口語，而且多少趨向歐化或現代化。本來文字也不能全合於口語，……有些詩純用口語，可以得著活潑親切的效果；徐志摩先生的無韻體就能做到這地步。」〔註269〕

　　朱自清的《導言》已經提到了晚清的「詩界革命」對於「五四」新詩運動「在觀念上，不在方法上，卻給予很大的影響」，但他強調「最大的影響是外國的影響」〔註270〕。洪深在戲劇集的《導言》中，則更凸顯了「五四」與晚清的關聯，這一點恰恰是胡適、周作人等不願承認的，胡適等人雖然也回顧了晚清的文字改革，但更強調「五四」與晚清的區別、斷裂。洪深強調了「工具的修整與創造」自晚清到「五四」都是一體的：「一部分人想著改革中國的語言和文字的本身；提出如注音字母，羅馬字母拼音，世界語等問題。有一部分人想利用中國原有的漢字，但改善漢字的使用法；提出如國語文法，標點，白話文等問題。另有一部分人想更進一層，利用白話文，創作出白話文學；使得它成爲那教育，領導，組織中國人，『在心理上情感上反封建』的工具；提出如白話文學，革命文學等問題。」〔註271〕

　　洪深由工具的改造而切入到白話文運動中，他認爲「提倡語體文這件事，卻是由來很久了」，一個突出的例子就是梁啓超的「新文體」。洪深從黃遠庸提倡「新文學」一直敘述到文學革命再到1920年教育部部令的頒佈，由此認爲「白話文的運動，可算是相當地成功了。這件事，梁胡陳劉錢（玄同）幾個人，最有功績」〔註272〕。在此，他也依然打通了晚清與「五四」。

　　魯迅對文學革命的意義獨有會心。在《導言》中，他開篇就說「凡是關心現代中國文學的人，誰都知道《新青年》是提倡『文學改良』，後來更進一步

〔註268〕朱自清：《中國新文學大系・詩集導言》，朱自清編選：《中國新文學大系・詩集》，上海文藝出版社2003年影印本，第3頁。
〔註269〕朱自清：《詩的形式》，《新詩雜話》，三聯書店，1984年版，第105頁。
〔註270〕朱自清：《中國新文學大系・詩集導言》，朱自清編選：《中國新文學大系・詩集》，上海文藝出版社2003年影印本，第1頁。
〔註271〕洪深：《中國新文學大系・戲劇集導言》，洪深編選：《中國新文學大系・戲劇集》，上海文藝出版社2003年影印本，第8頁。
〔註272〕洪深：《中國新文學大系・戲劇集導言》，洪深編選：《中國新文學大系・戲劇集》，上海文藝出版社2003年影印本，第8～10頁。

－317－

而號召『文學革命』的發難者」〔註273〕。將文學革命作爲劃定「現代中國文學」的標誌，強調白話文取代文言文的偉大意義，這是魯迅一生堅持的原則。他最爲深刻地指出了文學革命對「新文學」成爲中國「現代文學」開端的意義。

當然，在眾多編選者中，對白話文取代文言文的文學革命持有最深感情的，恐怕還是胡適。胡適明確地意識到他們所發動的文學革命、以白話文學爲正宗的主張，「這是推翻向來的正統，重新建立中國文學史上的正統」〔註274〕，所以他的《導言》從一開始就強調「文學革命的目的是要用活的語言來創作新中國的新文學，——來創作活的文學，人的文學」。中心理論有兩個，一個是要建立「活的文學」，一個是要建立「人的文學」，但是胡適強調的始終是前一個：「文學革命的作戰方略，簡單說來，只有『用白話作文作詩』一條是最基本的」，他還拉來西方作參照：「文學革命的運動，不論古今中外，大概都是從『文的形式』一方面下手，大概都是先要求語言文字文體等方面的大解放」。〔註275〕在胡適看來，既然「文字是文學的基礎」，那麼「先要做到文字體裁的大解放，方才可以用來做新思想新精神的運輸品」。所以胡適始終認爲「這一次的文學革命的主要意義實在只是文學工具的革命」〔註276〕，這成爲胡適終生堅持的一個原則。語言批評在《中國新文學大系》中的地位，在胡適那裡得到了最好的說明。

〔註273〕魯迅：《中國新文學大系・小說二集導言》，魯迅編選：《中國新文學大系・小說二集》，上海文藝出版社2003年影印本，第1頁。
〔註274〕胡適：《中國新文學大系・建設理論集導言》胡適編選：《中國新文學大系・建設理論集》，上海文藝出版社2003年影印本，第20頁。
〔註275〕胡適：《中國新文學大系・建設理論集導言》胡適編選：《中國新文學大系・建設理論集》，上海文藝出版社2003年影印本，第20頁。第1頁、第18～19頁、第27頁。
〔註276〕胡適：《中國新文學大系・建設理論集導言》胡適編選：《中國新文學大系・建設理論集》，上海文藝出版社2003年影印本，第27頁、第31頁。

結　語

　　「言文一致」在中國古代即已提出，但基本上是強調書面語與口語的一致。在中國近現代史上，「言文一致」這一命題，更多地是與現代民族國家建構的需要相契合的，從而帶有濃厚的意識形態色彩。它的意義，早已遠遠超出語文和文學的範圍，而波及到整個文化領域。

　　「言文一致」是針對言文分離而提出的一種要求和理想。言文分離，在中國古代主要表現爲口語與書面語的分離。言文分離之所以可能，從語言的層面看，是因爲漢字是表意文字，能夠相對於語言保持其獨立性，依託漢字而生成的文言，作爲一種書面語，同樣具有超越時空的穩定結構。更重要的是，言文分離主要是因古人的復古摹古心理在其作用，即對文言的頂禮膜拜。由此，中國古人主張的言文一致，強調要遵循語言自身發展變化的要求，強調表達眞情實感的重要性，主要的意義在於抨擊復古摹古的風氣與心態；而且這一觀念主要出現於漢代及以後，倡導者基本上認定上古之時書面語與口語是比較接近的，只是到了漢代之後才出現了言文分離的現象。

　　但是近現代以來的言文一致運動，卻變得極爲複雜。而且何謂「言文一致」，倡導者們或是根本未作解釋，或是按照各自的理解來談論問題，結果使這一問題愈顯複雜。總體上看，近現代的言文一致運動，既帶有歷史遺留的問題即口語書面語的分離，同時也深入到了語言與文字的分離。這是在以日本和西方爲參照的背景下發生的。不僅如此，近現代的言文一致運動由於是與現代民族國家的建構相一致的進程，因而語言文字問題帶有濃厚的意識形態色彩，逐步從教育普及、開啓民智發展到對中國文學和文化的總體反思與變革，而貫穿始終的則是啓蒙使命。因此，中國的言文一致運動，主要體現

爲促成語言文字一致的漢字改革運動和促成口語書面語統一的白話文運動。

漢字改革運動和白話文運動中，倡導者們也發現了漢字和漢語不僅僅是工具，而是帶有文化的色彩。但是他們又沒有眞正上昇到語言本體論的高度，而是始終在工具論和本體論之間徘徊，而且其中的意識形態色彩也影響了研究的深度。漢字改革運動的貢獻從語言的層面講，是促成了漢字研究的科學化，漢語拼音方案的制訂、簡化字等，是這一運動的成果，這是漢字發展的必然要求。而更深層次的意義，則是顚覆字本位的文學傳統，「從根本上動搖了傳統『文字—文學—文化』的具體結構」〔註1〕。白話文運動促成了現代白話的誕生，白話文取代文言文使後者退出了歷史舞臺，而且也在於口語的磨合中不再與後者截然分途。更深層的意義，則在於白話文運動打破了文言文承載的中國古代文學和古典思維方式的一統天下，顚覆了漢字和文言文相結合而形成的「共時文化體系」，〔註2〕使得現代文學和文化的誕生成爲可能。

但是二者的歷史局限也是存在的。就前者而言，從切音字運動到國語統一，乃至出現激進的廢除漢字的呼聲，漢字改革運動是以西方的拼音文字爲準繩而展開的，而在這場變革中，黎錦熙、錢玄同等人也注意到了漢字所具有的文化意義，由於中國文學和文化是字本位的，因而他們對國語羅馬字和萬國新語的提倡，實際更具有顚覆中國傳統文化的革命意義。只是這種革命，帶有明顯的語言烏托邦的色彩。

就白話文運動而言，晚清和「五四」的白話文運動，是要以白話文取代文言文。但是，無論是裘廷梁還是胡適，他們都是將在自己所說的「白話」等同於口語。實際上，白話這一概念在他們那裡本身就沒有得到清晰的梳理和清楚的解釋，按照現代語言學家的研究，白話更多地是指書面語。不僅如此，「五四」所提倡的白話文，與晚清白話文運動的根本區別，正是在於後者還是使用古白話，而前者已經在努力營造現代白話了。現代白話即國語是融合了古白話、文言、外來語和方言俗語等因素融合而成的，這樣的書面語不僅沒有接近口語，反而與當時的口語距離更大。因此大眾語運動的興起，正是以批判「五四」白話、造就眞正合於大眾口語的白話爲目的的。但是，作爲書面語的白話，是不可能與口語完全一致的，因此，晚清和「五四」的白

〔註1〕 龔鵬程：《文化符號學：中國社會的肌理與文化法則》，上海人民出版社2009年，第347頁。

〔註2〕 馬欽忠：《語言的詩性智慧》，學林出版社2004年，第254頁。

話文運動，帶有口語烏托邦的色彩。

　　晚清和「五四」的「言文一致」都注重從中國和西方兩方面尋找證據：他們相信上古時代（先秦）言文一致，西方自自古至今皆爲言文一致，這就從時間和空間兩方面都找到了依據。然而事實上，這兩方面的依據都是虛幻的。而無論是追求語言與文字的一致還是口語與書面語的一致，都是以口語爲旨歸，體現出口語化的要求，是一個追尋口語烏托邦的歷程。當然，晚清與「五四」的知識分子未必沒有意識到其中的問題，「言文一致」的提出，或許也是他們在想像上古與想像西方的基礎上採取的一種文化策略吧，其文化意義與意識形態色彩超過了學術意義。

　　總之，「言文一致」命題所涉及的問題在中國古代就已經提出，但是新的時代語境賦予了這一命題全新的內涵和意義，使之具有現代色彩。它在中國思想文化現代轉型的基礎上出現的，是在西學和中國傳統語言批評的共同作用下誕生的。「言文一致」體現出這樣一種思路：以西方語言文字爲參照重新審視漢語，以西方語言學爲準則建立現代漢語語法體系，通過語言和語言觀念的變革建設現代民族國家的文學與文化；

　　「言文一致」是晚清和「五四」兩代知識分子共同追求的目標，其中啓蒙是貫穿始終的總原則。言文之辯成爲這一命題提出的起點，這場爭辯通過對語言形式美問題的探討，催生了現代意義的「文學」觀念；語言／文字、口語／書面語的對立分別涉及到語言變革的兩大方面：文字變革與語言革新，而它們都與文學變革密切相關。此外，「言文一致」還涉及到雅／俗之爭，直接導致了小說這一文體的興起。而從總體來看，晚清與「五四」知識分子也在「言文一致」的追求中重新書寫著他們心目中的文學史，體現出對話語權力的重視以及建設新文化的自覺意識；

　　無論是晚清還是五四的知識分子，他們的語言觀念還沒有完全突破傳統意義上的語言工具論，儘管其論述已經展現出對語言作爲思想文化符號的朦朧意識。但是他們的語言批評之所以是現代的，是因爲他們已經跳出了漢語的範圍，而開始在中西比較的格局中重新審視漢語，而且他們已經多少意識到語言不僅僅是工具，而是具有深厚的意識形態意蘊，從意識形態的角度看待語言，「言文一致」就具有了思想革命的性質。因而他們的語言變革才不是僅限於語言文字，而是迅速波及到文學、教育等領域，最終發展爲波瀾壯闊的文化革新，爲新的語言體系和新的思想文化的建立奠定了堅實的基礎。

　　「言文一致」的提出，既有其合理的意義，但是也存著不少的問題。特別是在當下全球化的時代，在民族國家依然存在的時代，漢字漢語和漢文學依然是構成民族國家認同的重要資源。因此，「言文一致」追求過程中所出現的偏頗，也是值得我們認真反思的。

參考文獻

一、學位論文

1. 王楓：《新文學的建立與現代書面語的產生》，北京大學中國現當代文學專業博士學位論文，2000 年。
2. 劉琴：《言文互動：現代漢語與現代文學的關聯性研究》，浙江大學中國現當代文學專業博士學位論文，2007 年。
3. 王平：《清末民初的語言變革與現代文學雅俗觀的生成》，四川大學中國現當代文學專業博士學位論文，2007 年。
4. 吳曉峰：《國語運動和文學革命互動關係研究》，北京師範大學文藝學專業博士學位論文，2004 年。

二、期刊、論文

1. 葛兆光：《語言學批評的前景與困境：讀〈唐詩的魅力〉》，《讀書》1990年第 12 期。
2. 張頤武：《二十世紀漢語文學的語言問題》，《文藝爭鳴》1990 年第 4 期。
3. 張頤武：《二十世紀漢語文學的語言問題》（中），《文藝爭鳴》1990 年第 5 期。
4. 張頤武：《二十世紀漢語文學的語言問題》（下），《文藝爭鳴》1990 年第 6 期。
5. 許壽椿：《評對拼音文字「言文一致」的誤解和迷信》，《漢字文化》1992年第 3 期。
6. 鄭敏：《世紀末的回顧：漢語語言的變革與中國新詩創作》，《文學評論》1993 年第 3 期。
7. 張瑞德：《二十世紀西方詩學中的文學語言研究述要》，《鄭州大學學報》，1994 第 1 期。

8. 于迎春：《「雅」「俗」觀念自先秦至漢末衍變及其文學意義》,《文學評論》1996 年第 3 期。

9. 尤根‧哈貝馬斯：《公共領域》,汪暉譯,《天涯》,1997 年第 3 期。

10. 王光明：《中國新詩的本體反思》,《中國社會科學》1998 年第 4 期。

11. 曠新年：《胡適與白話文運動》,《中國現代文學研究叢刊》1999 年第 2 期。

12. 王楓：《文學革命與國語運動之關係》,《中國現代文學研究叢刊》2001 年第 3 期。

13. 黃念然：《論中國古代詩學的語言觀》,《學術月刊》2001 年第 5 期。

14. 殷國明：《「體用之爭」與白話文運動——20 世紀中國語言變革與文學發展關係的探討》,《河北學刊》2001 年第 6 期。

15. 郜元寶：《現代漢語：工具論與本體論的交戰——關於中國現代知識分子語言觀念的思考》,《當代作家評論》2002 年第 2 期。

16. 郜元寶：《音本位與字本位——在漢語中理解漢語》,《當代作家評論》2002 年第 2 期。

17. 郜元寶：《母語的陷落》,《書屋》2002 年第 4 期。

18. 郜元寶：《為什麼粗糙抬——中國現代知識分子語言觀念與現當代文學》,《文藝爭鳴》2004 年第 2 期。

19. 孫文憲《語言批評的世界：求索於言意之間》,《華中師範大學學報》1992 年第 1 期。

20. 孫文憲：《「以言破言」與「能指優勢」——論中西文學批評在語言意識上的一個差異》,《華中師範大學學報》2002 年第 3 期。

21. 孫文憲：《語言批評的演變》,《長江學術》2008 年第 3 期。

22. 曹衛東：《哈貝馬斯在漢語世界的歷史效果——以〈公共領域的結構轉型〉為例》,《現代哲學》2005 年第 1 期。

23. 陶東風：《文學公共領域的理想類型與應然品格》,《東方叢刊》2008 年第 4 期。

24. 王平：《語言重構的兩種向度——日本言文一致運動與晚清白話文運動之比較》,《蘭州大學學報》2009 年第 2 期。

25. 章毅：《日本近代文學與「言文一致」運動》,《東北師大學報》2009 年第 2 期。

三、著作

1. 許慎：《說文解字》,北京：中華書局 1963 年。

2. 張枬、王忍之編：《辛亥革命前十年間時論選集》（第二卷）,北京：三聯

書店，1963 年。

3. 張枬、王忍之編：《辛亥革命前十年間時論選集》（第三卷），北京：三聯書店，1977 年。

4. 趙爾巽等：《清史稿》，北京：中華書局，1977 年。

5. 阮元校刻：《十三經注疏》（上、下），北京：中華書局，1980 年影印本

6. 馬建忠：《馬氏文通》，北京：商務印書館，1983 年。

7. 《章太炎全集》，上海：上海人民出版社，1984 年。

8. 羅根澤：《中國文學批評史》，上海：上海古籍出版社，1984 年。

9. 陳獨秀：《陳獨秀著作選》（第一卷），上海：上海人民出版社，1984 年。

10. 錢鍾書：《談藝錄》（補訂本），北京：中華書局，1984 年。

11. 錢鍾書：《管錐編》，北京：中華書局，1986 年。

12. 王栻主編：《嚴復集》，北京：中華書局，1986 年。

13. 濮之珍：《中國語言學史》，上海：上海古籍出版社，1987 年。

14. 李澤厚：《中國現代思想史論》，北京：東方出版社，1987 年。

15. 張中行：《文言和白話》，哈爾濱：黑龍江人民出版社，1988 年。

16. 申小龍：《中國語言的結構與人文精神》，北京：光明日報出版社，1988 年。

17. 林毓生：《中國傳統的創造性轉化》，北京：三聯書店，1988 年。

18. 朱喬森編：《朱自清全集》（第三卷），南京：江蘇教育出版社，1988 年。

19. 梁啟超：《飲冰室合集》，北京：中華書局，1989 年。

20. 《瞿秋白文集·文學編》（第三卷），北京：人民文學出版社，1989 年。

21. 陳平原、夏曉虹編：《二十世紀中國小說理論資料》（第一卷），北京：北京大學出版社，1989 年。

22. 申小龍：《中國文化語言學》，長春：吉林教育出版社，1990 年。

23. 朱喬森編：《朱自清全集》（第四卷），南京：江蘇教育出版社，1990 年。

24. 胡適：《胡適口述自傳》，唐德剛譯，北京：華文出版社，1992 年。

25. 謝無量：《中國大文學史》，鄭州：中州古籍出版社，1992 年影印本

26. 熊月之：《西學東漸與晚清社會》，上海：上海人民出版社，1994 年。

27. 徐友漁：《「哥白尼式」的革命》，上海：上海三聯書店，1994 年。

28. 王一川：《語言烏托邦》，昆明：雲南人民出版社，1994 年。

29. 張中行：《文言和白話》，北京：中國社會科學出版社，1995 年。

30. 章太炎：《國學講演錄》，上海：華東師範大學出版社，1995 年。

31. 王運熙、顧易生主編：《中國文學批評通史》，上海：上海古籍出版社，

1996 年。

32. 姚淦銘、王燕編：《王國維文集》（1～4 卷），北京：中國文史出版社，1997 年。

33. 劉師培：《劉申叔遺書》，南京：江蘇古籍出版社，1997 年。

34. 劉師培著，陳引馳編校：：《劉師培中古文學論集），北京：中國社會科學出版社，1997 年。

35. 陳萬雄：《五四新文化的源流》，北京：三聯書店，1997 年。

36. 費錦昌主編：《中國語文現代化百年記事》，北京：語文出版社，1997 年。

37. 陳平原：《中國現代學術之建立──以章太炎、胡適之爲中心》，北京：北京大學出版社，1998 年。

38. 歐陽哲生編：《胡適文集》（1～12），北京：北京大學出版社，1998 年。

39. 《蔡元培全集》，杭州：浙江教育出版社，1997～1998 年。

40. 劉納：《嬗變：辛亥革命時期至五四時期的中國文學》，北京：中國社會科學出版社，1998 年。

41. 王德威：《想像中國的方法：歷史‧小說‧敘事》，北京：三聯書店 1998 年。

42. 《劉師培辛亥前文選》，北京：三聯書店，1998 年。

43. 王瑤主編：《中國文學研究現代化進程》，北京：北京大學出版社，1998 年。

44. 余虹：《中國文論與西方詩學》，北京：生活‧讀書‧新知三聯書店，1999 年。

45. 《錢玄同文集》，北京：中國人民大學出版社，1999 年。

46. 胡適：《四十自述》，合肥：安徽教育出版社，1999 年。

47. 吳世昌：《文史雜談》，北京：北京出版社，2000 年。

48. 黃侃：《文心雕龍札記》，上海：上海古籍出版社，2000 年。

49. 何九盈：《中國現代語言學史》，廣州：廣東教育出版社，2000 年。

50. 許紀霖編：《二十世紀中國思想史論》，上海：東方出版中心，2000 年。

51. 劉爲民：《科學與現代中國文學》，合肥：安徽教育出版社，2000 年。

52. 李歐梵：《現代性的追求》，北京：三聯書店，2000 年。

53. 錢鍾書：《七綴集》，北京：三聯書店，2001 年。

54. 郭紹虞主編：《中國歷代文論選》（1～4 冊），上海：上海古籍出版社，2001 年。

55. 《周作人自編文集》，石家莊：河北教育出版社，2002 年。

56. 劉禾：《跨語際實踐──文學，民族文化與被譯介的現代性（中國，1900

～1937）》，宋偉傑等譯，北京：三聯書店，2002 年。

57. 戴燕：《文學史的權力》，北京：北京大學出版社，2002 年。

58. 馬睿：《從經學到美學》，成都：四川民族出版社，2002 年。

59. 《呂叔湘全集》（第七卷），瀋陽：遼寧教育出版社，2002 年。

60. 陳平原主編：《中國文學研究現代化進程二編》，北京：北京大學出版社
    2002 年。

61. 羅志田：《國家與學術：清季民初關於「國學」的思想論爭》，北京：三
    聯書店，2003 年。

62. 申小龍：《漢語與中國文化》，上海：復旦大學出版社，2003 年。

63. 陳平原：《中國小說敘事模式的轉變》，北京：北京大學出版社，2003 年。

64. 陳方競：《多重對話：中國新文學的發生》，北京：人民文學出版社，2003
    年。

65. 《中國新文學大系》（1917～1927）（十卷本），上海：上海文藝出版社
    2003 年影印本

66. 陳嘉映：《語言哲學》，北京：北京大學出版社，2003 年。

67. 高玉：《現代漢語與中國現代文學》，北京：中國社會科學出版社，2003
    年。

68. 李澤厚：《中國近代思想史論》，天津：天津社會科學院出版社，2003 年。

69. 王曉明主編：《二十世紀中國文學史論》，北京：東方出版中心，2003 年。

70. 王爾敏：《中國近代思想史論》，北京：社會科學文獻出版社，2003 年。

71. 余英時：《中國思想傳統的現代詮釋》，南京：江蘇人民出版社，2003 年。

72. 楊聯芬：《晚清至五四：中國文學現代性的發生》，北京大學出版社，2003
    年。

73. 《黃遵憲集》，天津：天津人民出版社，2003 年。

74. 汪暉：《現代中國思想的興起》，北京：三聯書店，2004 年。

75. 左玉河：《從四部之學到七科之學——學術分科與近代中國知識系統之創
    建》，上海：上海書店出版社，2004 年。

76. 錢理群《周作人研究二十一講》，北京：中華書局，2004 年。

77. 郭慶藩：《莊子集釋》，北京：中華書局 2004 年。

78. 馬欽忠：《語言的詩性智慧》，上海：學林出版社，2004 年。

79. 陳國球：《文學史書寫形態與文化政治》，北京：北京大學出版社，2004
    年。

80. 許紀霖：《中國知識分子十論》，上海：復旦大學出版社，2004 年。

81. 葛兆光：《中國思想史》，上海：復旦大學出版社，2004 年。

82. 黃遵憲：《日本國志》，天津：天津人民出版社，2005年。

83. 《魯迅全集》，北京：人民文學出版社，2005年。

84. 梁啓超著、夏曉虹輯：《〈飲冰室合集〉集外文》，北京：北京大學出版社，2005年。

85. 林傳甲、朱希祖、吳梅著，陳平原輯：《早期北大文學史講義三種》，北京：北京大學出版社，2005年。

86. 許紀霖編：《20世紀中國知識分子史論》，北京：新星出版社，2005年。

87. 唐蘭：《中國文字學》，上海：上海古籍出版社，2005年。

88. 王德威：《被壓抑的現代性——晚清小說新論》，北京：北京大學出版社，2005年。

89. 李歐梵：《未完成的現代性》，北京：北京大學出版社，2005年。

90. 龔鵬程：《文化符號學導論》，北京：北京大學出版社，2005年。

91. 許紀霖編：《20世紀中國知識分子史論》，北京：新星出版社，2005年。

92. 胡適：《胡適留學日記》，合肥：安徽教育出版社，2006年。

93. 夏曉虹：《覺世與傳世——梁啓超的文學道路》，北京：中華書局2006年。

94. 夏曉虹、王風等：《文學語言與文章體式》，合肥：安徽教育出版社，2006年。

95. 袁進：《中國文學的近代變革》，桂林：廣西師範大學出版社，2006年。

96. 何九盈：《中國古代語言學史》（新增訂本），北京：北京大學出版社，2006年。

97. 葉維廉：《中國詩學》（增訂版），北京：人民文學出版社，2006年。

98. 王力：《中國語言學史》，上海：復旦大學出版社，2007年。

99. 黎澤渝、劉慶俄編：《黎錦熙文集》（上、下卷），哈爾濱：黑龍江教育出版社，2007年。

100. 錢基博：《現代中國文學史》，上海：上海書店出版社，2007年。

101. 陳鍾凡：《中國文學批評史》，南京：江蘇文藝出版社，2008年。

102. 郭紹虞：《中國文學批評史》，天津：百花文藝出版社，2008年。

103. 郭紹虞：《照隅室語言文字論集》，上海：上海古籍出版社，2009年。

104. 郭紹虞：《照隅室古典文學論集》（上、下編），上海：上海古籍出版社，2009年。

105. 龔鵬程：《文化符號學：中國社會的肌理與文化法則》，上海：上海人民出版社，2009年。

106. 〔瑞士〕費爾迪南·德·索緒爾：《普通語言學教程》，高名凱譯，北京：商務印書館，1980年。

107. 〔德〕恩斯特·卡西爾:《語言與神話》,於曉等譯,北京:三聯書店,1988 年。

108. 〔美〕郭穎頤:《中國現代思想中的唯科學主義(1900 — 1950)》,雷頤譯,南京:江蘇人民出版社,1990 年。

109. 〔德〕海德格爾:《詩·語言·思》,北京:文化藝術出版社,1991 年。

110. 〔美〕格里德:《胡適與中國的文藝復興——中國革命中的自由主義(1917 — 1937)》,魯奇譯,南京:江蘇人民出版社,1993 年。

111. 〔美〕費正清、劉廣京編:《劍橋中國晚清史》,北京:中國社會科學出版社,1993 年。

112. 〔德〕加達默爾:《哲學解釋學》,夏鎮平、宋建平譯,上海:上海譯文出版社,1994 年。

113. 〔美〕張顥:《梁啓超與中國思想的過渡(1890 — 1907)》,崔志海、葛夫平譯,南京:江蘇人民出版社,1995 年。

114. 〔德〕海德格爾:《海德格爾選集》,上海:上海三聯書店,1996 年。

115. 〔美〕費正清、費維愷編:《劍橋中華民國史》,北京:中國社會科學出版社,1998 年。

116. 〔美〕陳漢生:《中國古代的語言和邏輯》,周雲之等譯,北京:社會科學文獻出版社,1998 年。

117. 〔法〕雅克·德里達:《論文字學》,汪堂家譯,上海:上海譯文出版社,1999 年。

118. 〔德〕哈貝馬斯:《公共領域的結構轉型》,曹衛東等譯,上海:學林出版社,1999 年。

119. 〔美〕周策縱:《五四運動史》,陳永明等譯,長沙:嶽麓書社,1999 年。

120. 〔法〕米歇爾.福柯:《詞與物——人文科學考古學》,莫偉民譯,上海:上海三聯書店,2001 年。

121. 〔日〕狹間直樹編:《梁啓超·明治日本·西方——日本京都大學人文科學研究所共同研究報告》,北京:社會科學文獻出版社,2001 年。

122. 〔德〕威廉·馮·洪堡特::《論人類語言結構的差異及其對人類精神發展的影響》,姚小平譯,北京:商務印書館,2002 年。

123. 〔法〕米歇爾·福柯:《知識考古學》,謝強、馬月譯,北京:三聯書店,2003 年。

124. 〔德〕恩斯特·卡西爾:《人論》,甘陽譯,上海:上海譯文出版社,2004 年。

125. 〔日〕木山英雄:《文學復古與文學革命——木山英雄中國現代文學思想論集》,趙京華編譯,北京:北京大學出版社,2004 年。

126. 〔美〕約翰・克羅・蘭色姆：《新批評》，王臘寶、張哲譯，南京：江蘇教育出版社，2006 年。

127. 〔美〕劉若愚《中國文學理論》，杜國清譯，南京：江蘇教育出版社，2006年。

128. 〔美〕布魯克斯：《精緻的甕》，郭乙瑤譯，上海：上海人民出版社，2008年。

附錄：參考資料紀年彙編 [註1]

　　1887 年，黃遵憲完成《日本國志》，但遲至 1895 年才刊行。在中國近現代史上，他第一次提出了「言文一致」的目標。

　　1892 年，盧戇章製成「中國第一快切音新字」，其《一目了然初階（中國切音新字廈腔）》出版，這是最早的由中國人自己創制的字母是漢語拼音文字方案。目的在於「字話一律」，普及教育，實現全國語言文字之統一。他並不是要廢除漢字，而是主張「切音字與漢字並列」。他擬定的切音新字方案有 55 個字母。他提出將南京語音作爲各省之正音，把拼寫南京話的切音字作爲全國通行之正字。

　　1895 年，康有爲《新學僞經考》認爲文字必由繁趨簡，並提出了世界語文大同的理想：「全地語言文字皆當同，不得有異言異文」。

　　1895 年吳稚暉創制了「豆芽字母」，字母採用獨體篆文，或者自創簡筆，形似豆芽菜。

　　1896 年，蔡錫勇《傳音快字》在武昌出版。《傳音快字》拼北方語音，也是拼寫北方話的，他同時強調拼寫白話。

〔註 1〕 此處的材料參考錄自黎錦熙：《國語運動史綱》，黎澤渝、劉慶俄編：《黎錦熙文集》（下卷），黑龍江教育出版社 2007 年；汪暉：《現代中國思想的興起》（下卷第二部），三聯書店 2004 年；吳曉峰：《國語運動和文學革命互動關係研究》，北京師範大學文藝學專業博士學位論文，2004 年；費錦昌主編：《中國語文現代化百年記事》，語文出版社 1997 年；黃德寬、陳秉新：《漢語文字學史》，安徽教育出版社 1994 年；楊聯芬：《晚清至五四：中國文學現代性的發生》，北京大學出版社 2003 年；倪海曙：《中國拼音文字運動史簡編》，時代出版社 1950 年，等等資料、引文不再一一注明出處，特此說明。

　　1896 年，沈學《盛世元音》發表。梁啓超爲之作序，以「文質」之道論中西文的分別：「中國文字畸於形，宜於通人博士，箋注詞章，文家言也。外國文字畸於聲，宜於婦人孺子，日用飲食，質家言也。」他雖然表示「二端對待，不能相非，不能相勝」，卻承認言文分離是中國落後、衰弱的重要原因：「稽古今之所由變，識離合之所由興審，中外之異，知強弱之原。」不僅如此，梁啓超還論述了言文分離的原因：「抑今之文字，沿自數千年以前，未嘗一變，而今之語言，則自數千年以來，不啻萬百千變，而不可以數計。以多變者與不變者相遇，此文言分離之所由起也。」

　　1896 年，譚嗣同完成《仁學》。他提出「盡改象形字爲諧聲」的主張，「各用土語，互譯其意」。

　　1897 年，國語運動開始。

　　1897 年，宋恕《六齋卑議》出版，該書提倡切音字，抨擊八股文。

　　1898 年，《無錫白話報》在江蘇無錫創刊。主編裘廷梁在《論白話爲維新之本》中喊出了「崇白話而廢文言」的口號。

　　1898 年，馬建忠的《馬氏文通》由商務印書館出版，原名《文通》。這是中國第一部漢語語法著作，標誌著中國語法學的建立。

　　1899 年，陳榮袞發表《論報章宜改用淺說》。

　　1900 年王照《官話合聲字母》成書並刊刻，摹仿日本片假名，取漢字中一部分爲字母，共 62 個。王照批評漢字繁難，難以普及教育。他還強調「言文合一」的重要性，批評當時「以摩古爲高，文字不隨語言而變」的文言文。他以官話爲標準音，主張「語言必歸畫一」，強調拼寫「北人俗話」，反對拼寫「文話」。王照的官話合聲字母得到嚴修、吳汝綸、袁世凱的支持。

　　1901 年，《杭州白話報》、《蘇州白話報》、《揚子江白話報》、《京話報》相繼創辦。

　　1902 年，桐城派的著名學者吳汝綸任京師大學堂總教習期間，到日本考察學制。九月回國，寫成《東遊叢錄》。《東遊叢錄》裏他與伊澤修二的談話中出現了「國語」一詞，吳汝綸回國之後即奏請推行國語教育。所以黎錦熙認爲，「『國語統一』這個口號可以說是由吳汝綸叫出來的」。

　　1903 年，王照在北京設立官話字母義塾，這是最早的民間推行漢語拼音的學堂。在重印《官話合聲字母》的凡例中，王照提出了「官話」的定義：「北至黑龍江西逾太行宛洛，南距揚子江，東轉於海，縱橫數千里之土語，皆與

京話略通，此外諸省之語則各不相通，是京話推廣最便，故曰『官話』。余謂官者，公也；官話者，公用之話；自宜擇其占幅員人數多者。」他認為「官話」並非北京話：「殊不知京中市井小有土語，與京中通用之官話自有不同，不得藉此黜彼也。」凡例中還出現了「國語」一詞。

1903 年，張百熙和榮慶、張之洞奏定學堂章程，其學務綱要第二十四條提出：「各國言語，全國皆歸一，故同國之人，其情易洽，實由小學堂教字母拼音始……茲以官音統一天下之語言，故自師範以及高等小學堂，均於國文一科內，附入『官話』一門。」

1903 年，京師大學堂學生何鳳華等六人上書直隸總督袁世凱，提出請奏明頒行官話字母，設普通國語學科，以開民智而救大局。

1904 年前後，《中國白話報》、《寧波白話報》、《國民白話報》、《安徽白話報》等相繼創刊。

1905 年勞乃宣完成《增訂合聲簡字譜》、《重訂合聲簡字譜》。1906 年在南京出版。1907 年他完成《簡字全譜》。

1905 年，國粹學派登上歷史舞臺。鄧實、黃節等人在上海成立國學保存會，以「研究國學，保存國粹」為宗旨，2 月 23 日《國粹學報》創刊，在上海出版。編輯者有鄧實、章太炎、劉師培、陳去病、黃侃、黃侃、田北潮、馬敘倫、羅振玉等，鄧實任總纂。該刊共出八十二期，1911 年 9 月 12 日出版第 82 期停刊，之後改名《古學匯刊》，另行出版。

1906 年初，上海《中外日報》發表《述簡字學堂辦法》，認為勞乃宣的合聲簡字「隨地增撰字母，是深慮語文之不分裂，而竭力製造之，俾愈遠同文之治也」。勞乃宣答覆道：「今有增無減，將北音全包括於中，相通而不相悖，則不必強南以就北，自能引南以歸北矣。」這是清末文字改革的第一次論戰。

1906 年，章太炎在《國粹學報》發表《論語言文字之學》，提出將中國傳統的文字學、音韻學、訓詁學合為「語言文字之學」。

1906 年，朱文熊《江蘇新字母》在日本出版。朱文熊最早使用了「普通話」一詞：他把漢語分為「國文」（文言文）、「普通話」（各省通行之話）和「俗語」（方言）三類，「余學普通話（各省通行之話），雖不甚悉，然余學此時所發之音，及余所聞各省人之發音，此字母均能拼之，無不肖者」。朱文熊使用的「普通話」這一術語，也是「國語」的同義詞，他希望借國語統一實現教育普及和民族國家的穩固：「夫吾之所以望同胞者，能自立於生存競爭之

世界耳。顧文字不易，教育總不能普及；國語不一，團結總不能堅固。」朱文熊還是最早提出「新文字」和「中國文字之改革」的人。

1907 年，無政府主義刊物《新世紀》創刊。李石曾發表《進化與革命》一文，提出廢棄漢字改用萬國新語，提出了「文字革命」、「語言文字同革命」的主張。

1908 年勞乃宣受到慈禧太后召見，奏明合聲簡字的用處。7 月，勞乃宣進呈《簡字譜錄》，奏請欽定頒行天下。

1908 年，吳稚暉在《新世紀》第四號上發表《評前行君之「中國新語凡例」》一文，進一步鼓吹中國應廢除漢文漢語，改用萬國新語。

1908 年，章太炎在《國粹學報》第 41、42 期上發表《駁中國用萬國新語說》，與《新世紀》派展開激烈論爭。這是清末文字改革的第二次論戰。

1909 年，陸費逵在《教育雜誌》創刊號上發表論文《普通教育應當採用俗體字》，第一次公開提倡使用簡體字。

1910 年資政院議員江謙等 32 人聯名提出說帖。江謙正式提出將「官話」改稱爲「國語」，他在《質問學部分年籌辦國語教育說帖》中提到：「凡百創作，正名爲先，官話之稱，名義無當，話屬於官，則農工商兵，非所宜習，非所以示普及之意，正統一之名，將來奏請頒佈此項課本時，是否須改爲國語讀本，以定名稱？」

1910 年，資政院成立特任股員會，以嚴復爲股員長。嚴復對江謙的說帖加以審查，審查的結果是：「將簡字正名爲『音標』，由學部審擇修訂，奏請欽定頒行」，「謀國語教育，則不得不添造音標文字」，「音標用法有二：一，拼合國語，以開中流以下三萬九千萬不識字者之民智，而合蒙藏漢回二千萬里異語民族之感情；二，範正漢字讀音，學校課本每課生字亦須旁注音標」。

1911 年，清廷學部中央教育會議議決《統一國語辦法案》，於 8 月 10 日通過。該提案主要有以下內容：1.調查：由學部設立國語調查總會，各省提學司設立分會，對語詞、語法、音韻及其餘關涉語言之事項，進行調查；2.選擇及編纂：根據調查結果，制定標準，編纂國語課本及語典、方言對照表等；3.審定音聲話之標準；4.定音標；5.傳習。學部設立國語傳習所，各省會也隨之設立。此提案雖然通過，但清朝滅亡，無法貫徹實施。

1912 年 8 月 7 日，中華民國南京臨時政府教育部在北京召開臨時教育會議，通過《採用注音字母案》。

1912 年 12 月，教育部籌備召開讀音統一會，制定公佈《讀音統一會章程》。《章程》闡明該會的主要任務是：1.審定國音；2.核定因素；3.採定字母。

1913 年 2 月 15 日～5 月 22 日，讀音統一會正式開會，吳稚暉爲議長，王照爲副議長。大會審定六千五百餘字國音，把「記音字母」作爲拼寫國音的字母，定其名爲「注音字母」。 5 月 13 日，會議議決了推行國音的七條辦法，包括由教育部設立「國音字母傳習所」；核定公佈注音字母；把初等小學「國文」課改作「國語」；中等師範國文教員及小學教學必須用國音授課；小學課本、通告等一律標注國音等。

1913 年，北京大學聘請章太炎前往講授音韻、文字之學，章太炎並未前去，而是推薦自己的弟子黃侃。此後章門弟子大舉進入北京大學，與主宰北大文科的桐城派發生了矛盾。這一事件的結局是桐城派喪失了在北大的話語權，《文選》派取得了勝利。這就是著名的《文選》派與桐城派之爭。

1915 年 1 月，留美學生組織的中國科學社在上海創辦《科學》雜誌，這是我國最早出現的橫排刊物。

1915 年，東美中國學生會成立了「文學科學研究部」(Institute of Arts and Sciences)。胡適與趙元任確定以「中國文字的問題」作爲文學股該年的論題。趙元任論「吾國文字能否採用字母制，及其進行方法」；胡適論「如何可使吾國文言易於教授」。

1915 年，胡適由對中國文字問題的關注轉到對中國文學的關注。9 月 17 日，胡適在致梅光迪的長詩中第一次提出「文學革命」的口號。9 月 20 日，胡適提出「詩界革命」，並提出「要須作詩如作文」的口號。

1915 年 11 月，王璞在北京開辦注音字母傳習所，宣傳並講授國音。

1916 年，教部會員提倡文字改革，主張「言文一致」、「國語統一」，呼籲教育部下令改「國文」科爲「國語」科。

1916 年二三月間，胡適認識到一部中國文學史只是一部文字形式（工具）新陳代謝的歷史……工具僵死了，必須另換新的，活的，這就是「文學革命」。

1916 年 9 月，《新青年》從第二卷起正式使用兩種標點符號：用「。」表句，用「、」表讀。

1916 年 10 月，中華民國國語研究會成立於北京，其宗旨爲「研究本國語言，選定標準，以備教育界之採用」。

1917 年 1 月，胡適在《新青年》2 卷 5 號發表《文學改良芻議》，拉開了

文學革命的序幕。緊接著陳獨秀在 2 卷 6 號發表《文學革命論》以示聲援。

1917 年 2 月 1 日，錢玄同在《新青年》2 卷 6 號明確指出文學革命的對立面就是「選學妖孽」與「桐城謬種」。

1917 年 2 月 8 日，林紓在《民國日報》發表《論古文之不宜廢》，提出「知臘丁之不可廢，則馬班韓柳亦有其不宜廢者」。

1917 年 3 月 28 日，胡玉縉在《北京日報》發表《今之所謂教育家之供詞》，質問國語運動諸人：「公等日日在中國，日日以國文爲仇乎，豈惑於某士文學革命之說乎？」第一次將國語運動和文學革命直接聯繫起來。

1917 年，中華民國國語研究會召開第一次大會，推選蔡元培爲會長。該會的任務爲：1.調查各省方言；2.選定標準語；3.編輯語法、辭典等書籍；4.用標準語編輯國民學校教科書及參考書；5.編輯國語雜誌。

1917 年姚永樸離開北大，象徵著桐城派自此退出北大講臺。

1917 年底，胡適從美國寄來申請加入國語研究會的明信片，用白話寫成。國語研究會會員們認識到提倡「言文一致」，非以身作則不可。

1918 年 1 月，《新青年》4 卷 1 號出版，從這一期開始採用白話文，並使用新式標點符號。

1918 年 3 月，錢玄同和劉半農在《新青年》4 卷 3 號上發表了著名的「雙簧信」。

1918 年 4 月，《新青年》4 卷 4 號開闢《隨感錄》專欄。

1918 年 4 月，胡適在這一期發表《建設的文學革命論》，提出「國語的文學，文學的國語」口號，被視爲文學革命與國語運動合流的標誌。

1918 年，錢玄同在《新青年》4 卷 4 號發表《中國今後之文字問題》，以廢除漢字爲「根本解決之根本解決」。

1918 年 5 月，《新青年》4 卷 5 號發表魯迅的《狂人日記》，這篇白話作品成爲中國現代小說的偉大開端。

1918 年，《新青年》4 卷 5 號改版，全部使用白話和新式標點。

1918 年，世界語的論爭再起。《新青年》自 4 卷 2 號至 6 卷 2 號發表了多篇文章，錢玄同、陶孟和、孫國璋、區聲白、朱有畇、姚寄人、周祜、黃凌霜等人均捲入論戰。

1918 年 11 月 23 日，教育部公佈注音字母。注音字母共 39 個，其中聲母24 個、介母 3 個、韻母 12 個。這是第一次以國家專門機構名義正式公佈的漢

語拼音方案。注音字母后被稱爲「國音字母第一式」，相對於國語羅馬字（「國音字母第二式」）而言。

1919 年初，林紓的文言小說《荊生》、《妖夢》發表於上海的《新申報》。這兩篇小說影射攻擊陳獨秀、錢玄同、胡適等人，將北京大學醜化爲群鬼主持的白話學堂，並寄希望於軍閥出面彈壓。小說發表後，輿論譁然，引起了公憤。林紓後寫信給各報觀，公開道歉。

1919 年 3 月，林紓致蔡元培信——《致蔡鶴卿太史書》在《公言報》發表。蔡元培在看到這封公開信的當天，即反擊林的詰難，回信以《致〈公言報〉函並答林琴南函》爲題先後發表於《北京大學日刊》第 338 號（1919 年 3 月 21 日）、《新潮》1 卷 4 期（1919 年 4 月 1 日）、《公言報》1919 年 3 月 18日及 4 月 1 日。

1919 年，羅家倫和胡先驌論戰。

1919 年 4 月 21 日，國語統一籌備會正式成立，是教育部的一個附屬機關。國語統一籌備會第一次大會上，提出了《國語統一進行方法》議案、《請頒行新式標點符號議案（修正案）》。

1919 年，《每周評論》第十一期發表周作人《思想革命》，提出「文學革命上，文字改革是第一步，思想改革是第二步，卻比第一步更爲重要」。

1919 年 9 月，《國音字典》初印本出版，引起了「京國問題」的大紛爭。事件起於南京高師英文科主任張士一，他於 1920 年完成了《國語統一問題》，主張連注音字母帶國音都要根本改造，要求以至少受過中等教育的北京本地人的話爲國語標準。

1920 年 1 月，教育部訓令全國各國民學校將一、二年級國文改爲語體文，「以其收言文一致之效」。以部令修改學校有關法令，審定中小學國語教科書及參考書。4 月，教育部發出通告，分批廢止以前的國文教科書，要求各學校逐步採用經審定的語體文教科書，其他各科教科書也相應改用語體文。胡適認爲，「這個命令式幾十年來第一件大事。他的影響和結果，我們現在很難預先計算。但我們可以說：這一道命令，把中國教育的革新，至少提早了二十年。」

1920 年 12 月 24 日，教育部以訓令形式正式公佈《國音字典》，收字 13000多個，字音爲 1913 年讀音統一會所定。即所謂的「老國音」。

1920 年，商務印書館出版《新體國語教科書》（八冊），這是中國第一部

小學國語教科書。此後，國語教科書猛增，據統計，1920 年審定了 173 冊國語教科書。

1920 年，商務印書館出版《中等學校用白話文範》（四冊），這是中國第一部中學國語教科書。

1920 年，國語講習所開辦。

1920 年，《小說月報》開始半革新，增闢「小說新潮欄」，開始刊登白話作品，啓用新式標點符號。

1921 年，胡適開始編寫《國語文學史》講義。

1921 年 3 月，教育部訓令各省凡師範學校及高等師範，均應酌減國文鐘點，加授國語。將語體文、注音字母、發音學、國音沿革、國語文法、國語教授法等列入師範學校和高等師範學校必修科目中。

1921 年 6 月，商務印書館發行《教育部公佈校改國音字典》。

1921 年，胡適的《國語文法概論》由上海亞東圖書館出版。

1921 年 6 月起，語體文歐化問題的論爭出現。

1921 年，「民眾文學」的討論開始。10 月 10 日朱自清發表《民眾文學談清按》（《文學旬刊》增刊）和 11 月 2 日俞平伯《與佩弦討論『民眾文學』》（《文學旬刊》）。討論的高潮於 1922 年初來臨，俞平伯、許昂諾、葉聖陶和朱自清參與了論爭。討論文學語言的民眾化，將文學革命從形式革命引向了內容革命，埋下了三十年代大眾語文學討論的伏筆。

1921 年，瞿秋白在蘇聯率先研究漢語拉丁字母的拼寫問題。

1922 年，國語統一籌備會會報《國語月刊》出版。

1922 年，國語統一籌備會第四次大會上，錢玄同提出《減省現行漢字的筆劃案》，得到陸基、黎錦熙、楊樹達的聯署。這是歷史上有關簡體字的第一個具體方案，主張把過去只在民間流行的簡體字作為正體字應用於一切正規的書面語。

1923 年 6 月，全國教育會聯合會組織的新學制課程標準起草委員會將所擬定之中小學各科課程綱要刊佈：小學及初中、高中，國文一科一律定名為「國語科」。

1923 年，《國語月刊》特刊「漢字改革號」出版，錢玄同發表《漢字革命》一文。

1923 年《國語月刊》胡適在漢字改革號的「卷頭言」中表示，他在研究

語言文字的歷史中，發現了一條「通則」：「在語言文字的沿革史上，往往小百姓是革新家而學者文人卻是頑固黨」，由此又得一條「附則」：「促進語言文字的革新，須要學者文人明白他們的職務是觀察百姓語言的趨勢，選擇他們的改革案，給他們正式的承認。」胡適認爲，小百姓的貢獻，一是「把中國語的文法修改完善了」，二是「漢字形體上的大改革，就是「破體字」的創造與提倡」。

1924 年，黎錦熙《新著國語文法》由商務印書館出版。這是中國第一部系統的白話文語法研究著作，創立了「句本位」的語法體系。

1924 年，國語統一籌備會修改讀音統一會所定國音，改爲以北京語音爲標準音，俗稱「新國音」。

1925 年，劉半農發起「數人會」，會員有劉半農、趙元任、林語堂、汪怡、錢玄同、黎錦熙。自 1925 年 9 月～1926 年 9 月召開了 22 次討論會，議決《國語羅馬字拼音法式》。

1925 年 9 月 14 日，國語羅馬字拼音研究委員會決議通過《國語羅馬字拼音法式》，呈交教育部。

1925 年 11 月，教育部國語統一籌備會非正式公佈《國語羅馬字拼音法式》。

1926 年 1 月，中華民國國語研究會 10 週年紀念會在北京召開，同時召開全國國語運動大會。

1926 年 9 月，教育部國語統一籌備會發出布告，確定印發《國語羅馬字拼音法式》，與注音字母相對照，作爲推行國音之助。

1927 年，胡適的《國語文學史》由北京文化學社出版。

1928 年，胡適《白話文學史》由新月書店出版。這是他在《國語文學史》的基礎上修改而成，只有上卷。

1928 年 9 月 26 日，中華民國大學院正式公佈了國語羅馬字。國語羅馬字被稱爲「國音字母第二式」。

1928 年 12 月，莫斯科中國勞動者共產主義大學附設的中國問題研究所

1929 年 2 月，當時正在蘇聯的中共黨員瞿秋白在蘇聯漢學家郭質生的幫助下擬訂了第一個中文拉丁化方案，並於該年 10 月寫成一本《中國拉丁化的字母》。瞿秋白回國之後，由當時在蘇聯的吳玉章、林伯渠等在瞿秋白方案的基礎上制定成中國北方話拉丁化新文字方案。

1931 年 9 月，在海參崴召開了「中國文字拉丁化第一次代表大會」，提出

「從速廢止漢字」，通過了中國北方話拉丁化新文字方案。

1932 年 5 月，教育部正式公佈《國音常用字匯》，《國音字典》同時廢止。

1933 年，魯迅與施蟄存發生關於《莊子》與《文選》的筆戰。

1933 年 10 月，上海世界語者協會機關刊物《世界》增設副刊《言語科學》，介紹世界語理論和中國拉丁化新文字。

1934 年 6 月 18 日，陳子展在《申報・自由談》發表《文言——白話——大眾語》，提出了建設大眾語的口號。「所謂大眾，固然不妨廣泛的說是國民的全體，可是主要的分子還是占全民百分之八十以上的農民，以及手工業者，新式產業工人，店員，小商人，小販等等。」「所謂大眾語，包括大眾說得出，聽得懂，看得明白的語言文字。」「大眾語」和「大眾文藝」的討論由此開始。

1934 年，《言語科學》第九、十號合刊發表應人（霍應人）的《中國語書法拉丁化方案之介紹》一文。

1934 年 8 月 24 日至 9 月 10 日，魯迅在《申報・自由談》發表《門外文談》，闡述了他對漢語漢字、言文一致問題的看法。

1934 年黎錦熙《國語運動史綱》由商務印書館出版，成為梳理、總結國語運動歷史的最重要文獻之一。

1935 年初，上海文化界組織「手頭字推行會」，選定第一批手頭字 300 個。

1935 年 4 月，葉籟士編寫的《中國話寫法拉丁化——理論・原則・方案》以上海中文拉丁化研究會的名義出版，包括《中文拉丁化概說》、《中文拉丁化的原則》、《北方話拉丁化的方案》、《拉丁化和知識分子的使命》等，成為拉丁化新文字運動在國內推行初期印數最多、影響最大的一部書。

1935 年 8 月 15 日，中國最早的新文字刊物《Sin Wenz 月刊》在上海創刊。

1935 年 8 月 21 日，國民政府教育部公佈《第一批簡體字表》，收簡體字 324 個，是從錢玄同主持編成的《簡體字譜》所收 2400 多個簡體字中選出來的。這是歷史上由政府公佈的第一個簡體字表。

1935 年 10～11 月間，上海兩次舉行「通俗文座談會」，陶行知提出：「用漢字寫通俗文的作家，可以把他自己寫的文章譯成拉丁化新文字，來試驗它是否真正通俗」。

1935 年 12 月，「中國新文字研究會」在上海成立，草擬《我們對於推行新文字的意見》，重申了拉丁化新文字的優點，「中國大眾所需要的新文字，

是拼音的新文字，是沒有四聲符號麻煩的新文字，是解脫一地方方言獨裁的新文字。」認爲「中國大眾所需要的新文字，是拼音的新文字……我們深望大家一齊來研究它，推行它，使它稱爲推進大眾文化和民族解放運動的重要工具」。簽名者有蔡元培、魯迅、郭沫若、葉聖陶、茅盾、陳望道、柳亞子、陶行知、周揚、胡愈之、胡繩、巴金、葉籟士、周予同、艾蕪、賀綠汀、魏金枝、沙汀、田間、陳波兒、趙丹、夏衍等 688 人。於 1936 年 3 月 28 日正式發出。1955 年 11 月，最後一個新文字團體「上海新文字工作者協會」宣告解散，二十多年的拉丁化新文字運動至此結束。

1935～1936 年，中國新文學大系（1917～1927）出版，共十冊，成爲總結新文學第一個十年成果的最重要的文獻。

1936 年 1 月，王力發表《中國文法學初探》，被認爲是文法革新大討論的前奏，是文法革新派的宣言書。

1936 年 1 月，王力發表《中國文法學初探》，該文全面探討了以往模仿比附的語法學，提出了革新主張，引起了廣泛注意。許多人認爲，《中國文法學初探》是文法革新大討論的前奏，是當時文法革新派的宣言書。

1936 年 10 月 19 日，魯迅先生逝世。喪儀上有四條橫幅很特別，一條是中國左翼世界語者聯盟所送，一條是上海世界語者協會的，一條是中國新文字研究會的，一條是上海新文字研究會的。郭沫若的挽詞是：「曠世名著推阿Q，畢生傑作尤拉化」。

1937 年 1 月，大型語文刊物《語文月刊》創刊，葉籟士主編。焦風在創刊號上發表《重提大眾語運動》，要求作家用新文字寫作，「實現新的文字與文學結合的第一步」。

1937 年 2 月，《語文月刊》第 2 期上，茅盾發表《「通俗化」及其他》，認爲通俗化不一定要避免文言字彙。

1938 年 10 月，上海發生關於文法革新問題的討論，到 1943 年 3 月止，歷時 4 年多，幾乎波及整個南中國，參與者有陳望道、方光燾、傅東華、張世祿、金兆梓等人。這次討論的目的是「以科學的方法謹嚴的態度締造中國文法體系」，還引進了普通語言學理論。

1939～1942 年間，「民族形式」問題的討論開始。這場討論從延安開始，進而重慶、成都、昆明、桂林、晉察冀邊區、香港等地均參與討論。其中最有影響力的是向林冰與葛一虹等人關於「民間形式」是否民族形式的中心源

泉的論爭。

1940 年 1 月，陝甘寧邊區文化協會召開代表大會，成立新文字運動委員會，選舉吳玉章爲主任。

1940 年 2 月，延安《中國文化》創刊號上發表毛澤東《新民主主義的政治與新民主主義的文化》（《新民主主義論》）一文，文中指出「文字必須在一定條件下加以改革，言語必須接近民眾」。

1940 年，《中國文化》創刊號上發表了吳玉章的《文學革命與文字革命》。

1940 年 4 月，延安《中國文化》第 2 期開始連載吳玉章的《新文字與新文化運動》，後出版單行本。

1940 年 11 月 7 日，陝甘寧邊區新文字協會在延安成立，毛澤東、張一麐等組成名譽主席團，林伯渠、吳玉章等組成主席團。大會通過《邊區新文字協會簡章》，並且議定 11 月 7 日爲中國文字革命節。

1941 年 6 月，香港新文字學會舉辦的「人文學講座」「語文組」結業，其中有茅盾主講的《文藝大眾化和新文字》。

1947 年 11 月，朱學範爲《香港新文字學會會報》題字：「新文字運動是中國新文化運動中最基本和最重要的一支。新文字運動的推廣和實踐是意味著將中國文化推進到一個嶄新的階段。文化大眾化和文盲的清除，乃是建設新中國的基本條件之一。」朱經農在《教育雜誌》發表文章反對拉丁化新文字，理由是：一、中國文化是用漢字記載的，一旦廢棄漢字，則文化無法承傳；二、同音字問題；三、各地方音不同，如果按方音拼寫，勢必造成文字系統的分裂，文字的統一關係到國家的統一。

1948 年 6 月，倪海曙的《中國拼音文字運動史簡編》出版。

1949 年 4 月，倪海曙編的《魯迅論語文改革》一書出版，分爲三輯：第一輯「論文字的改革」；第二輯「論文體的改革」；第三輯「論反對意見和運動的做法」。

1949 年 5 月 4 日，陸志韋在《進步日報》上發表《五四紀念再談談新文字》，認爲中國文字是「封建性的」，「白話運動的成功，只打斷了一重鎖鏈，就是文言，可沒打斷第二重，就是漢字」。

1949 年 5 月 5 日，胡愈之在《進步日報》上發表《五四與文字改革》，指出「五四新文化運動是從文字改革運動開始的。……拿過去 30 年的經驗來做一個總結，文字這方面的進軍雖然發動得最早，所獲得的勝利並不算大」。「在

五四運動初期，所獲得的進展是什麼呢？第一是打敗了文言文，建立了白話文的新陣地。第二是開始向方塊字進攻，提出了漢字的存廢問題」。「文字與一般的精神生活的方式相同，不能用命令來廢除，也不能在短時間內加以改造，一定只有通過長期的逐步改造的過程，到最後才能完全廢除舊的，建立新的」。

1949 年 7 月 2 日，第一屆中華全國文學藝術工作者代表大會開幕，倪海曙提交關於推行拉丁化新文字的提案。提案要求文藝作品的語言文字，應肅清不必要的文言成分，不用難的、古的、生僻的漢字，筆頭語應盡量口語化，並嘗試用拉丁化新文字書寫。

1949 年 8 月，香港《文匯報》連載了香港新文字學會準備送交人民政治協商會議的提案，其中提到拼音文字運動是現代中國語文改革運動「最主要的一環」，「只有拉丁化新文字，才是勞動大眾所能運用的新文化的工具，也才是給大眾打開知識之門的唯一的鑰匙」。提案建議白話文盡可能口語化。一切書面語都用白話，應用文也不例外。

1949 年 10 月 10 日，中國文字改革協會在北京召開成立大會，通過了《中國文字改革協會章程》。20 日舉行第一次理事會，決定把研究拼音文字作為主要任務，同意把北方話拉丁化新文字方案作為研究的底案。